● 高职高专经管类核心课教改项目成果系列规划教材
● 全国财经类高职高专院校联协会推荐教材

金融学基础

原宇　夏慧　主编

高旭　郑晓燕　姚星垣　副主编

周建松　主审

科学出版社

北　京

内 容 简 介

本书是为了适应新形势下高等院校经济与管理类专业的教学需要，注重金融学基本理论和实务知识的高等职业教育规划教材。全书共 12 章，主要介绍了金融领域的基本规律、金融中介体系的构成、金融宏观调控以及国际金融和金融创新的相关内容。本书立足于为高职高专教学服务，以够用为原则，结构紧凑，通俗易懂，反映了当代中国金融领域的最新动态与金融学的研究成果。

本书适合高职高专院校金融学、工商管理、市场营销、会计等专业作为教材，也可供金融、财政、证券从业人员参考。

图书在版编目（CIP）数据

金融学基础/原宇，夏慧主编．—北京：科学出版社，2008
（高职高专经管类核心课教改项目成果系列规划教材）
ISBN 978-7-03-023078-2

Ⅰ.金… Ⅱ.①原…②夏… Ⅲ.金融学—高等学校：技术学校—教材
Ⅳ.F830

中国版本图书馆 CIP 数据核字（2008）第 149548 号

责任编辑：田悦红 童安齐/责任校对：赵 燕
责任印制：吕春珉/封面设计：天女来

科 学 出 版 社 出版
北京东黄城根北街 16 号
邮政编码：100717
http://www.sciencep.com

骏杰印刷厂 印刷
科学出版社发行 各地新华书店经销

*

2009 年 1 月第 一 版 开本：787×1092 1/16
2014 年 5 月第五次印刷 印张：18 1/2
字数：415 000

定价：32.00 元
（如有印装质量问题，我社负责调换〈骏杰〉）
销售部电话 010-62136075 编辑部电话 010-62135763-8007（VF02）

高职高专经管类核心课教改项目成果系列规划教材

编写指导委员会

序

改革开放以来，我国经济快速发展，经济总量不断增加，对从事经济活动的相关人才的需求空前高涨。社会对经济管理类人才的需求大体上可以划分为两大类：一类是从事理论研究，从宏观和微观角度研究社会经济发展和运行的总体规律，研究社会资源的最优配置及个人满足最大化等问题的学者；另一类是在各种经济领域中从事具体经济活动的职业人，是整个经济活动得以有效运行的基本元素，是在各自不同的领域发挥着使经济和各项业务活动稳定有序运行、规避风险、实现价值最大化的社会群体。从社会经济发展的实际情况来看，后一类人群应该是社会发展中需求数量最大的经济管理类人才。在上述两类人才的培养上，前者主要由普通本科以上的高等院校进行培养，后一类人才的培养工作从我国高等教育的现状来看，培养的主体主要为高等职业教育。

高等职业教育经过近年来的迅猛发展，已经占据了我国高等教育的半壁江山。特别是自 2006 年教育部、财政部启动的国家示范性高等职业院校建设工作和教育部《关于全面提高高等职业教育教学质量的若干意见》（教高 [2006] 16 号）文件的颁布以来，我国的高等职业教育迸发出前所未有的激情和能量，开放式办学、校企合作、工学结合、生产性实训、顶岗实习等各项改革措施深入开展，人才培养模式改革、课程改革、教材改革、双师结构教学团队的组建、模拟仿真的实验实训环境的进入课堂等项教育教学改革不断推进，使我国高等职业教育得到了长足的发展，取得了令人瞩目的成绩，充分显示出高等职业教育在我国经济发展中的举足轻重的作用和不可替代的地位。

我们依托上述大背景，同时根据技术领域和职业岗位的任职要求，以学生的职业能力培养为核心，组织了全国相关领域资深的专家和一线的教育工作者，并与行业、企业联手，共同开发了这套《高职高专经管类核心课教改项目成果系列规划教材》。这套丛书覆盖了经管类的核心课程，以职业能力为根本，以工作过程为主线，以工作项目为载体进行了教材整体设计，突出学生学习的主体地位是本系列教材的突出特点。

当然，我们也应该看到，高等职业教育的改革有一个过程，今天我们所组织出版的这套教材，仅仅是这一过程中阶段性成果的总结和推广。我们坚信，随着课程改革的不断深入，我们的这套教材也将以此为台阶，不断提升和改进，我们衷心地希望通过高质量教材的及时出版来推动教学，同时使本套教材在实际教学使用过程中不断完善和超越。

本套教材为全国财经类高职高专院校联协会和科学出版社的首次合作成果，是全国财经类高职高专院校联协会推荐教材，适合全国各高职高专经济管理类专业使用。

周建松

2008 年 6 月 9 日

前　言

　　金融学是经济学的重要分支，是高等院校经济与管理类专业的基础课。随着我国市场经济的发展，经济金融化步伐正在加快，金融在国民经济发展中发挥着越来越重要的作用。金融是现代经济的核心，经济社会的发展要求我们掌握必要金融知识。本书以实用为原则，系统、完整地介绍了金融学的基本理论和实务知识，既适合高职高专教学使用，也方便各类人士自学。在教材编写的过程中，我们力争把多年的教学实践经验融于其中，使本教材具有以下特点：

　　第一，通俗易懂，立足于为高职高专教学服务。金融学的理论体系是西方经济学的分支，理论内容和研究方法都有很强的专业性，以往学生的体会是深奥、难懂，学起来比较吃力。在本书中，我们立足于为高职高专教学服务，尽力淡化金融学所具有的西方经济理论的学派色彩，用生动的讲解使内容更加通俗易懂，不但大大降低了学习的难度，而且能够激发学生的学习兴趣。

　　第二，以够用为原则，突出教材的基础性。本书从学生及社会各界人士了解金融常识的视角，对金融学理论体系进行了"化繁为简"的处理，系统地介绍了金融学中最基本、最重要的理论与实务知识，使读者既了解服务于工作、生活的金融常识，也为以后其他相关学科的学习打下坚实的基础。

　　第三，注重结构设计。本教材从教学的角度出发，设计了符合师生一般逻辑思维特点、便于教学和自学的结构形式。全书分为十二章，第一至四章主要介绍了金融领域的基本规律，包括金融概述、货币、信用、金融市场；第五至七章主要介绍了金融中介体系的构成，包括商业银行、非银行类金融机构、中央银行；第八至十章主要侧重于宏观方面的内容，主要介绍了金融监管、通货膨胀与通货紧缩、货币政策；第十一和十二章介绍了国际金融和金融创新的相关内容。全书把教学内容按照理论与实践、微观与宏观的划分方法呈现出来，既较好地体现局部独立性和整体系统性的统一，又从教学角度强调了逻辑性和层次感，给读者以清新直观、一目了然的感觉。

　　第四，鲜明的时代性。本书结合我国金融体制改革与发展的需要，吸收了金融改革与货币理论研究的成果，尽可能多地把当代中国金融领域的最新动态与金融学最新最成熟的研究成果介绍给读者。

　　本书由浙江金融职业学院周建松院长担任主审。全书共分为十二章，其中第一章和五章由营口职业技术学院高旭编写；第二章、三章、四章和六章由营口职业技术学院原宇编写；第七章和八章由浙江金融职业学院郑晓燕编写；第九章和十章由浙江金融职业学院夏慧编写；第十一章和十二章由浙江金融职业学院姚星垣编写。全书由原宇总纂、统稿。

　　在本书的编写过程中，参阅了许多学者的著作和研究成果，在此表示诚挚的谢意。

　　由于编者水平有限，书中难免有疏漏和不当之处，恳请读者不吝批评指正。

编　者

2008 年 3 月

目　录

目
录

vii

第一章

金融概述

知识点

1. 金融的含义与分类。

2. 金融学的理论体系。

3. 金融在现代市场经济中的地位。

技能点

金融的分类，金融的不同种类。

引导阅读

如果你手中有 5 万元闲置资金暂时又不想消费掉，你可能会选择到银行办理存款，若股市行情好也许会投入股市，或者购买基金、国债，还有可能涉足黄金、外汇、期货、保险……不知不觉中你徜徉在金融的世界里，或平淡从容，或悲喜交加，金融带给你快乐幸福，也带给你忧虑烦恼，你的人生也许因金融的缘故而变得不同。

在数千年的金融发展历史中，金融对经济的作用在不断地扩大和强化。金融不仅影响微观经济活动，而且影响宏观经济运行。在古代农业社会中，国家已经开始干预货币信用活动，并且借以发展经济和稳定社会；而在当代经济生活中，每个国家都通过货币政策调控宏观经济，以促进经济和社会的发展。在经济金融化、金融全球化迅猛发展的今天，金融成为国民经济的核心，关系到每个人的日常生活、企业的生产和利润，通过金融的宏观调控促进经济和社会发展已经成为国家和社会发展的重大课题。本章主要阐述金融的含义及金融学的研究对象，同时介绍金融在现代经济中的重要地位和作用。通过本章的学习可初步认识金融的内涵，了解金融学的知识架构，为深入掌握金融知识打好基础。

第一节 金融与金融学

❖ 学习目标 ❖

本节主要阐述金融的含义及金融学的特征与研究对象。通过教学，学生能掌握金融与金融学的含义，了解金融的分类，认识金融学的特征与研究对象。

一、金融的含义

在现代市场经济中，每个人、每个家庭、每个企事业单位以及各级政府机关几乎每天都要接触货币、金融：任何商品都需要用货币来计价，任何购买都要用货币来支付；人们与银行等金融机构有各种金融关系；报刊、电视、广播、网络每天都在报道股票行情、外汇牌价、借贷利率等各种金融信息；信用卡、利息、股票、债券、投资基金、外汇、期货、期权、货币政策等金融事物与我们的关系越来越密切。作为现代经济生活中的一个常用词，提及"金融"，一般人不一定能说清楚它的确切含义，但是都会感觉它是和"钱"紧密相关的。从文字上看，"金"就是资金，"融"就是融通，连在一起就是资金融通。资金都包括什么，有哪些具体的形式；融通又是什么样的方式、当事人都有哪些，有哪些规则，这些都是资金融通会涉及的问题，所以理解金融的含义应首先从这些方面来着手。

"金融"一词并非古已有之，据说最先出现"金融"词条的是20世纪初出版的《辞源》和20世纪30年代发行的《辞海》，这两部辞书中对金融的释义，均指货币资金的融通。

随着市场经济的不断发展，金融的内涵也不断深化，超出了货币资金融通的范畴，金融发展成了一个多维性、多层次的立体系统。金融涵盖了资金的筹集、分配、融通、运用及其管理。具体包括：货币的流通及其管理；资金的筹集（含金融机构和企业、个人的有偿筹集，财政的无偿筹集）；财政、银行的资金分配和企业内部的资金分配；资金的直接融通和间接融通，纵向融通和横向融通，国内融通和国际融通；资金的配置和调度；信贷资金结构的调整和管理；资金周转速度及资金运用效率的管理等。可以说，凡是有关资金的筹集、分配、融通、运用及其管理的种种活动，都是金融活动，它存在于整个社会的经济活动之中。

综上所述，我们把金融的含义概括如下：金融是指货币流通和信用活动以及与之相关的经济活动的总称。

二、金融的分类

（一）按照金融活动的运行机制划分，可分为微观金融和宏观金融

微观金融，其内容主要包括金融市场和金融中介机构。

宏观金融，其内容包括货币需求与货币供给、通货膨胀与通货紧缩、货币政策与财政政策、国际收支与外汇、国际金融市场与国际资本流动、国际货币体系，等等。

（二）按照金融活动是否通过中介机构划分，可分为直接金融和间接金融

直接金融，即投资者通过购买股票、债券等各种有价证券，将资金直接转移给证券发行人（企业、政府等）的资金融通行为。

间接金融，即最终贷款人（存款人）通过银行、非银行金融机构等中介机构，把资金贷给借款人的资金融通行为。

股东知道自己买股票的钱是股份公司在使用，股份公司也知道在花谁的钱，这是典型的直接金融。

（三）按照金融活动的目的划分，可分为政策性金融、商业性金融和合作金融

政策性金融，其目的不是为了追求金融机构自身的利润，而是为了弥补市场的缺陷，在商业金融不愿意介入的领域起拾遗补缺的作用。我国国家开发银行、中国进出口银行和中国农业发展银行的融资活动就属于政策性金融。

商业性金融，是以商业利益为经营目标的金融活动，或者是以利润最大化为目标的金融活动。商业银行的存贷活动，保险公司、证券公司、信托投资公司等的融资活动都属于商业性金融范畴。

合作金融，即不以盈利为目标，而是以互助合作为目的的金融活动，其目的主要是为了解决互助组织成员的融资需求。典型的信用合作社或合作银行的融资活动即属此类。

[阅读资料]　　　　**美国的农业政策性金融**

美国根据《农业信贷法》建立了一个分工合理、相互配合的政策性金融体系，为农业生产和与农业生产有关的活动提供信贷资金和服务，并通过信贷活动调节农业生产规模和发展方向，贯彻实施农村金融政策，控制农业发展规模等。主要包括：①农民家计局。其任务主要是对农产品进行价格支持和对农业生产给予补贴。②农村电气化管理局。其任务是对农村非盈利的电业合作组织和农场等发放贷款，用于架设大型电线、组建农村电网、购买发电设备以及电话通信设备等。③商品信贷公司。其职能是对农产品进行价格支持或对农业生产给予补贴，借以提高农民收入。这种通过农业稳定和保护局的地方机构或生产信贷协会向农户提供农产品抵押贷款，从销售和生产方面实行政府干预，增加农场经营收入。④小企业管理局。该局的主要职能是专门为不能从其他渠道获得资金的小企业提供信贷援助，以促进、帮助小企业发展，维护小企业利益。所谓小企业是指进行独立经营与农业生产有关的企业，如农产品收获储存，为农场管理、土地规划提供服务的经营性企业等。

（资料来源：李珊.国外农村政策性金融发展对我国的启示.财政部财政科学研究所网站：http://www.crifs.org.cn，2007 年 7 月 31 日）

（四）按照金融活动是否由政府主导划分，可分为官方金融和民间金融

官方金融，即由政府批准并进行监管，或由政府主导、被政府承认的金融活动。

民间金融，即不是由政府主导，而是民间自发进行的金融活动。在国外的文献中，大多界定为"非正式金融"，是指在政府批准并进行监管的金融活动之外所存在的游离于现行制度法规边缘的金融行为。

（五）按照金融活动的地理范围划分，可分为国内金融和国际金融

国内金融，即由一国国内的资金供求双方直接或间接进行的融资活动，其参加者都是国内居民，金融活动的标的物也是本国货币。

国际金融，即跨越国界的金融活动，其参加者属于不同国家的居民，而且使用的货币也可能是境外货币。

小问号　　小王到中国银行存款 1 万美元，这是国际金融吗？

三、金融学的基本特征

金融学是全面、系统地阐述现代金融理论，对于在市场经济中发挥重要作用的货币、信用、金融市场、金融机构、货币政策、金融管制、金融创新等进行系

统而全面的介绍，是研究货币运行机制、金融体系以及人们系统地组织和管理货币运动以促进经济发展的经济科学。金融学从基础概念出发，注重基本原理和实务的阐述，强调理论联系实际。

作为一门独立的学科，金融学形成于西方，称为"货币银行学（Money and Banking）"。近代中国的金融理论，是从西方介绍来的，包括从古典经济学直到现代经济学的各种货币银行学说。20世纪50年代末期以后，"货币信用学"的名称曾经被我国广泛采用。这时，开始注意对资本主义和社会主义两种社会制度下的金融问题进行综合分析，并结合中国实际提出了一些理论问题加以探讨，如人民币的性质问题，货币流通规律问题，社会主义银行的作用问题，财政收支、信贷收支和物资供求平衡问题等。不过，总的来说，在这期间，金融理论没有受到重视。自20世纪70年代末以来，中国的金融理论建设进入了新阶段，一方面结合实际重新研究和阐明马克思主义的金融学说，另一方面扭转了完全排斥西方当代金融学的倾向，并展开了对它们的研究和评价；同时，随着经济生活中金融活动作用的日益增强，金融学受到了广泛的重视，为以中国实际为背景的金融理论研究创造了有利条件。

作为一门基础性、理论性、实践性都比较强的学科，金融学有以下基本特征。

（一）理论上的特征

金融学在理论上具有两个明显的特征：一是带有较大程度的西方一般经济理论的学派色彩。因为很多的金融理论如货币理论等通常被认为是一般经济理论的组成部分，一般经济学家都对这些理论感兴趣，因此，它们的学派色彩就突出了。如通货膨胀的货币理论带有货币学派的色彩，结构理论带有制度学派或者凯恩斯学派的色彩。二是与20世纪五六十年代以来金融活动的实践有比较紧密的联系。第二次世界大战以来，金融领域发生了一系列重大的变化，如布雷顿森林体系的产生、发展与崩溃，多次发生的世界性货币金融危机、金融自由化等。汇率决定理论、货币理论、通货膨胀理论、金融创新理论等的发展，都同上述一系列变化有关。正因为如此，金融学的应用性是很强的。

（二）方法论上的特征

金融学的研究充分注意宏观经济运行，把金融活动尽可能纳入宏观经济运行的范围内进行分析，从而大大加强了金融学同一般经济理论之间的联系。第二次世界大战以后，对西方经济学影响很深的凯恩斯主义和货币主义，都以宏观经济运行分析为基本内容。他们或者着重于国民收入均衡分析，或者着重于货币均衡分析。因此，金融学如果不是在一般经济理论、宏观经济运行理论的研究中有较深入的分析，就难以从理论上阐明现代金融活动的过程与效应。

金融学的研究方法重视存量分析与流量分析的结合。这种研究方法上的特征与现代西方经济学一般理论在研究方法上的进展密不可分。在现代西方经济学的一般理论中，由于资产理论的发展，存量分析很自然地被认为是一种有用的方法。同时，金融学的研究采用数量分析的方法，并强调实证分析的重要性。

四、金融学的研究对象

金融学的研究对象是开放经济条件下，以金融市场为中心的货币和资金的运动规律，它揭示金融市场主体的个体行为和金融体系整体行为产生和发展的规律及其相互关系。其涉及的内容十分广泛，从宏观金融理论到微观金融理论，从货币需求到货币政策理论，从利率制度到汇率制度，从商业银行业务到中央银行监管，以及从金融创新到金融风险防范等。由于本教材是以介绍金融基础知识为出发点的，所以仅限于从基本理论、基本方法的角度，内容涉及金融学的全貌。具体包括：货币的本质、职能；信用的形式、银行的职能以及它们在经济中的地位和作用；利息的性质和作用；各种金融工具以及融资方式；银行以及非银行金融机构的主要业务；货币流通的特点和规律；通过货币对经济生活进行宏观调控；国际金融业务；金融创新等。

第二节　金融在现代经济中的地位

❖ **学习目标** ❖

通过教学，学生能了解金融产生与发展的过程，掌握金融在现代市场经济中的重要地位。

一、金融的产生与发展

金融的产生、发展与货币和信用是密不可分的。在现代资本主义市场经济产生之前，货币的发展同信用的发展保持着相互独立的状态。

流通中的货币形态，经历了从实物形态、到金属铸币形态、再到信用货币形态的演化过程。货币在实物形态和铸币形态存在时，都不是信用的创造。作为货币的实物，如牛、盐、布帛等，都是劳动产品，不是信用产品。金属铸币的存在也不依存于信用。以我国为例，过去作为主要流通手段的铜铸币以及后来的银铸币，其形制、成色和质量都是由铸者直接决定的；铸币材料的开采、冶炼、调运，在大部分年代中也是由朝廷集中组织管理。至于铸造钱币的权利则由国家垄断，大多是在京城和指定的地方设官府机构铸造。铸币进入流通，与信用关系无关。

信用的产生是与财富非所有权转移的调剂需要相联系的。在前资本主义社会，信用一直是以实物借贷和货币借贷两种形式并存的。随着商品货币关系的发展，作为财富凝结的货币在借贷中日益占据重要地位，但也没有改变货币制度在其基本方面相对于信用的独立性。以我国为例，早在先秦时期已有大量货币借贷现象，如孟尝君"出息钱于薛"；汉初则有放债谋利的子钱家等。至唐代，随着商业的兴盛，以动产为抵押的"质库"，以不动产为抵押的"贴赁"、"典质"，官府放债的"公廨本钱"，保管钱财的"柜房"等多种形式的信用经营活动颇有发展。它们都以货币为营运和借贷对象。但在货币借贷迅速发展的同时，实物形态的借贷仍然大量存在。

信用的发展，对于货币的流通确实起到巨大的推动作用。例如，货币借贷，使不流动的储藏货币变成流动货币，加快了货币流通速度；唐代的"飞钱"、"便换"是基于信用关系的汇兑业务，便利了货币在更广大地区的流动。北宋出现的"交子"是信用凭证，发挥了代替笨重铸币流通和补充铸币不足的作用，并引出了后来的国家强制行使的纸币。这一切都说明货币、信用之间的联系日益增强；有的现象（如交子）更说明两者已经在这样的形式中结合为一体。但总的看来，货币与信用仍然保持着相互独立的状态。

随着资本主义经济的发展，在西欧产生了现代银行。银行家签发允诺随时兑付金银铸币的银行券。银行券流通的规模迅速扩大，越来越多地代替铸币行使流通手段和支付手段的职能。现在世界各国流通的现钞都属于银行券范畴。同时，在银行存款业务的基础上，形成了转账结算体系和在这个体系中流通的存款货币——用以结清大额交易的主要货币形态。

18～19 世纪，在主要资本主义国家中存在的典型现象是：一方面存在着金属铸币制度（金本位制、银本位制、金银复本位制）。就金属铸币来说，其形制、成色、质量以及铸造程序仍独立于信用活动之外，由国家直接制定并加以管理。个人手中的金银可申请铸成货币，而造币厂则是国家设置的机构。另外，铸币流通范围急剧缩小，到 19 世纪末 20 世纪初，流通中的贵金属已经很少，大量金银集中于中央银行，成为货币流通稳定的保证。用于转账结算的存款需要提取现金，以银行券支付，银行券的信誉则由随时可兑取金币、银币来保证。在经济繁荣时期，一国在中央银行集中的贵金属准备，可支持规模比它大几十倍甚至几百倍的银行券和存款货币的流通；一旦危机来临，公众从普遍追求现钞，进而追求铸币，则会同时造成货币制度和信用制度的剧烈振荡。此时，货币制度与信用制度的联系非常明显，二者已经不可分割。只是由于金属铸币的流通依然存在，货币制度相对于信用的独立性尚未完全泯灭。

第一次世界大战后，在发达的资本主义国家中，贵金属铸币全部退出流通。到 20 世纪 30 年代，则先后实施了彻底不兑现的银行券流通制度。这时，货币的流通和信用的活动，则变成了同一的过程。任何货币的运动都是在信用的基础上组织起来的：基于银行信用的银行券是日常小额支付的手段；转账结算中的存款货币则是大额支付的主要形式。完全独立于信用活动之外的货币制度已荡然无存。任何信用活动也同时都是货币的运动：信用扩张意味着货币供给的增加，信用紧缩意味着货币供给的减少，信用资金的调剂则时时影响着货币流通速度和货币供给在部门之间、地区之间和微观经济行为主体之间的分布。如果说在这以前，货币的价值、货币的购买力还多多少少是由铸币的贵金属含量所支配的，那么当铸币退出流通后，纵然规定货币单位的含金量，货币的价值、货币的购买力也不再由含金量所支配，而是取决于由信用扩张、紧缩所制约的货币供需对比。

至此，货币与信用逐渐相互渗透，两者密不可分地结合到一起，通过信用组织专门经营货币资金的融通，由此也就产生了以货币、信用为基本元素的金融。而在历史上货币和信用渗透的种种形态则应视之为金融的萌芽或早期形态。

二、金融在现代经济中的地位

早在 100 多年前，生活在自由资本主义时代的马克思和恩格斯就已认识到金融的重要性。他们曾在《资本论》等著作中多次谈到货币的"第一"和"最终"推动力的作用以及银行信用对社会经济发展的积极推动作用。随着现代市场经济的建立和发展，以融资为己任的金融业在整个国民经济中扮演着日益重要的角色。

在现代经济生活中，货币资金是沟通整个社会经济生活的命脉和媒介，可以说一切经济活动都离不开货币资金的运动。因此，经济学家们往往把货币资金比喻为现代经济的血液。如果说，货币资金犹如国民经济的"血液"，那么，作为筹集、融通和经营货币资金的金融业，就好像是国民经济的血液循环系统。要维持货币资金在国民经济中的正常运行，必须依靠中央银行、金融机构和金融市场构成的金融体系。这就如同要维持血液在人体中不停顿地循环周转，必须依靠由心脏和血管构成的血液循环系统一样。离开了金融的支撑，现代经济既不能保持稳定的增长速度，更不可能出现大的飞跃。可以说，现代经济社会是金融经济社会，金融已经成为现代经济的核心。其具体表现如下：

（一）经济的货币化程度加深以及金融资产多样化，奠定了金融在现代经济中的基础地位

经济货币化是当代经济的一个发展趋势，现实也是如此。以我国为例，几项经济指标的变化正可以反映出经济货币化的速度和进程。首先，以实际金融资产的存量与国内生产总值相比来看，1978 年，我国的金融资产（当时仅包括人民币存款）存量为 1 135 亿元，是当时国民生产总值的 30%，而 2007 年底，我国的金融资产（含人民币存款、发行股票、发行债券以及保费收入）存量为 609 816 亿元，是当年国内生产总值的 2.47 倍。其次，以人均实际货币量来看，2007 年底，我国人均实际货币量（广义）已超过 3 万元，人均储蓄已达 13 554 元（见表 1.1）。而且，从全球来看，金融资产交易已成为社会经济活动的热点，其规模已经超过了商品交易。此外，金融资产日益多样化，新的金融工具不断出现。据不完全统计，金融资产商品已数以千计，许多传统金融工具及衍生金融工具正走入寻常大众中。

表 1.1　相关经济指标　　　　　　　　（单位：亿元）

指　　标	1978 年	1989 年	1997 年	2007 年
国内生产总值	3624	16 909	74 463	246 619
金融机构人民币存款余额	1135	10 786	82 390	401 051
其中：城乡居民人民币储蓄存款余额	211	5196	46 280	176 213
股票筹资额			1294	8432
国内债务		56	2412	17 084
保险公司保费		139	773	7036
货币供应量（M2）				403 000

资料来源：中华人民共和国国家统计局 2007 年国民经济和社会发展公报。

　　经济的货币化和金融资产的多样化使金融全面占领了国民经济的各个领域，由此奠定了其在现代经济中的基础性地位。

（二）现代金融活动辐射到全社会，奠定了金融在现代经济中的主流地位

　　市场经济是商品货币乃至金融经济。没有资金的融通活动，一切都无从谈起，现代金融活动已广泛渗透到社会经济和人民生活的每个领域，大到宏观调控，小到个人生活，可谓无处不在，政府、企业、个人无不为之。首先，企业一天也离不开存、贷、结算等金融业务，否则，生产和商品流通就可能停滞；其次，政府同样要融通资金，要利用金融机构为其理财，还要依靠金融来完成其部分重要的宏观调控职能；再次，个人也离不开金融，每个家庭都要储蓄、投资和消费，这些都要借助于金融机构为其服务。可见，金融在现代经济中无所不在，这无疑奠定了其经济主流的地位。

（三）金融宏观调控成为市场经济中主要的调控方式，奠定了金融在现代经济中的"神经中枢"地位

　　市场经济中，政府调控经济的方式和政策有多种，但最为常用的宏观调控方式当属金融调控，最为有效的政策是货币政策。因为市场经济宏观调控的核心就是资源的合理配置问题，而利用信贷、利率等金融经济杠杆的调节和货币政策的制定和实施，都是以资金活动为主线和推动力，能够起到"牵一发而动全身"的灵敏调节作用，从而最直接地达到引导社会资源实现合理配置的调控目标。所以说，金融在现代经济中有着"神经中枢"般的宏观调控作用。

（四）金融创新和金融深化奠定了金融在现代经济中的领先发展地位

　　创新是人类社会发展的一个重要动力，由于金融在经济中的特殊地位，金融创新对整个经济社会的影响更为强烈和广泛。同时，创新又不断促进了金融体制的变革，不断推动金融改革即金融深化的步伐。正由于金融与经济发展息息相关，所以金融创新和金融改革必然引领和带动经济体制的其他变革，促进经济的良性循环和全面增长。可见，金融创新和金融改革使金融在现代经济中具有领先发展的地位。

三、金融在现代经济中的作用

金融业在推动社会经济发展中起着特殊的杠杆作用，具体说来，主要表现在以下两个方面。

（一）聚集社会闲散资金和调剂资金余缺

以银行为主的金融业，其机构遍布城乡各地，通过信用业务的开展，能将社会上各种小额的闲散资金集中起来加以再分配，调剂资金余缺，从而使全社会的资金和资源发挥最大限度的效用。

1. 变"死钱"为"活钱"

一切闲置的货币资金都是"死钱"，只有周转于生产和流通过程的资金才是"活钱"。在社会经济活动中，"活钱"和"死钱"总是会同时存在的，只有努力减少"死钱"和加大"活钱"的比重，才能加快社会经济的发展。金融业不仅能把经济组织在资金循环过程中出现的暂时闲置的"死钱"变为"活钱"，用于经济活动，而且还能通过其特殊的转换功能，将储蓄转化为投资或将消费转化为积累，把原来的非生产性资金转化为建设资金。例如，金融机构可以通过引导居民用其结余的货币购买诸如国库券、股票和企业债券等信用工具，从而把居民的积累和现实的购买力转化为投资，促使社会资金最大限度地用于经济发展。

2. 变"小钱"为"大钱"

涓涓细流作用不大，往往不引人注意，而当无数细流汇集成浩浩荡荡的洪流时，就会显示出其不可忽视的强大威力。同样的道理，当社会上闲置资金分散在许许多多个人手中时，零零星星，看起来数额不大，作用有限，而当金融机构把分散零星的货币积蓄和暂时不用的资金汇集起来，集少成多，积零为整，由"小"变"大"，通过规模金融形成规模经济，产生"密集服务效应"，就变成了能促进社会经济发展的巨大资金力量，并通过其灵活调剂资金余缺的机能，既可满足企业发展生产和流通对资金的急需，又可加速社会资金的周转，提高资金的运行效率。

（二）宏观经济调控的总开关

在市场经济条件下，市场调节是资源配置的主要方式，而市场配置资源的作用主要是通过资金的流动和组合来实现的。以银行为主的金融业是集中和分配生产建设资金的主渠道和全国资金活动的总枢纽。因此，金融在宏观经济调控中发挥着极其重要的作用，有的西方经济学家把金融称之为宏观经济调控的总开关。

金融作为宏观经济调控的重要手段，主要是通过中央银行而发挥作用的。中央银行在一国金融宏观调控中居于主导地位，它是国家调控经济和管理金融的最重要、最有效的工具。从世界各国的中央银行体制的实践来看，中央银行都承担着调控宏观经济的职能。中央银行根据国家宏观经济政策的需要，通过制定和实施金融政策，运用存款准备金、再贷款、利率、公开市场业务、贷款规模等直接或间接的调控手段，适时调控货币供应的数量、结构，调节经济发展的规模、结构和速度，从而促进社会经济的稳步协调向前发展。

总之，在"物随钱行"的发达的现代商品经济社会里，金融业起着聚集、引导社会资源配置和调节经济的重要作用。以金融为支柱产业，形成活跃的金融市场，畅通的融资渠道，这是世界各国经济腾飞并保持优势的关键所在。任何国家和地区的经济迅速崛起，无不与重视发展金融业，采取"金融先行"的战略方针息息相关。

随着我国社会主义市场经济的不断发展，我国经济正逐步变为以金融为核心的经济，金融活动日益广泛地渗透到经济和社会生活的各个方面、各个环节，而且与每个人密切相关。所以我们应该认真学习现代金融知识，了解金融的重要性及其有关法规，掌握现代金融的基本原理、运作规范和发展趋势，增强金融意识，提高金融素质和运用金融手段推动经济发展的能力，学会驾驭"现代经济核心"的本领，以适应现代市场经济发展的要求。

小　　结

（1）伴随着金融的产生和发展，经济社会已从自然经济发展到货币经济，再逐渐发展到当今的金融经济。

（2）金融学是一门研究货币、信用、金融机构、金融市场等基本范畴及其运作机制的经济科学。金融学的研究对象是货币、信用、利率、金融市场、金融机构、国际金融、金融监管、金融创新、金融宏观调控等金融活动规律及其所反映的社会经济关系等。

（3）金融是商品货币关系的必然产物，伴随着商品货币关系的发展而发展。

（4）金融在现代经济中居绝对的核心地位，金融业在推动社会经济发展中起着特殊的杠杆作用。

练 习 题

一、名词解释

金融　金融学

二、判断题

1. 在资本主义市场经济产生之前，货币范畴同信用范畴保持着相互独立的发展状态。　　　　　　　　　　　　　　　　　　　　　　　（　　）

2. 在现代市场经济中，货币流通与信用活动变成了同一过程。　（　　）

3. 在市场经济条件下，政策性金融与商业性金融都要以盈利为目的。

（　　）

4. 自从有了金融以后，人类社会就进入了金融经济时代。 （   ）

5. 经济的货币化是由金融资产的多样化带来的。 （   ）

三、不定项选择题

1. 以大工业和银行为基础的经济被称为（   ）。

A. 商品经济 　　　B. 货币经济 　　　C. 信用经济 　　　D. 金融经济

2. 在我国，通常意义上的金融是指（   ）。

A. 政府金融 　　　B. 企业金融 　　　C. 私人金融 　　　D. 专业金融

3. 在现代经济中，参与到金融业务中的有（   ）。

A. 银行 　　　B. 企业 　　　C. 个人 　　　D. 国家

4. 下列金融机构所从事的业务中，属于政策性金融的是（   ）。

A. 中央银行和商业银行 　　　　　　B. 农业发展银行和进出口银行

C. 保险公司和证券公司 　　　　　　D. 信托投资公司和融资租赁公司

四、问答题

1. 怎样理解金融在现代经济中的地位和作用？

2. 在中国经济全球化进程中，金融业面临什么冲击？你认为应如何应对？

3. 你在生活、工作中接触过哪些金融方式和现象？

第二章

货 币

知识点

1. 货币的产生、货币形式的发展。
2. 货币的本质、货币的四种基本职能。
3. 货币的现实定义、货币的层次划分。
4. 货币制度的形成、构成及类型。

技能点

1. 货币的概念和在现代生活中的作用。
2. 货币职能的特点与作用。
3. 现行信用货币制度的内容与特点。

引导阅读

"孔方兄"、金元宝、银两、银票，我们经常在影视作品中看到的这些，是古代、近代的货币；二十年前，人们还没见到百元面值的人民币；今天，我们不仅使用中国人民银行发行的钞票和硬币，还使用依据银行账户所开出的支票、汇票、本票；更加方便的是电子货币，我们"喜刷刷"地"刷"来了电脑、健身卡、欧洲游。不同时期的货币是不同的，然而，它对于百姓和经济社会始终是很重要的。

为了理解货币对经济的影响，我们必须确切地了解它究竟是什么。本章中，我们将分析货币的功能，探讨货币为什么和怎样促进经济效率，考察货币的形式如何随时间推移而发展，并看一看现在它是如何计算的。

第一节　货币的产生与发展

❖ 学习目标 ❖

现代经济实质上就是货币经济。货币不仅直接作用于生产、流通、分配和消费领域，而且还是进行宏观经济调控的重要工具。本节主要阐述货币的产生、种类及货币形式的发展等问题。通过教学，学生能掌握货币的概念，了解货币形式的发展过程，深刻理解货币在现代经济生活中的重要作用。

一、货币的产生

关于货币的起源问题，众说纷纭，被人们普遍接受的货币起源学说有以下两种。

（一）马克思的货币起源理论

货币与商品相辅相成，不可分离。在没有商品的地方不需要货币。马克思曾经指出："只要理解了货币的根源在于商品本身，货币分析上的主要困难就克服了。"马克思从价值形式的发展演变过程说明货币的产生。

商品是用来交换的劳动产品，具有使用价值和价值二重性，因此，它相应地表现为两种形式——自然形式和价值形式。自然形式，即使用价值的表现形式，是显而易见的；而价值形式却是看不见、摸不着的，只有通过交换才能表现出来。这种商品与商品相交换的关系或数量比例，即交换价值，叫做价值形式。随着商品交换的发展，价值形式也相应地从低级形式向高级发展，依次经历简单的价值形式、扩大的价值形式、一般价值形式和货币形式四个阶段。货币则是价值形式发展的最后结果。

1. 简单的或偶然的价值形式

所谓简单的或偶然的价值形式，就是一种商品的价值偶然地通过另一种商品表现出来。它是偶然的商品交换的产物。

在原始社会初期，没有剩余产品，也没有商品交换。到了原始社会末期，生产力水平有了一定的发展，各部落相继出现了一些剩余产品，它们之间要进行交换。但是此时各个部落的剩余产品数量不多，品种也很少，所以交换的进行和比例的确定都带有很大的偶然性。因此，价值形式也是偶然的。比如，一个部落用1只羊与另一个部落的2把石斧交换。用公式来表示则是：1只羊＝2把石斧。在这一价值形式中，羊和石斧处于不同的两极，起着不同的作用。羊主动要与石斧交换，要实现自己的价值，起着主动的作用，把它作为相对价值形式。而石斧是被动地与羊交换，在交换中充当羊价值的表现材料，成为羊的等价物，因此把它叫做等价形式或等价物。

相对价值形式与等价形式是两个相互对立统一的因素。对立表现为它们相互排斥，即一种商品不能同时出现在等式的两极，不能既是相对价值形式，又是等价形式。正如1只羊＝1只羊，这就毫无意义。统一是因为它们相互依存，缺一不可。没有了等价形式，也就无所谓相对价值形式。

在简单的价值形式中，处于相对价值形式地位的商品（羊），不仅在质上得到了体现，而且在价值量上也得到了衡量。1只羊能和2把石斧交换，既表明了两者有同质的东西（即价值），又表明了两者的价值量相等。

当然，在简单价值形式中，商品的价值表现是不充分的，在这里，商品羊仅仅同某种个别商品石斧发生交换关系，因而不能表现出羊与其他一切商品在性质上相同、在数量上可以比较的关系。也就是说，还未充分表现出价值是无差别的一般人类劳动凝结的性质。

2. 扩大的价值形式

所谓扩大的价值形式，就是一种商品的价值通过许多种商品表现出来。

随着社会分工和私有制的出现，交换日益发展成为经常的现象。这时，一种商品不再是非常偶然地和另外一种商品发生交换关系，而是经常地与其他许多种商品发生交换关系。因此，一种商品的价值可以通过许多种商品表现出来，从而价值形式也由简单的偶然的过渡到扩大的价值形式。用公式表示如下：

$$一只羊＝2把石斧$$
$$一只羊＝1捆烟叶$$
$$一只羊＝2袋粮食$$
$$一只羊＝若干其他商品$$

价值形式过渡到扩大的价值形式以后，发生了本质的变化，因为羊的价值可以表现在许多商品上，这就说明了商品价值同它借以表现的使用价值的特殊形态没有关系。所以，商品价值真正表现为无差别的人类劳动的凝结。同时，1只羊可以按不同比例与其他各种商品相交换，也证明交换的比例是以价值量为基础的，而不再是偶然确定的了。

然而，扩大价值形式的不足也是显而易见的。首先，价值表现不完整、不统一，往往因地而异。其次，没有一个统一的等价物。

扩大价值形式的不足，表现在实际中就是物物交换的缺陷。因为这时交换行为的成立，要以交换双方都需要对方商品的使用价值为条件。比如，羊的所有者需要石斧，而石斧的所有者也正好需要羊，两者的交换才能进行。但实际的情况并非如此，有羊的人需要石斧，而有石斧的人未必需要羊，因此交换不可能成立。这个时期，经常交换已成为他们生活的必要环节，物品交换不出，其所有者的生产和生活都会遇到困难，因此，羊的所有者（在石斧所有者不需要羊的情况下）要想换到石斧，就必须经过若干次交换取得石斧所有者所需要的物品，这样的交换要花费极大的精力，有时还不一定能成功。

"问题与解决问题的手段同时产生。"人们在长期交换的过程中逐渐找到了解决问题的办法，那就是先把自己的商品换成一种市场上最常见的、大家最乐意接受的商品，然后用这种商品去交换自己所需要的商品。这样，就使一种商品从整个商品世界分离出来，人们用它作为商品交换的媒介，所有商品的价值都通过它来表现出来。于是，价值形式就过渡到了一般价值形式。

3. 一般价值形式

所谓一般价值形式，就是所有商品的价值都通过一种商品表现出来。用公式表现如下：

$$2\ 把石斧＝1\ 只羊$$
$$2\ 袋粮食＝1\ 只羊$$
$$一捆烟叶＝1\ 只羊$$
$$一两黄金＝1\ 只羊$$
$$若干其他商品＝1\ 只羊$$

一般价值形式克服了扩大价值形式的不足。首先，价值的表现是统一的，等价物也是唯一的，称之为一般等价物。一般等价物成为表现所有其他商品价值的材料，具有与其他一切商品直接交换的能力。一种商品之所以能成为一般等价物，绝对不是因为它自身有奇妙之处，而是商品所有者共同的、自发的交换活动的结果，是交换发展的必然产物。其次，各种商品均把自己的价值表现在一种商品上，这不仅更清楚地表明各种商品的价值在质上相同，同时也使各种商品在价值量上可以相互比较。更重要的是，一般价值形式克服了物物交换的困难，能促进商品交换的发展。一般等价物出现后，直接的物物交换就转化为一般等价物为媒介的间接交换。交换过程被区分为两个环节：商品所有者先卖出后买进，卖出是关键，只要商品卖出，换回一般等价物，再购买就容易了，这就给交换带来了极大的方便。一般价值形式为货币形式的出现准备了条件，但是，此时充当一般等价物的商品尚未固定，在不同的地区和不同的时间，一般等价物都有所不同。

4. 货币形式

所谓货币形式就是许多种商品的价值都固定地通过贵金属表现出来。在一般价值形式下，一般等价物不固定，不利于商品交换的扩大。第二次社会大分工后，手工业从农业中分离出来，产生了专门的商品生产，一般等价物的固定化就成为经济发展的客观要求。在历史的发展过程中，当一般等价物相对固定在贵金属上后，这种固定地充当一般等价物的特殊商品就成为了货币。从一般价值形式转化为货币形式，并没有发生本质的变化，唯一的进步在于一般等价物相对固定地由金银等贵金属充当了。

金银能够相对固定地充当一般等价物，并不是由于金银有什么神秘的地方，而是因为它们本身也是商品，也具有价值。而且它们具有一般商品所不具备的充当一般等价物的自然属性，如体积小、价值大、便于携带和收藏；不易变质和磨损，便于保存；易于分割和合并等。

小问号 "金银天然不是货币，货币天然是金银"，为什么？

价值形式的发展过程表明，货币是商品交换过程发展到一定阶段的自发产物和必然结果，货币在本质上也是一种商品，是固定地充当一般等价物的特殊商品。

[阅读资料 2.1]　　　　　**战俘营里的货币**

第二次世界大战期间，在纳粹的战俘集中营中流通着一种特殊的商品货币：香烟。当时的红十字会设法向战俘营提供了各种人道主义物品，如食物、衣服、香烟等。由于数量有限，这些物品只能根据某种平均主义的原则在战俘之间进行分配，而无法顾及每个战俘的特定偏好。但是人与人之间的偏好显然是会有所不同的，有人喜欢巧克力，有人喜欢奶酪，还有人则可能更想得到一包香烟。因此，这种分配显然是缺乏效率的，战俘们有进行交换的需要。

但是即便在战俘营这样一个狭小的范围内，物物交换也显得非常不方便，因为它要求交易双方恰巧都想要对方的东西，也就是所谓的需求的双重巧合。为了使交换能够更加顺利地进行，需要有一种充当交易媒介商品，即货币。那么，在战俘营中，究竟哪一种物品适合做交易媒介呢？许多战俘营都不约而同地选择香烟来扮演这一角色。战俘们用香烟来进行计价和交易，如一根香肠值10根香烟，一件衬衣值80根香烟，替别人洗一件衣服则可以换得两根香烟。有了这样一种记账单位和交易媒介之后，战俘之间的交换就方便多了。

香烟之所以会成为战俘营中流行的"货币"，是和它自身的特点分不开的。它容易标准化，而且具有可分性，同时也不易变质。这些正是和作为"货币"的要求相一致的。当然，并不是所有的战俘都吸烟，但是，只要香烟成了一种通用的交易媒介，用它可以换到自己想要的东西，自己吸不吸烟又有什么关系呢？

(资料来源：易纲.1999.货币银行学.上海：上海人民出版社)

(二) 西方学者的货币起源学说

与马克思一样，西方学者也是从商品交换入手分析货币起源的。它们同样意识到在人类社会初期相当漫长的时间里没有商品交换和货币。它们从原始社会默契、直接的物物交换入手进行分析。它们认为，直接的物物交换存在许多缺陷，主要表现在以下几个方面。

第一，缺乏共同的价值标准，致使交换比率过于复杂。两种物品相交换的数量比例，称为交换价值或交换比率。由于一种物品可以和许多别的物品相交换，因此，就有了许多个交换比率。如果一个市场有 1000 种商品，那么就会有 499 500 个交换比率。交换比率越多，交换就越难进行。

第二，不易找到合适的交换者。物物交换若要成功，重要的条件是在同一时间、同一地点。交易双方需要无论是品种还是数量都恰好相符。假如有甲、乙两人，甲所余者为大米，所需者为牛，而乙所余者为牛，所需者为鞋，那么这两人就无法进行物物交换；如果乙所余者为牛，所需者恰好是大米与甲的余缺恰好相符，但是，数量不相当，而牛又无法分割，交换仍不能进行。只有当双方所需物品相符，且数量相当时，以牛易米的交换才能成功。所以，物物交换成功的必要条件是需求的双重巧合。这是非常困难的，是需要极大的成本才能实现的条件。

第三，不易发展延期支付的交易行为。物物交换成功的另一个条件是时间的双重巧合。如果甲所余者是米，所需者是牛，乙所余者是牛，所需者是米，数量恰好也一致，但是，乙是半年之后才需要米，那么，交换仍然无法立即进行。

第四，运输与储藏的不便。物物交换时期，因为各种物品的运输、储藏极为不便，所以交换往往仅限于一个狭小的地区，很少有长途运输和远地贸易，因而不利于经济的大规模发展。

由于物物交换的效率太低，成本太高，不容易满足日益扩大的经济活动需要。特别是当经济发展到一定程度，消费者需求渐趋复杂，对各种服务如教育、医疗、卫生等需求不断增加时，物物交换便无法满足大家的要求。

所以，在物物交换时期，那些被人们共同偏爱的、共同需要的物品，因大家普遍乐意接受而逐渐演变成为被共同接受的交换媒介。这样，人们就可以将其所余物品换成交换媒介，然后再在其他地方、其他时间以交换媒介换成自己所需的物品，直接的物物交换就被有媒介物的间接交换所取代，这个媒介物就是货币。

二、货币形式的发展

历史上货币的具体形态一直是不断变化的，经历着一个由低级向高级不断演进的过程。具体而言，它经历了实物货币、金属货币、纸币和电子货币等阶段。

（一）实物货币

据不完全统计，在各国历史上充当货币的实物种类繁多，其中既有动物和植物，也有矿物和加工品；它们既有价值，又有使用价值，如盐、毛皮、牲畜、农具、布帛、茶叶、贝壳等。在我国古代商、周时期，牲畜、粮食、布帛、珠玉、贝壳等都曾充当过货币，而以贝最为普遍、长久。这一点，可以从我国文字中得到证实。许多和财富有关的汉字，其中都有"贝"字，如财、贫、贵、贱等。这种种实物充当货币促进了交换的顺利进行，同时由于其本身的使用价值，又可解除人们的后顾之忧。一旦它们不能作为交换媒介时，可以直接用来满足人们具体的消费需要而不会成为一堆废物。但是，当它们充当交换媒介时，就不能用来满足人们的消费需要，这实际上是一种资源的浪费。而且它们充当货币，本身也有一些难以克服的缺陷，主要有：① 体积大，价值小，不易携带；② 质地不均，不易分割；③ 价值易变，不易保存；④ 单位不一，不易计量；⑤ 数量有限，不能适应交换日益扩大的需要。随着商品交换的扩大，这些缺陷日渐突出，实物货币就被金属货币所取代。

> **小贴士** 实物货币是指作为货币用途的价值与其非货币用途的商业价值相等的货币。

（二）金属货币

金属货币因其具有体积小、价值大、易于携带、质地均匀、易于分割、不会腐烂、价值较稳定等优点，恰好弥补了实物货币的缺陷，所以在商品经济中独领货币风骚。金属货币大约始于公元前 1000 年，以铜、铁、银、金的顺序出现，即由贱金属逐渐向贵金属过渡。最初的金属货币没有统一的形状、质量和成色，戒指状、鱼钩状、刀状等工艺品形状较为普遍。这说明它们除了充当交换媒介外，还有装饰等其他的用途。在使用它们做媒介物时。需先鉴定成色，称其质量（即称量币），相当繁琐。随着第三次社会大分工——商人的出现，一些富裕的、有信誉的商人就在货币金属块上标明质量和成色，并打上自己的印记，表示自己对其负责。这在一定程度上方便了流通。这便是最早的铸币。当商品交换进一步发展并突破区域市场的范围后，金属的质量和成色就要求有更具权威的证明，于是由政府出面、按一定的质量和成色把金属铸成一定形状货币的行为便发生了，铸币就出现了。铸币就是政府按一定成色和质量铸成一定形状的金属货币。

> **小贴士** 中国是最早使用金属货币的国家之一，早在殷商时代，金属货币就已成为货币的主要形式。

自此，政府开始充当货币管理者的角色，独占铸币的发行权利。当政府入不敷出时，政府可收回流通中的铸币，以较低成色或质量发行面值不变的铸币，亦即进行贬值发行，从中牟利，弥补政府财政赤字。在我国历史上，秦始皇时期的"半两"铜钱，是中国有统一形式、统一质量的统一铸币制度的开始，并一直影响到清代制钱。清朝中后期，又逐渐出现了银铸币，至 1935 年停止流通。

铸币的流通，一方面促进和方便了商品交换，另一方面也暴露了自身的不足。铸币的不足之处在于：① 远地贸易，交易量大，携带大量铸币极不方便，且不安全；② 铸币在流通中由于磨损而减少质量，使其面额与其实值不符；③ 地球上的金银产量有限，不足以应付日益增加的交易需要。所以，随着交换的进一步扩大，纸币便产生了。

（三）纸币

纸币有广义和狭义之分。广义的纸币泛指所有以纸张为材料的货币。狭义的纸币，就是由政府发行并由政府法令强制流通的钞票。这里指的是广义的纸币。

纸币本身几乎没有价值，之所以能充当货币，主要是由于以下原因：第一，货币在执行交换手段职能时，是转瞬即逝的，只起着价值符号的作用，接受一方之所以接受是因为它相信纸币可以购回同值的商品，纸币本身的价值大小是无关紧要的；第二，纸张的印刷成本远低于金属货币的铸造成本，而且金属产量有限，难以应付日益扩大的交易量的需要，纸币的印刷技术使得纸币成本低，原材料来源充足；第三，纸币较金属货币更易携带、运输、不易磨损；第四，便于货币管理。在金属货币时期，常有不法之徒将十足质量和成色的金属货币切削图利后再推向市面，而将足值的金属货币退出流通，作为保值工具，这常常给货币管理带来困难。由于纸币具有上述特点，所以它取代了金属货币，并成为主要的货币形式。

从历史的角度看，纸币大致经历了两种形态：代用货币和信用货币。首先，纸币是作为金属货币的替代品进入流通的，称为代用货币。代用货币的发行以十足的金银准备为基础，随时可向发行机关兑换为贵金属，因此又称为可兑换货币。后来，20 世纪 30 年代爆发了世界性的金融危机。金属货币制度崩溃。纸币便不再和贵金属相兑换，信用货币便应运而生。信用货币又称不可兑换货币，不再是贵金属的代表。发行量也不必受十足的金属货币准备的限制。当然，这并不意味着信用货币全无准备。事实上，大多数采用信用货币制度的国家，都保留着相当数量的黄金资产，作为纸币发行的准备。

小问号 随着交易费用的节约，纸张形式的货币会消失吗？

（四）电子货币

电子货币是存储于银行电子计算机系统内、可以利用银行卡或者电子资金移转系统进行存取的存款货币。19 世纪后半期，近代存款银行兴起，存款人以其在银行的活期存款为基础签发支票，代替现金充当交换媒介。这些支票无需兑换，通过票据转换手续，转移接受双方的存款余额即可完成交换行为。支票的使用使货币的概念得以扩张，货币不再仅限于现金，而且包含了活期存款（存款货币）。因而，货币由有形货币转向无形货币，为货币的进一步发展创造了前提条件。

支票的使用促进了交换的便利与效率，节省了更多的资源，但是也滋生了新的问题。以美国为例，20 世纪 80 年代中期，银行每年要处理 80 000 亿美元左右的约 300 亿张支票，仅 1986 年，处理支票的成本就达 50 亿美元。为了降低这些成本，银行必须寻找新的出路，首先用于替代支票的支付方法是信用卡。持有信用卡的消费者，可以凭信用卡以签字记账的方式，在发卡银行的特约商店购物或享受服务。不必当场付现金或签发支票，在一定时期再同发卡银行结账。另一项重大进展是电子资金转移系统（Electronic Funds Transfer System，EFTS）的应用。随着电子计算机的普及，银行利用计算机的优势，开发了自动柜员机、销售点终端机、自动票据交换所，这对于减少支票的签发以及现金的携带发挥了很大作用。可以说人类社会已向无现金社会前进了一大步。

科学技术日新月异，我们相信未来会出现无现金社会，实实在在的货币材料将退出历史舞台。但是，不论货币材料如何进步和创新，货币仍将在社会经济中保持其重要的地位。

[阅读资料2.2]　　　　中国历史上的货币

据古籍记载、青铜器铭文和考古挖掘，中国最早的货币是贝。其流通的时间上限大约在公元前2000年。古书有"夏后以玄贝"的说法，考古发掘屡有证实。商周的铜器铭文和甲骨文都有关于用贝作赏赐的记载；墓葬发掘的陪葬品中有大量可推断是用作货币的贝。作为货币的贝，以朋为单位，一期十贝。贝流通的时间下限可能是金属铸币广泛流通的春秋时期。

中国最古老的金属铸币是铜铸币。有三种形制：一是"布"，是铲形农具的缩影。最早的布出现在西周、春秋，先是"空首布"，后是"平首布"，在周、三晋、郑、卫等地广泛流通；二是"刀"，是刀的缩影。它主要流通在齐国及其势力所影响的范围；三是铜贝，是在南方楚国流通，通常称之为"蚁鼻钱"。到战国中期，在刀和布流行的地区，在秦国，圆钱大量流通。圆钱是铜铸的圆形铸币，有两类：一是中有圆孔；另一是中有方孔。有孔是为了可以串在一起便于携带。圆形方孔的秦"半两"钱，在中国铸币史上占有重要地位。在秦统一中国的前后，正是这种形态的铜铸币统一了中国的铸币流通。秦汉之际出现了一次全国性的货币流通大紊乱。经过汉初百年的摸索，于汉武帝时建立了"五铢"钱制度：钱面铸有五铢字样，说明质量。一铢等于1/24两。这种五铢钱，自汉至隋流通了700余年。唐朝建国后，在整顿币制的过程中，铸"开元通宝"钱，代替了五铢钱，以后各代铸的钱虽有称"元宝"的，但大多称"通宝"，只是"开元"二字换成当时的年号。这种形制一直延续到清代。由于铜币流通2000多年，所以人们经常把铜与货币等同起来。如果一个人斤斤计较钱财，往往被讥讽为有"铜臭气"或"孔方史"。

在出土文物中金银有铸成钱的。但在中国流通银元之前，从无金银铸币在流通中广泛存在的记载。自宋代开始大量流通的白银，一直是以称量币流通的，其计量单位是"两"，所以也常说"银两"。银铸币的流入在我国明代可能已经很多，但当时是按银两看待的。银元的广泛流通是从鸦片战争之际开始的，其中流通最多的是墨西哥的鹰洋。由于流通方便，晚清之际也开始铸造自己的银元。最初是有龙的图案的"龙洋"。1910年规定以银元为国币。例如，袁世凯的北洋政府铸有袁世凯头像银元；1927年国民党政府铸有孙中山头像银元。

宋朝时纸钞与铜钱并行，并有白银流通。在10世纪末的北宋年间，我国已有大量用纸印制的货币——"交子"已成为经济生活中重要的流通和支付手段。

最初是由四川商人联合发行的，在四川境内流通，可以随时兑换，后来由于商人的破产，官府设置专门机构发行。名义上可以兑换，但多数时候不能兑换。流通范围也由四川扩及各地，成为南宋的一种主要货币。马可波罗曾向西方人介绍中国的奇事："大汗国中商人所至之处，用此纸币以给赏用、以购商物、以取其货币之售价，竟与纯金无别。"外国人对中国纸币的类似报道，在马可波罗以前已不止一起。

元代在全国范围实行纸钞流通的制度，其中具有代表性的是忽必烈在位时发行的"中统元宝钞"。开始时也曾一度可以兑换，但很快停止。元代纸钞流通的特点是大多数年份都不允许铜和金银流通。

明代发行"大明宝钞"，从不兑现。开始时曾禁止铜的流通，乃至禁止金银流通，只准行使宝钞。但事实上行不通，遂先后解除禁令。后来，一方面由于钱、银流通的增大；另一方面由于宝钞滥发，急剧贬值，自宋以来开始的中国式的纸钞流通逐渐退出经济生活舞台。

（资料来源：王旭凤.2006.金融理论与实务.山东：山东人民出版社）

第二节　货币的本质与职能

❖ **学习目标** ❖

本节主要阐述货币的本质及职能。通过教学，学生能认识货币的本质，理解货币的各种职能，重点掌握货币职能的特点与作用。

一、货币的本质

货币首先是商品，具有商品的共性。货币是在商品交换过程中从商品世界分离出来的。货币是充当一般等价物的特殊商品。货币之所以特殊，是因为它在商品交换过程中取得了一般等价物的独占权。只有货币才具有以自身使用价值表现商品价值的能力。货币反映产品由不同所有者所生产、所占有，并通过等价交换实现人与人之间社会联系的生产关系。在不同的社会形态，货币所反映的生产关系是有差异的。因此，马克思给货币下了一个本质定义：货币就是固定地充当一般等价物的特殊商品。

二、货币的职能

（一）价值尺度

货币在表现和衡量商品价值时，执行的是价值尺度的职能。商品的价值不能直接用劳动时间来表现和衡量。但货币出现以后，一切商品的价值都可以用货币来表现。执行价值尺度职能的货币本身必须有价值，即货币是商品，有价值，从而能够充当价值尺度。

货币在执行价值尺度职能时，人们可以在观念语言中用货币来衡量商品的价值，而并不需要现实的货币。商品价值的货币表现就是价格。各种商品的价值大小不同，以货币表现出的价格也就各不相同，从而就需要规定一个货币计量单位，即价格标准、价格标准最初与金属质量单位是一致的。如英国的货币单位为"英镑"，1 英镑就等于 1 磅的白银。后来由于国家以贱金属替代贵金属做币材，从而货币单位名称和金属质量单位名称出现了不一致现象。一般而言，不同的国家存在着不同的货币单位，而不同的货币单位又包含着不同质量的贵金属。

价值尺度与价格标准既有联系又有区别。货币的价值尺度要依赖于价格标准来执行职能。但价值尺度不等同于价格标准。这主要体现在两个方面：第一，货币作为价值尺度是一定量社会劳动的代表，以此衡量各种不同商品的价值；而货币作为价格标准代表着货币单位本身金属含量。第二，货币作为价值尺度是在商品交换过程中自发形成的，是一种客观现象；而货币作为价格标准是一种人为现象，它通常是由国家法律规定的。

（二）流通手段

货币在商品交换过程中发挥媒介作用时，执行的是流通手段职能。在货币出现之前，商品交换形式是直接的物物交换，即"商品—商品（W—W）"；在货币出现以后，商品流通取代了直接的物物交换，即"商品—货币—商品"（W—G—W）。从物质内容上看，这一运动过程还是商品交换商品，货币只是交易媒介或实现商品流通的手段。"W—G—W"的运动是由"W—G"（卖）和"G—W"（买）这两个形态变化构成的。每一种商品循环的两个形态变化同时又是其他两个商品的相反的局部形态变化，这种商品形态变化系列所形成的循环就表现为商品流通。而在商品流通的基础上又形成了货币流通。货币流通是指货币作为购买手段，不断地离开起点，从一个商品的所有者手里转移到另一个商品的所有者手里的运动。它是由商品流通所引起并为商品流通服务的。

小贴士 货币在流通过程中作为交换媒介：挨饿的裁缝与挨冻的面包师。

商品流通与货币流通之间存在密切的联系：商品流通是货币流通的基础，货币流通是商品流通的表现形式。一般而言，流通中所需要的货币量取决于三个要素：待流通的商品数量、商品的价格和货币流通速度，即

$$流通中所需要的货币量 = \frac{商品价格 \times 待流通的商品数量}{货币流通速度}$$

只要有商品、货币交换关系存在，这一规律就必然存在。

小问号 当货币执行流通手段时是现实中的货币还是观念上的货币？

（三）储藏手段

商品的形态变化是由"商品—货币"（卖）和"货币—商品"（买）两个对立的行为构成的。卖与买有时可能是连续进行的，有时可能是分离的，只要商品的形态变化系列中断，即卖买不是同时进行的，货币就会退出流通。被储藏起来，此时的货币就执行着储藏手段的职能。由于货币是一般等价物，可以购买任何一种商品，它因而成为社会财富的一般代表，人们都有储藏货币的欲望。

小贴士 货币储藏就像个蓄水池，对流通中的货币既是排水渠，又是引水渠。

货币要作为储藏手段正常发挥作用，必须具备以下三个前提条件：第一，货币的价值不降低。人们储藏货币的目的是为了实现它将来的流通手段和支付手段，能满足人们未来的生产、生活需要。如果储藏的结果是所得的减少，人们就会放弃货币的储藏，改用其他形式的储藏。如实物或者是贵金属。第二，便于存取，具有充分的流动性，尽可能减少人们为存取货币而花费的时间和精力。第三，安全可靠，人们总是选择那些安全程度较高的方式来储藏自己的辛劳所得。如果窖藏会使货币霉烂、虫蚀、偷盗等造成损失，那么人们就会选择银行存款的方式储藏货币；如果发生信用危机，银行等金融机构纷纷破产倒闭，人们就会选择窖藏。上述三个条件如果不具备，货币的储藏手段职能便会大大削弱乃至消失。

其他资产也有价值储藏的功能，可作为货币的替代物。现代经济中，人们可以通过持有期票、股票、债券、房屋、土地、邮票、古玩等方式来储藏财富。基于这种现象，货币需要量的多少受到其他资产收益高低的影响，同时，调整货币供给量成为影响其他资产收益率的一项政策工具。

小问号 我国人民币能否发挥储藏手段职能？

（四）支付手段

当货币用于清偿债务、缴纳税费、支付租金和工资等，即其价值进行单方面转移时，货币执行的是支付手段的职能。

货币执行支付手段职能一开始是由商品的赊销引起的，在赊账交易开始时，货币充当价值尺度。同时作为观念上的购买手段，使商品从卖者手中转移到买者手中。只是到了约定的付款日期才用货币清偿债务，此时货币执行的就是支付手段职能。货币作为支付手段，开始只是在商品流通的范围内，后来又扩展到商品流通以外的领域，用于支付租金、利息、工资等。货币作为支付手段，其与信用关系的发展是交织在一起的，随着信用制度的不段扩展，货币作为支付手段的职能也日益增强，并由此衍生出了信用证券，如本票、汇票、支票等。

作为支付手段的货币与作为流通手段的货币是不同的，作为流通手段的货币是商品交换的媒介，在卖与买中，商品与货币在市场上同时出现。作为支付手段的货币，商品卖出与取得货币在时空上是分离的。价值是单方面转移的。货币在执行支付手段职能时克服了一手交钱一手交货的局限，促进了商品经济的发展。但同时，它也使商品经济的矛盾进一步复杂化。债权债务关系交织在一起构成了一条支付链，当其中一个环节时常不能按期支付时，就会形成连锁反应，从而增加了发生经济危机的风险。

三、关于世界货币

马克思曾经对贵金属在国际经济交往中的作用进行了考察，提出了世界货币的概念，即贵金属货币在世界范围内发挥价值尺度、流通手段、支付手段、储藏手段的职能。从这一点可以看出，马克思并没有把世界货币当作一个独立的货币职能。

小贴士 　当货币走出一国的国界，在世界市场上发挥作用时，执行世界货币职能。

随着贵金属货币退出流通以及黄金在世界范围内非货币化；只有少数国家和地区的货币能在世界范围内发挥价值尺度、流通手段、支付手段、储藏手段的职能，像美元、英镑、日元、欧元等，大多数国家的货币不能在世界范围内使用，所以他们不是世界货币。

我国的人民币目前也只是在经常项目下可以自由兑换，只具有部分世界货币职能。我们希望在不久的将来，人民币能够成为世界范围内流通的世界货币。

[阅读资料 2.3]　　　**纽　约　金　库**

每年有超过两万名来自世界各地的游客参观纽约联邦储备银行的黄金金库。在这里，你可以看、可以听、可以摸，但是不能照相、不能记笔记。

金库位于联邦储备大楼地下第五楼，当地地面 80 英尺① 下，也即海平线下 50 英尺的曼哈顿岛坚硬的岩石床上。几码② 厚的钢筋水泥墙包裹的是上有 3 道锁的 120 间金房。这个世界第一的黄金储藏分属于世界 80 多个国家中央银行和国际货币组织。早在 1916 年，就有外国黄金储藏在纽约联邦储备银行，但是更多的是第二次世界大战期间各国因安全原因运送至此的。美国只有 5% 左右的黄金储藏在这里。美国政局的稳定、历史上在固定价格上黄金买卖的活跃程度以及纽约作为世界金融中心的独一无二的地位，是纽约联邦储备银行成为世界上最主要的货币用黄金储藏地的根本原因。

保安措施是金库系统的关键。金库有 3 个出入口，为游人开放参观的是一个

---

① 　1 英尺=0.3048 米，下同。

② 　1 码=3 英尺=0.9144 米，下同。

长 10 英尺、高约 9 英尺的狭窄通道，这个通道实际上也是重达 90 吨的钢圆柱垂直体大门，在 140 吨的钢筋水泥构架中人工操作旋转开合，大门关闭后，圆柱体将被降低 3/8 英寸①，以形成一个隔氧、隔水的封口。这一切都通过手工操作完成，大门一经关闭，定时器立即启动，一直要等到第二天上班才能再被打开。这个精密绝伦的大门是 1924 年建造这座大楼时最先设计建造的，其科学精确以及简洁实用令人叹为观止。

储藏在这里的黄金都不收保管费，但是各国或机构之间因为交易而搬动一块黄金需要支付约 1.5 美金的"搬动费"。不要小看这只有二十来磅重②的金块，因为金块密度高，感觉上质量超过 40 磅。为保护工人安全作业，一种特制的坚硬质轻鞋盖是必备的工作用鞋。

黄金交易说着容易做起来难。例如，一次一个欧洲中央银行指示纽约联邦储备银行从它的账户上以黄金支付 5100 万美金给一个黄金商，如果是电汇那只是弹指间的事，但是按照当时的汇率以黄金支付，5100 万美金的价值超过 4.5 吨的黄金。

（资料来源：沙淳．纽约金库探秘．南方都市报，2006 年 5 月 8 日）

第三节　货币的现实定义与货币层次的划分

❖ **学习目标** ❖

本节主要阐述货币的现实定义与货币的层次划分。通过教学，学生能掌握货币层次的划分，了解传统的货币定义与货币的现实定义的差别。

一、货币的现实定义

现实生活中人们往往把现金等同于货币，但事实上货币的含义远非这些，从货币的职能看，作为价值尺度的标准是货币，作为交易媒介的也是货币，作为支付工具的也是货币，它还可以作为财富的储藏手段。因此，人们对货币的定义往往有些差异。

传统的货币定义，从货币的基本职能——价值尺度与流通手段出发，指出"货币是固定充当一般等价物的商品"，货币可以用来衡量一切商品的价值，货币也可以充当一切商品交易的媒介。在金本位制下，这种货币必须是实实在在的货币，既无信用货币，也无信用创造。这时的货币定义是指"通货"，即现金。

但随着 19 世纪后工业与贸易的发展，纸币开始广泛流通，公众在商业银行的活期存款，可以签发支票，用作一般支付，显然，可签发支票的活期存款已代

---

① 1 英寸＝2.54 厘米，下同。

② 1 磅＝0.453 592 千克，下同。

替通货实现其支付功能，存款显然也是一种货币。至此，传统的货币定义又改变为通货和公众在商业银行的活期存款。

按照货币的现实定义，货币的范围更为广泛。凡是在商品与劳务交易和债务清偿中，可作为交易媒介与支付工具被普遍接受的手段就是货币。

例 2.1 辨析以下几个"钱"的含义，是否符合"货币"的定义？

1. 您带"钱"了吗？
2. 您（一月、一年）挣多少"钱"？
3. 张三很有"钱"。

解答：

1. "现金"。
2. "收入"——流量、存量。
3. "财富"。

二、货币的层次划分

对货币层次进行划分有着重要意义：第一，分层次来研究货币流通，扩大了货币流通的研究范围，便于从总体上去研究货币流通，把握货币流通总量和规律；第二，分层次来研究货币流通，便于掌握国民经济各个环节、各个部门的动态情况，把握它们的经济活动状况；第三，货币层次的划分为政府宏观调控提供了货币流通的结构，从而有利于政府正确选择货币调控的重点。

货币供应量是指一定时点上由政府和存款机构之外的经济体所拥有的货币总量。目前各国的中央银行都多层次或多口径地计算和定期公布货币供应量。由于各国的金融工具和金融法规存在差异，因此货币供应量的层次划分不尽相同，但综合各国情况看，货币供应量的划分大致是这样进行的：

$$M_1 = 流通中的现金 + 支票存款（以及转账信用卡存款）$$

$$M_2 = M_1 + 储蓄存款（包括活期和定期的储蓄存款）$$

$$M_3 = M_2 + 其他短期流动资产（如国库券、银行承兑汇票、商业票据等）$$

在具体货币层次划分上，各国存在一些差异，我国货币层次具体划分为四个层次：

$$M_0 = 流通中的现金$$

$$M_1 = M_0 + 企业活期存款 + 机关团体、部队存款 + 农村存款$$
$$+ 个人持有的信用卡类存款$$

$$M_2 = M_1 + 城乡居民储蓄存款 + 企业存款中具有定期性质的存款$$
$$+ 信托类存款 + 其他存款$$

$$M_3 = M_2 + 金融债券 + 商业票据 + 大面额可转让定期存单等$$

其中，M_1 称为狭义的货币供应量，M_2 称为广义的货币供应量，$(M_2 - M_1)$ 称为准货币，M_3 是针对金融工具不断创新而设置的。

第四节 货币制度及其类型

❖ **学习目标** ❖

本节主要阐述货币制度方面的相关问题。通过教学，学生能了解货币制度包括的主要内容，掌握货币制度演进的几个阶段。

一、货币制度的构成

（一）货币材料

规定货币的材料就是规定用何种商品充当一国本位币的币材。本位币又称主币，是一国的基本通货。具有无限法偿能力，即法律规定它具有无限制支付的能力是法定的计价与结算货币。与本位币相对应的是辅币。辅币是本位币以下的小额通货。主要是为了辅助本币完成小额零星交易或找零，它是一种有限法偿货币。选用不同的货币材料就构成不同的货币制度。如使用银作为货币材料则为银本位制，选用黄金作为货币材料则为金本位制。从理论上讲，任何商品都可规定为币材，但事实上，除贵金属外（主要是白银和黄金）外，其他商品都不能充分具备币材的特性，因而历史上金银成为基本的货币材料。现在各国实行的均是纯粹信用货币，确定币材已无经济意义。

小问号 人民币有辅币吗？是有限法偿吗？

（二）货币单位

在规定了货币材料以后就需要确定货币单位。货币单位的确定，即价格标准，这包括货币单位名称与货币单位价值量的确定。在金属称量制下，货币单位与质量单位是一致的，而在后来的金属铸币制下，货币单位名称开始与质量单位名称分离，而货币单位价值量就是货币的含金量，仍以质量单位为标准。如1816年英国的金币本位制法案规定货币单位为磅，每英镑含纯金123.27格令（约合7.99克）。在可兑换信用货币制度下，货币单位名称与铸币相同。货币含金量为可兑换到的金币量或金块量。在不可兑换信用货币制度下，货币单位名称可能会沿用铸币名称，但币值与金属则完全分离，国家对货币名义价值也不作具体规定。只是在货币发行管理中按经济发行原则，以商品物资为基础，通过各种措施保证币值的稳定。

货币单位名称和货币名称是两个不同的概念。往往是把货币单位名称前冠以国名即为货币名称。

(三) 通货的铸造、发行和流通程序

一国的通货通常分为本位币和辅币，在金属铸币的制度下，本位币是按国家规定的金属和货币单位的名称和质量铸成的，是足值的货币；辅币是用较贱的金属铸造的不足值的铸币。其面额小于单位主币的面额，是供零星支付的小额通货。同时在市场上还流通可与金属货币兑换的银行券。

在金属铸币制度下，本位币自由铸造，辅币限制制造。在货币收付上，本位币具有无限法偿能力，即无论每次支付的金额如何巨大，受款人不得拒收，而辅币只具有有限法偿能力，即每次支付中辅币超过一定限额后受款人可以拒收。同时，各国通常都规定每单位铸币的磨损公差，即实际质量低于法定质量部分的最大限度。可兑换银行券是商业银行通过商业票据贴现程序投入市场的黄金凭证，对它规定有相应黄金量，其发行必须有黄金保证和信用保证，可兑换银行券的持有者可以随时将银行券向发行者兑换成相应数量的黄金。

在纯粹信用货币制度下，主辅币以及其他通货的铸造与偿付的规定都发生了极大变化，贵金属铸币退出流通领域，自由铸造制度自然也就不复存在。现在绝大多数国家的主币都是钞票，即通常所谓的纸币，它们为无限法偿货币。辅币多为不足值的硬币，大多是由财政部门委托中央银行发行的。不可兑现的银行券与国家发行的纸币并无原则上的区别，都是法定的支付手段，并通过银行贷款程序进行流通。

(四) 准备制度

为了稳定币值，各国货币制度都包含准备制度的内容，在金本位制度条件下，准备制度主要是建立国家的黄金储备，保存于中央银行或国库。黄金储备主要具有三个方面的用途：① 作为兑付银行券的准备金；② 调节流通中的货币量；③ 作为国际支付的准备金。在纯粹信用本位制的条件下，黄金与货币脱钩，黄金储备的前两个用途已不复存在，黄金作为国际支付的准备金的用途虽然存在，但形式已发生了变化，即将黄金作为一种资产来运用，如当一国出现国际收支逆差时可在国际市场上抛售黄金资产，换取外汇以平衡国际收支。

尽管目前各国中央银行所发行的信用货币不再兑换黄金，但许多国家仍保留着发行准备制度，规定中央银行发行货币要有充足的准备金。虽然各国的发行准备金的内容有所不同，但是归纳起来，作为发行准备金的主要有黄金、政府债券、商业票据、外汇等。如日本规定中央银行发行货币时，要有同等的资产作为保证，而可充当保证的资产有公债、3个月到期的商业票据、外汇、生金银等。

小贴士 黄金作为国际储备的一部分，黄金和外汇集中于中央银行或国库。

二、货币制度的类型

货币制度中币材的确定处于核心地位，某种商品一旦被规定为币材，就应该以货币制度为该种商品的本位制。从币材的演进过程来看，货币本位制度的演进经历了银本位制、金银复本位制、金本位制和纯粹信用本位制等几个阶段。

（一）银本位制

银本位制是指以白银作为本位货币的一种货币制度，是最早的货币制度之一，其主要内容包括：① 以白银作为本位币的币材，银币具有无限法偿能力；② 银币的名义价值与实际的白银价值一致；③ 银币可以自由铸造、自由输出输入；④ 银行券可自由兑换成银币。

中世纪的欧洲，许多国家实行银本位制，这与欧洲当时的商品经济发展水平和欧洲贵金属生产情况是相适应的。但是银本位制作为一种独立的货币制度存在于一些国家的时间并不长，实行范围也不是很广，其原因主要是：① 白银与黄金相比，体积大，价值小，不适于大宗的远程的商品交易；② 随着勘探和冶炼技术的不断提高，白银产量激增，国际市场上银价不稳定。与金价相比，银价不断下降。商品经济的进一步发展要求一种价值更大、更稳定的贵金属作为货币，于是黄金逐步取代了白银的地位。到 19 世纪，欧洲各国相继实行金银复本位制，以后过渡到金本位制。

（二）金银复本位制

金银复本位制是指黄金和白银同时作为币材的货币制度，其主要内容包括：① 以黄金和白银同时作为本位币币材。金币和银币都具有无限法偿能力。② 金币和银币都是足值货币。③ 金币和银币都可以自由铸造、自由兑换和自由输出入。

小贴士 16 世纪，英国财政大臣汤姆斯·格雷欣在给英国女王的改革铸币的建议中用到"劣币驱逐良币"一语，后被英国经济学家麦克劳德加以引用，并命名为"格雷欣法则"。

金银复本制曾广泛流行于早期的资本主义国家，此种制度使流通的币材供应增加，在很大程度上推动了资本主义经济与贸易的发展，但这一制度存在不可克服的矛盾：① 价值尺度的二重性与价值尺度职能的独占性之间的矛盾。金银比价的波动使得以这两种货币标价的商品价格不断发生波动，从而引起价格标准的混乱。②"劣币驱逐良币"规律导致了流通秩序混乱，尤其是在金贵银贱时，金币被大量收藏，从而导致币材匮乏、物价飞涨。

(三) 金本位制

金本位制是指以黄金作为本位货币的货币制度，主要有三种形式：金币本位制、金块本位制和金汇兑本位制。

1. 金币本位制

它是以黄金作为货币金属的一种典型的金本位制，其主要内容包括：① 金币可以自由铸造，自由熔化，并具有无限法偿能力，金币的自由铸造和自由熔化能够自发调节流通中的货币量，保证金币的名义价值与其所含黄金的价值保持一致。② 银行券可以自由兑换金币，从而保证了银行券稳定地按面值流通。③ 黄金可以自由输出入。在实行金本位制的国家之间两国货币的汇率是由两国货币的法定含金量决定的，此即金平价，当由于供求关系等因素导致市场汇率偏离金平价，并达到黄金输出入点时，通过黄金的自由流动能使汇率达到稳定。④ 货币储备全部是黄金，并以黄金进行国际结算。

英国于1816年5月最早实行金币本位制，此后，欧洲大陆国家也纷纷实行，美国于1900年才实行金币本位制，到20世纪初，西方主要资本主义国家大都实行了金币本位制。金币本位制下稳定的货币自动调节机制对于促进各国商品经济的发展以及世界市场的统一起到了积极作用。但是商品经济的进一步发展使其对黄金的需求也日益增加，而黄金的开采又不可能相应地快速增长，同时各资本主义国家的政治经济发展不平衡，少数国家占有世界大量的黄金储备，于是，只拥有少量黄金的国家就只能限制黄金的输出，到了1914年，金币本位制崩溃了，金块本位制和金汇兑本位制相继出现。

2. 金块本位制

金块本位制是指以银行券作为流通货币，但银行券又不能自由兑换黄金，而只能按一定条件向发行银行兑换金块的一种货币制度。在这一制度下，没有金币的铸造和流通，而流通的是由中央银行发行的、以金块为准备金的银行券，银行券的兑换是有条件的，如英国在1925年规定银行券数额在1700英镑以上才能兑换金块，法国在1928年规定至少必须有215 000法郎才能兑换金块，金块本位制节约了国内黄金的使用，在一定程度上摆脱了黄金数量的约束，部分满足了经济发展对货币量的需求。英国、法国、荷兰、比利时等国在1924~1928年实行的就是金块本位制。

3. 金汇兑本位制

金汇兑本位制是指银行券作为流通货币，通过外汇间接兑换黄金的货币制度。它的主要内容有：① 货币单位规定有含金量，以发行的银行券作为本位币；② 规定本国货币同其他实行金币（块）本位制国家的铸币兑换比率，并在该国存放黄金或外汇作为平准基金以稳定法定的兑换比率；③ 银行券在国内不能兑换黄金，只能按法定比率用本国银行券兑换实行金币（块）本位国家的货币，再向该国兑换黄金。金汇兑本位制又称虚金本位制，是一种间接使货币与黄金相联系的本位制度。它不仅节约了一国国内的黄金使用，而且节约了国际间的黄金使用，从而大大缓解了黄金生产量对货币需求量的制约。但实行金汇兑本位制的国家实际上使本国经济依附于一些经济实力雄厚国家的货币上，从而处于一种附庸和被动的地位。

无论是金块本位制还是金汇兑本位制，它们都没有金币的流通，从而失去了金币自动调节货币流通量的作用，币制自动保持相对稳定的机制不复存在。1929～1933年的世界经济危机迅速摧毁了这种残缺不全的金本位制。取而代之的纯粹信用本位货币制度为国家干预、调节经济提供了一个十分有效的机制。

（四）纯粹信用本位制

纯粹信用本位制是一种以信用为基础的货币制度，这是货币制度演进史中具有里程碑意义的跨越，它突破了货币商品形态的桎梏，以本身没有价值的信用货币作为流通中的本位币。纯粹信用本位制具有以下主要特点：① 流通的是信用货币，它是由国家授权中央银行垄断发行，并有国家法律赋予其无限法偿能力；② 信用货币不与任何金属保持等价关系，不能与任何金属相兑换；③ 货币由现钞与银行存款构成，并主要通过银行信贷渠道投放；④ 货币发行不受黄金数量的限制，而是根据本国经济发展需要而定，其流通基础是人们对政府维持币值相对稳定的信心；⑤ 国家授权中央银行或货币管理当局，通过货币政策对货币供应实施管理，从而可以使货币流通量与经济发展所需要的货币量相适应。

小贴士 人民币的发行实行高度集中统一，货币的发行权集中在中央银行。《中华人民共和国中国人民银行法》规定：人民币由中国人民银行垄断发行。

[阅读资料2.4]　　　　我国的货币制度

由于我国实行"一国两制"的方针，1997年香港、1999年澳门先后回归祖国以后，依然维持原有的货币金融制度，加上台湾地区的新台币，我国目前的货币制度形成了"一国四制"的特殊货币制度。

1. 祖国大陆的货币制度

我国的人民币就是纯粹信用货币，它是通过收购金银、外汇以及信贷渠道发行的。其发行量是根据社会生产和商品流通的客观需要决定的，并随着生产和流通规模的大小而伸缩。目前，我国人民币制度的主要内容包括：① 人民币是我国的法定货币，是由中国人民银行发行的信用货币，是我国的无限法偿货币，没有规定含金量也不能自由兑换黄金，人民币的单元为"元"，辅币的单位为"角"和"分"；② 人民币是我国唯一的合法通货。国家规定了人民币限额出入国境的制度，严格禁止外币在中国境内计价流通，人民币汇率实行以市场供求为基础的、单一的、有管理的浮动汇率制度；③ 人民币的发行坚持集中统一发行、计划发行和经济发行相结合的原则；④ 我国建立的黄金和外汇储备主要用于平衡国际收支，同时对人民币的发行起保证作用。

2. 香港的货币制度

香港特别行政区现行的货币制度属于外汇本位制。香港的法定货币是港币，货币单位为"元"。与其他地区不同，港币不是由中央银行发行的，而是由获得授权的三家商业银行（香港上海汇丰银行、中国银行香港分行、渣打银行）按照1美元兑换7.8港元的固定汇率发行，市场汇率可自由波动。1935年香港成立了外汇基金，一方面作为法定货币的发行保证，另一方面负责管理港币的发行事宜。

3. 澳门的货币制度

澳门特别行政区政府自行制定货币金融政策，保障金融市场和各种金融机构的经营自由，并依法进行监督和管理。澳门特别行政区的法定货币是澳门元，其发行权属于澳门特别行政区政府，具体发行工作由获得政府授权的两家商业银行（中国银行澳门分行和大西洋银行）办理。澳元与港元直接挂钩并间接与美元挂钩，实行固定汇率制。澳元的发行必须拥有完全的外币储备（主要是美元和港币），这是澳门货币制度的重要内容，也是澳门金融稳定的关键。

4. 台湾的货币制度

目前，台湾地区的流通货币是新台币，英文名称是 New Taiwan Dollar，货币代号是 TWD 或 NT＄。新台币于1949年6月5日开始发行，其基本单位是"圆"，一般都写成"元"，1圆＝10角＝100分，硬币单位有5角、1元、5元、10元、20元和50元，纸币包括：100元、200元、500元、1000元和2000元。1978年台湾放弃了实行多年的固定汇率制度，改为管理式浮动汇率，即新台币汇率原则上由外汇市场供求状况决定，但是台湾"中央银行"在必要时要进行干预。

（资料来源：王旭凤.2006.金融理论与实务.山东：山东人民出版社）

小　结

（1）马克思依据货币起源于商品的理论，运用抽象的逻辑分析和具体的历史分析相结合的方法，解开了货币起源之"谜"。货币是固定地充当一般等价物的特殊商品。

（2）货币具体形态是不断变化的，经历着一个由低级到高级不断演进的过程。货币经历了实物货币、金属货币、纸币和电子货币等阶段。

（3）货币职能是货币本值的具体体现，是货币作为一般等价物所发挥的作用与功能。货币具有价值尺度、流通手段、储藏手段和支付手段四种基本职能。

（4）依据不同的标准，可将货币供应总量划分为若干不同的层次，把握和控制不同层次的货币量，对货币量调节和国民经济的发展具有重要作用。目前各国的中央银行都多层次或多口径地计算和定期公布货币供应量，美国联邦储备体系现在公布 M_1、M_2、M_3、L 四个层次的货币供应量指标。我国从1994年第三季度开始正式确定并按季公布 M_0、M_1、M_2、M_3 四个层次的货币供应量指标。

（5）货币制度即一国以法律形式规定的货币流通的组织形式。货币制度的基本内容主要包括四个要素：货币材料，货币单位，通货的铸造、发行和流通程序，准备制度。

（6）从币材的演进过程来看，货币制度的发展经历了银本位制、金银复本位制、金本位制和纯粹信用本位制等4个阶段。

练 习 题

一、名词解释

信用货币　货币制度　无限法偿　有限法偿　金银复本位制　金币本位制　金块本位制　金汇兑本位制

二、填空题

1. 国民经济可以被划分为（　　）、（　　）、（　　）、（　　）和（　　）等五个部门，这五个部门被货币收支联系在了一起。

2. 从货币诞生以来，经历了（　　）、（　　）、（　　）和（　　）四种主要货币形态。

3. 目前流通中使用的信用货币主要有（　　）、（　　）和（　　）。

4. 目前，世界各国普遍以金融资产的（　　）强弱作为划分货币层次的主要依据。

5. 按照中国人民银行的货币供应量统计口径，M_0 是指（　　）。

6. 历史上货币制度的发展经历了（　　）、（　　）、（　　）和（　　）这四种货币制度形态。

7. 金本位制有三种形式：（　　）、（　　）、（　　）。

8. 我国法定流通的货币是（　　），货币发行权集中于（　　）。

三、判断题

1. 在金属货币流通时代，流通中的货币量可以自发调节，从而使市场上的物价保持稳定。在信用货币时代，由于货币本身已经不具有价值了，因此人们无法用储藏纸币的方式来储藏财富。　　　　　　　　　　　　　　　　　　　（　　）

2. 金银天然不是货币，但货币天然是金银。　　　　　　　　　　　　（　　）

3. 货币支付手段职能最初起源于商品的赊销。　　　　　　　　　　　（　　）

4. 货币和财富是同一个概念。　　　　　　　　　　　　　　　　　　（　　）

5. 人们可以用货币来计量收入水平，所以人们的收入就是他所持有的货币。　　　　　　　　　　　　　　　　　　　　　　　　　　　　　　　（　　）

6. 只要国家使用法律手段强制推行，任何商品都可以充当货币。　　（　　）

7. 在金属货币制度下，本位币可以自由铸造和熔化。　　　　　　　　（　　）

8. 金银复本位制下金银并用，币材充裕，是一种非常稳定的货币制度。（　　）

9. 金本位制度的优点在于黄金的增减能够自动调节货币供应量，货币对内价值与对外价值比较稳定，有利于促进国内经济和国际贸易的发展。　　（　　）

10. 金属本位货币和信用货币的发行程序是一样的。　　　　　　　　（　　）

四、不定项选择题

1. 在商品赊销、预付工资等活动中，货币执行的是（　　）职能。

A. 价值尺度　　　　　B. 流通手段　　　　　C. 支付手段　　　　　D. 价值储藏

2. 历史上最早出现的货币形态是（　　）。

A. 实物货币　　　　　B. 代用货币　　　　　C. 信用货币　　　　　D. 电子货币

3. 我国的现金货币包括（　　）。

A. 流通中的纸币　　　　　　　　　　B. 流通中的辅币

C. 活期存款　　　　　　　　　　　　D. 定期存款

4. 辅币的名义价值（　　）其实际价值。

A. 高于　　　　　　　B. 低于　　　　　　　C. 等于　　　　　　　D. 不确定

5. 如果金银的法定比价是 1：10，而市场比价是 1：12，那么充斥市场的将是（　　）。

A. 金币　　　　　　　　　　　　　　B. 银币

C. 金币、银币共同流通，没有区别　　D. 金币、银币都无人使用

6. 最早实行金本位制的国家是（　　）。

A. 英国　　　　　　　B. 法国　　　　　　　C. 美国　　　　　　　D. 中国

7. （　　）是一种相对稳定的货币制度，对资本主义的发展曾起着积极的作用。

A. 金币本位制　　　　　　　　　　　B. 金汇兑本位制

C. 金块本位制　　　　　　　　　　　D. 金银复本位制

8. 我国的人民币制度属于（　　）。

A. 金本位制　　　　　　　　　　　　B. 银本位制

C. 金银复本位制　　　　　　　　　　D. 不兑现信用货币制度

五、问答题

1. 货币具有哪些职能？

2. 什么是"劣币逐良币"规律？

3. 什么是货币制度？其构成要素有哪些？

4. 为什么金币本位制可以自动调节流通中货币的数量？

5. 金本位制度的优点和缺点分别是什么？

六、论述题

1. 简述货币形式的演化过程。

2. 货币供给层次划分的依据是什么？为什么说科学地划分货币供给层次具有重要的意义？我国的货币供给层次是如何划分的？

3. 货币形态的演进是偶然的还是具有一定的内在规律？为什么有价值的金属货币会被价值很低的信用货币代替？

第二章　货　币

第三章

信　用

知识点

　　1. 信用的定义、信用的产生与发展、信用在现代市场经济中的重要功能、作用。

　　2. 商业信用、银行信用、国家信用以及消费信用等各种信用形式的特点与作用。

　　3. 信用工具的含义与特征。

　　4. 利息的来源与本质。

技能点

　　1. 各种短期信用工具、长期信用工具的运用。

　　2. 利息的计算方法。

　　3. 利率的种类。

2007 年美国爆发了次级债危机，美国股市应声大跌，并波及亚洲、欧洲股市，原油市场、房地产市场、外汇市场、期货市场均受到冲击，银行业损失巨大，各国中央银行紧急出手救市。危机引起了人们的好奇心，次级债为何物？为什么对全球的经济带来如此巨大的影响？美国次级抵押贷款是银行向信用分数较低、收入证明缺失、负债较重的人提供房贷。房市火爆，银行可借此获得高额利息；房市低迷，客户负担逐步到了极限，大量违约客户出现，不再支付贷款，造成坏账。此时，次级债危机就产生了。应该说，美国次级抵押贷款产生的出发点是好的，在最初 10 年里也取得了显著的效果。1994～2006 年，美国的房屋拥有率从 64％上升到 69％，超过 900 万的家庭拥有了自己的房屋。在利用次级房贷获得房屋的人群里，大部分是低收入者，这些人由于信用记录较差或付不起首付而无法取得普通抵押贷款。次级抵押贷款为低收入者提供了选择权。但次级抵押贷款的高风险性也随之而来。次级房贷的利率有可能高达 10％～12％，而且大部分次级抵押贷款采取可调整利率（ARM）的形式，随着美联储多次上调利率，次级房贷的还款利率越来越高，最终导致拖欠债务比率和丧失抵押品赎回率的上升，酿成现在的危机。

信用活动、信用风险管理等环节存在的问题是引发次级债危机的根本原因，危机带来的不良影响不断升级，引起了各国的高度重视，又到了反思的时候了。信用是什么？它到底在现代经济中有怎样的作用？它是如何发挥作用的？本章将向您介绍有关的问题。

第一节　信 用 概 述

❖ **学习目标** ❖

信用是金融活动的基本方式和基本特征的反映和概括。本节主要阐述信用的定义及信用的产生与发展等问题。通过教学，学生能掌握信用的含义，了解信用产生与发展的过程，认识信用在现代市场经济中的重要功能、作用。

一、信用的定义

信用是商品经济发展到一定阶段的必然产物，现代经济就是以多种信用形式、信用工具为纽带而连接起来的信用经济。作为经济范畴的信用，指的是以偿还和付息为条件所形成的商品或货币的借贷关系或债权、债务关系。

信用关系的产生一般必须具备三个基本的构成要素：其一，授信人与受信人（通常也称为债权人与债务人）。信用的发生就是以授信人对受信人的偿还信任为前提的，对受信人的信用评估一般需要考虑受信人的品德、能力和资产等因素。其二，资金转移的时间间隔。这是构成货币单方面的让渡与还本付息的基本条件。其三，信用工具。这是信用关系产生的载体，其发展经历了从低级到高级的发展过程。

信用是一种特殊的价值运动形式，具有一系列基本特征：第一，信用是有条件的价值让渡行为，货币或商品的所有权并没有转移，只是暂时转移了其使用权，而使用权的转移又是以还本付息为条件的；第二，信用活动中价值是单方面的、不等额的转移，债权人在贷出商品或货币时，并没有如商品交换中那样得到相应的商品或货币，而仅仅获得了债务人的一个承诺，即到期时还本付息；第三，收益性与风险性。债权人在让渡商品或货币的使用权时，要求债务人到期时必须还本付息，利息就是债权人的收益。而债权人能否如期得到收益在很大程度上取决于债务人的信誉和能力，所以信用活动的收益性和风险性是时时相伴的。

例 3.1　A 公司进行生产线改造需要大量资金，到 B 银行申请 1 年期贷款 50 万元，B 银行经过审核后同意发放贷款，利率为年息 10%。1 年后 A 公司归还贷款本息为多少？

解： 归还贷款本息 = 50 + 50 × 10% = 55（万元）

分析：

1. 上述信用活动中，B 银行是授信人（债权人），A 公司是受信人（债务人）。

2. 资金的所有权始终属于 B 银行，资金使用权的转移是暂时的（期限 1 年）。

3. B 银行发出贷款时没有得到 A 公司的资金或商品，只得到了还本付息的承诺。50 万元是单方面转移的（从 B 银行→A 公司）。

4. 1 年后 B 银行获得了贷款收益 5 万元和本金 50 万元。55 万元也是单方面转移的（从 A 公司→B 银行）。

5. B 银行承担了 A 公司不能按期还本付息的风险。

二、信用的产生与发展

信用的产生与商品或货币的支付手段职能密切相关，在原始社会末期出现了两次社会大分工，即畜牧业从农业中分离出来，农业与手工业实现分工。这两次社会大分工加速了私有制和商品交换的发展，为信用的产生奠定了基础，在商品生产和交换的过程中，由于生产周期长短不同、购销地点远近不同等因素，有的商品生产者在出售商品时，商品购买者却因自己的产品尚未卖出而无法交易，为了使社会再生产继续下去，于是就出现了赊销行为，此即信用交易。最早的信用活动为实物借贷，如种子、牲畜等。以货币为媒介的商品流通取代了物物交换后，信用关系就不仅仅表现为商品的赊购赊销，而日益表现为货币的借贷。一些人手中有多余的或闲置的货币，需要寻求运用的场所，而另一些人则需要货币用于生活或从事生产经营，这样在客观上就要求通过借贷活动进行货币余缺的调剂。

与商品经济的发展阶段相适应，信用也经历了古老形式的高利贷信用和现代形式的借贷资本。

（一）高利贷信用

高利贷信用是指通过贷放货币或实物而获取高额利息的信用形式。

高利贷信用产生于原始社会末期，当时私有制出现，贫富分化形成，但剩余产品有限，借入者只有付出高额利息才能获得自己所需要的商品或货币。高利贷信用在奴隶社会和封建社会得到了广泛发展，并成为那时占统治地位的基本信用形式。

[阅读资料 3.1]　　　我国历史上的高利贷

西汉时期我国就出现了专门经营高利贷的商人。汉景帝年间高利贷利率达1000%，即"借一还十"。南北朝时期的"典质"和唐朝时的"柜坊"（质库）等机构都经营高利贷业务。元朝时期以及明朝中期以后，高利贷信用盛行。在半殖民地半封建的旧中国城乡，高利贷是广泛存在的。地主、富农、商人、官僚都兼营高利贷，形式繁多，如华北盛行"驴打滚"，江浙一带有"印子钱"，广东则有"九扣十三归"。据说，"驴打滚"的利率在100%以上。

清末和民国时期，钱庄借贷兴盛。钱庄以存、放款获得高额利润。借贷者到钱庄借贷均要承保，以房地契质押，立字据。到期不还者，房地产归钱庄所有。钱庄放款一般月息2分，最高至5分（即50%）。高利贷常伴着其他盘剥手段：倒扣利息，如借银100元、月息10%，先扣月息10元，实得90元；存粮富户在青黄不接季节，借粮给贫困农民，春借1斗，秋还2斗，或借粗粮还细粮。

一般而言，高利贷信用具有以下主要特点。

1. 利息率高

利息率高是高利贷信用最明显的特征，一般的年利率达30%～40%，高的可达200%～300%，甚至更高。

2. 非生产性

从高利贷资本的提供者来看，他们主要是奴隶主、封建主、货币经营者、商人、寺院等，这些高利贷资本不是社会再生产过程中的暂时闲置资本，而是通过掠夺和剥削积累起来的部分财富。从高利贷资本的使用者来看，剥削阶级借用高利贷，主要是用于满足其奢侈的生活，贿赂和豢养武士家丁等所需；小生产者借用高利贷，则主要是用于应付天灾、人祸和交纳租税等。

3. 保守性

高利贷信用起着维护落后的生产方式的作用。货币在高利贷者手中是作为资本来使用的，具有剥削性质，即通过无偿占有他人的剩余价值而使货币增值。而高利贷的使用者无论是小生产者，还是奴隶主，都是将货币作为支付手段，而不是当作资本来使用，从而不具有资本的生产方式。但在封建社会向资本主义社会过渡时期，高利贷信用对资本主义生产方式前提条件的形成起到了一定的促进作用。一方面，高利贷资本加速了农民和手工业者的破产，使其沦为无产阶级，从而为雇佣劳动后备军的形成创造了条件；另一方面，高利贷信用造成了货币资本的大量集中，从而为资本主义生产方式积累了必要的货币资本。

小贴士 莎士比亚的名著《威尼斯商人》中的高利贷者夏洛克贪婪而凶残，是高利贷者的典型代表。

（二）借贷资本

资本主义信用表现为借贷资本的运动。所谓借贷资本，是指货币资本家为了获取利息而贷给职能资本家使用的货币资本，它是生息资本的现代形式。借贷资本是在职能资本运动的基础上产生并从属于职能资本的，但它与职能资本相比具有自己的特点。

1. 借贷资本是作为商品的资本

借贷资本具有特殊的使用价值，其既不同于普通商品的使用价值，也不同于货币的使用价值，借贷资本的使用价值体现为生产价值和增加价值的能力，即在生产中执行资本职能，创造剩余价值，使资本增值。借贷资本具有不同于普通商品的、特殊的价格形式。普通商品的价格是商品价值的货币表现，而借贷资本的"价格"（利息）则是使用借贷资本的报酬，即让渡借贷资本使用价值的补偿。

小贴士 借贷资本就是专门用来发放贷款、吃利息的那些"钱"。

2. 借贷资本是所有权资本

货币资本家将货币贷放出去，当时并未取得任何等价物，只是获得了一个承诺，即到期归还这笔资本并支付利息，让渡的只是资本使用权，所有权仍属于货币资本家，因此货币资本家分享职能资本家使用借贷资本所创造的利润。资本的职能和资本的所有权发生分离，同一资本取得双重存在：对货币资本家而言，它是所有权资本；对职能资本家而言，它是职能资本。

信用的产生与发展如图 3.1 所示。

原始社会末期 奴隶社会、封建社会 资本主义社会
两次社会大分工——私有制和商品交换——赊销（信用产生）——高利贷——借贷资本
图 3.1 信用的产生与发展

三、信用的基本功能

现代信用在经济中具有两大基本功能：一是资金再分配功能；二是提供和创造货币的功能。现代信用对资金的再分配实际上起着双重作用，一方面满足了国民经济各部门对资金的需要；另一方面又为社会再生产过程提供了货币。当生产

和流通进一步扩大，而流通中的货币数量不足时，企业就要求银行追加贷款，于是银行就扩大贷款规模，创造出新的流通手段和支付手段。

第二节　信用形式

❖ 学习目标 ❖

本节主要阐述各种信用形式。通过教学，学生能了解现代信用的多种形式，了解各种信用形式之间的区别，并能理论联系实际。

现代信用的形式繁多，可以按照不同标准对信用形式进行分类。以期限为标准可分为中长期信用与短期信用；以地域为标准可分为国内信用和国际信用；以参与信用的主体为标准可分为商业信用、银行信用、消费信用、国家信用等，其中商业信用和银行信用分别是现代市场经济中典型的直接信用和间接信用。信用形式还在不断地发展。

一、商业信用

（一）商业信用的含义

商业信用就是企业之间以商品形式提供的信用，如赊销商品、预付货款等。由于这种信用与商品流通紧密地结合在一起，故称为商业信用或贸易信用。

（二）商业信用的特点

商业信用由于是以商品形式提供的信用，因此，它具有如下特点。

第一，它包含两种经济行为，即商品的买卖和货币的借贷。一个企业把一批商品赊销给另一个企业时，商品的所有权由卖者转移到买者手中，商品买卖行为完成了，但是，这种交易不同于一般的"一手交钱，一手交货"的商品交易，买方并没有立即支付货款，而是在未来约定的时间里支付货款，因此，买者成了债务人，卖者成了债权人，买卖双方形成了债权债务关系，并以货币的形式存在，这种借贷行为没有从社会再生产过程中独立出来。

第二，商业信用的债权人和债务人都是企业，所以商业信用的另一特点是直接性。这种直接性一方面表现在商业信用所贷出的资本，不是独立于生产过程之外的借贷资本，而是处于生产过程的商品资本，它在商品形态的变化过程中起着媒介作用；另一方面，作为债权人、债务人的企业双方，其债权、债务关系是直接的，并没有经过金融机构的媒介融通。

小问号
购买商品期房属于商业信用吗？

第三章　信　用

（三）商业信用的作用

商业信用是企业间普遍采用的信用形式。因为商业信用是企业销售商品时非常有力的竞争手段。赊销商品使得买方不必在购物时马上付清货款，而是定期结账或售后付款，可以减少买方的资金占用，所以，这是很优惠的促销手段。另外，商业信用又可以解决需要购买而暂时缺少资金企业的燃眉之急，使其生产经营能连续不间断地进行。企业在生产经营过程中，由于种种原因，不可能随时都备有大量的流动资金，常常会出现需要购进生产要素却缺少必要资金的情况，如果没有商业信用，该企业的生产、经营就可能因此而中断。

（四）商业信用的局限性

1. 商业信用的规模和数量有一定的限制

由于商业信用是在企业之间以商品形式提供的信用，是对企业现有资金的再分配，所以商业信用涉及的资金只能是企业中以商品资本形式存在的那部分资本的一部分，不能是企业其他形式的资本，更不能是企业外部的资本。所以说，商业信用的规模和数量受到企业现有商品资本总额的限制。

2. 商业信用具有较严格的方向性

商业信用的需求者是该商品的直接需要者，因此这就决定了这种信用具有方向性，也就是商业信用只能由商品的生产者提供给该商品的需要者，而不能反过来，也不能由商品生产者提供给不需要该商品的企业。

3. 商业信用的信用能力有限

商业信用的借贷行为之所以能成立，是因为赊销商品的企业对需求者的支付能力比较了解和信任，而如果双方互相不了解，企业很难把商品以赊销的方式销售出去。同时，由于信用能力有限，致使商业信用的期限有限，所以，商业信用一般是短期融资。

由于商业信用的上述局限性，当经济发展到一定程度时，它难以满足企业更大范围的融资需要，于是在商业信用的基础上，发展了较高级的信用形式——银行信用。

[阅读资料3.2]　　　　我国企业的应收账款

"三角债"被许多经济学家称为有"中国特色"的词汇和现象，在20世纪90年代，企业"三角债"问题曾在中国业界肆虐一时，拖垮了一批企业。当时，企业"赖账"成风，而且谁赖账越多，谁就受益最大，以至于在文艺界出现了"黄世仁求杨白劳还债"的小品，辛辣地讽刺了当时社会的信用状况。面对存在的问题，国家下大力气整治过，但应收账款的管理现状又是如何呢？

（1）应收账款净额居高不下，企业缺乏管理力度。据国家统计局的统计结果显示，企业间的"三角债"规模在2000年年末已累积至1.2万多亿元，其中超过3个月的拖欠已达0.8万亿元；截止到2002年6月末，企业应收账款净额

1.53 万亿元，比上年同期增加 3.5%，增幅比 5 月份提高了 0.3 个百分点。另外，国内一些企业日常对应收账款的管理只限于数量方面，而对其账龄、应收账款成本、客户信用等级等资料不予计算分析，使得账龄超过三四年的应收账款大有所在。在其他国家看来早可作为坏账处理的应收账款，而我国的一些企业却一直是放在"应收账款"项目下而不是"坏账"项目下，因为这样一来就不会影响企业领导的业绩，并使之有一种"企业经营不错啊，坏账也不太多"的自欺欺人的想法，下任领导也不追讨，也怕损害自己的业绩，于是坏账越来越多，账龄也越来越长，最终企业垮了。在商务部研究院对 500 家外贸企业的抽样调查表明，中国出口业务的坏账率高达 5%，发达国家该比率仅为 0.25%～0.5%。2004 年，我国企业海外应收账款达 250 亿美元，每年我国应收账款以 150 亿美元的净值递增。

（2）与发达市场经济国家差距较大。我国企业平均坏账率是 5%～10%，账款拖欠期平均是 90 多天，而市场经济发达的美国，平均坏账率是 0.25%～0.5%，账款拖欠期平均是 7 天，相差 10 多倍。与此同时，美国企业的赊销比例高达 90% 以上，而我国只有 20%，如此大的差距，要想竞争，尤其是要在国际市场参与竞争，能行吗。"一手交钱，一手交货"的时代已经过去，谁不学会赊销，谁就会被淘汰，因此企业必须学会赊销、学好赊销，出口企业全面建立应收账款防范体系。在合同签订前，应全面调查公司的相关信息。如无法确切掌握资讯情况，应充分利用专业机构的资讯网络，比如，国际催款机构、国际性保险公司等。合同签订后，应特别注意应收账款发生的系列危险信号，包括买方突然要求延迟或改变付款方式、向买方发出的询问没有及时回应、进口商出具的支票出现存款不足或为远期支票、进口商公司规模扩张过快、买家没有充分原因提出退货或折扣要求等。另外，为避免损失，在合同签订之前，企业可在商业保险公司或政策保险公司为买家购买信用保险。一旦应收账款发生，企业还可将应收账款卖给银行等处理。争取在赢得客户的同时又能将应收账款控制在企业可接受的合理的范围内，以迎接国际国内市场的挑战。

（资料来源：中国农村金融网，2006 年 7 月 29 日）

二、银行信用

（一）银行信用的含义

银行信用是银行及各类金融机构通过货币形式，以存放款、贴现等多种业务形式与国民经济各部门所进行的借贷行为。银行信用是在商业信用的基础上发展起来的一种更高层次的信用，它和商业信用一起构成社会信用体系的主体。

小贴士　银行信用是信用领域占据主导地位的信用形式。

（二）银行信用克服了商业信用的局限性

第一，银行信用所涉及的资金规模得以扩大。因为银行信用是以货币形式提供的，所以它的资金来源不受企业现有资金的限制，它可以吸收企业的闲置资金，也可以吸收社会各阶层的货币收入和储蓄，这就在资金数量上克服了商业信用的局限性。

第二，银行信用没有方向上的限制。因为银行信用是以货币形式提供的，货币是任何企业生存和发展的首要前提，它可以提供给任何一家企业，用于任何一个生产部门，而不必是相互有业务联系的企业。

第三，银行信用的信用能力强。因为银行与社会各界联系比较广泛，通过业务活动和调查研究能比较准确地了解企业的经营状况；银行又是信誉较好的金融机构，它的债务凭证可以为人们所广泛接受，所以任何企业和个人可以与银行建立信贷关系，并且可以是长期的信用关系。银行可以吸收短期资金用于长期贷放，企业便能有计划地安排这笔长期资金，促进生产发展。

正是由于银行信用克服了商业信用的种种局限性，才得以迅速发展，成为当今世界各国最基本的、起主导作用的信用形式。

三、国家信用

（一）国家信用的含义

国家信用是政府以债务人的身份发行债券来筹集资金的一种信用形式。

> **小贴士** 在国外，期限在一年以上的政府债券称为国债或公债，期限在一年以内的政府债券称为国库券。

（二）国家信用的作用

国家信用之所以产生，主要是由于以下几方面的需要：

第一，弥补财政赤字的需要。不论国家财政预算是否有赤字，在预算执行过程中，往往由于种种原因会出现财政支出大于财政收入的状况，因而产生赤字。一般来说，弥补财政赤字的办法有三种：动用历年结余、增发钞票和举债。如果往年财政有结余，在出现赤字时用历年结余来弥补是恰当的，如果往年没有结余，这个办法就没有实际价值。因弥补赤字而进行货币的财政性发行，很有可能引发通货膨胀，产生一系列不良后果。所以，比较而言，发行债券是稳妥有效地弥补赤字的手段。

第二，调节经济的需要。政府在宏观经济中的调控地位举足轻重，政府投资能改善一国的产业结构，弥补市场经济的缺陷，在经济发展缓慢时促进经济增长，在经济过热时抑制经济的快速增长。这一切，都需要资金，政府有必要利用金融市场筹集资金。另外，随着国家信用的发展、政府债券的增多，中央银行可以通过买进、卖出政府债券来调节货币供应，影响金融市场的资金供求关系，从而达到调节经济的目的，这是中央银行宏观调控手段中日益重要的公开市场业务的主要内容。

[阅读资料 3.3]　　　　**美国政府的国库券发行**

发行国库券是美国财政部的一项重要工作。每个星期二，美国财政部都要进行 3 个月和 6 个月的国库券的拍卖。每笔国库券拍卖以 1000 万美元为单位，出价最高者获得这笔国库券的购买权。国库券的拍卖采取贴现的方式进行，也就是说拍卖的价格低于国库券的面值，而价格与面值之间的差额也就构成了这笔国库券的贴现利息。

宣布拍卖消息后的第一个星期宣布拍卖结果。有资格参与国库券拍卖的是大约 40 个左右的私人一级交易商。中标的交易商按报价支付承销的国库券金额，取得国库券进行推销。有自己固定销售网络的交易商，在承购过程中几乎就已经完成了意向性销售。借助现代化通信设施，推销几乎在瞬间即完成。整个承销过程只需要一周时间。

美国国库券的期限为 3 个月、6 个月、12 个月。由于它们在货币市场的各种工具中最具有流动性，因此也是最为安全的货币市场工具。这种不存在违约可能性的短期债务工具，在货币市场中的交易最为活跃。因为这些国库券的偿还保证，来自于联邦政府的财政收入，它主要是为了解决联邦政府短期资金收入不平衡的矛盾而设置的。

早期美国国库券的发行受到美国国会严格限制，那些对任何政府赤字都深恶痛绝的人们认为，它主要是一种被"挥霍无度"的联邦政府用来弥补政府财政赤字的"不受欢迎"的手段。从 20 世纪 60 年代开始，当美国联邦政府出现巨额财政赤字时，美国国库券的规模随着美国国债的与日俱增而急剧膨胀。

从 20 世纪 70 年代中后期开始到 80 年代初期，美国政府发行的国库券在美国货币市场上已经达到了泛滥的程度。巨额的国库券使得美国联邦政府的赤字财政政策备受指责。人们抱怨大量的美国国库券的发行挤占了原本可以用于私人投资的货币财富，加大了私人投资的成本。的确，在这一时期，由于市场利率过高，美国国库券的发行成本也急剧上升，3 个月期的美国国库券的贴现率已高达 30%。尽管如此，人们却很难找出令人信服的证据，来证明市场利率的上升与美国国库券的大量发行存在着必然联系。在 20 世纪的最后几年中，美国政府的财政赤字终于被消灭了。从 1997 年开始美国联邦政府出现了巨额的财政盈余。到 2000 年，这个盈余的总额已经超过 2000 亿美元。乐观的人们宣称：要不了多久，这个国家的政府就可以还清第二次世界大战以后所欠下的巨额国债。在这种情况下，美国联邦政府还要不要继续发行国库券，就成为了一个非常有意思的问题。

主张停止发行国库券的人认为，美国政府已经掌握了大量的货币资金，因此也就不再需要通过国库券的形式为短期的收支不平衡筹措资金。主张继续发行国库券的人们则指出，国库券已经成为了美国货币市场当中一个不可缺少的投资工具，对于公开市场操作和美国的宏观经济调控具有重要意义，它的作用已经远远超出了原本弥补联邦政府财政赤字的初衷。宏观调控需要有够规模的国债存量。仅仅由于经济发展中周期性的高潮所出现的财政盈余，就要消灭国库券这种公开市场操作的重要工具，是没有道理的。

不管在这场争论中谁最后取得了胜利，美国的财政部今天依然每星期例行拍卖新国库券。对于绝大多数投资者而言，美国国库券依然是值得信赖的首选投资工具。

（资料来源：中国证券报，2006年8月4日）

（三）我国的国家信用

1. 新中国成立初期

1950年我国发行了人民胜利折实公债一亿份，筹集资金2.6亿元，从1951年起分5年做5次偿还。1954年～1958年每年发行6亿元国家经济建设公债，对国民经济的发展起到了重要的作用。

2. "文革"期间

由于国际政治环境的影响和国内极"左"思想的指导，我国发扬"自力更生、艰苦奋斗"的精神，既无外债，又无内债，没有利用国家信用来筹集资金。

3. 改革开放以来

改革开放以来，我国逐步利用国家信用来筹集资金，以满足国家财政和重点建设的需要，尤其是近几年根据国民经济发展的需要，增加了经济建设公债的发行数量，对国民经济的基础建设、国有企业固定资产的更新改造和经济结构的调整起到了重要的作用。国债发行额呈逐年增长的趋势，由最初1981年的近49亿元至2005年发行额达到7042亿元（图3.2），详见表3.1。发行方式不断完善，从1981年到1988年，国债发行基本采取的是政治动员和行政摊派的方式；1991年实行了国债的承购包销，由70多家证券中介机构参与，标志着国债一级市场

图3.2 我国发行国库券票样

的建立；1996 年，所有可流通的国债发行都采取了招标方式，竞争标的是债券价格和收益率，招标方式既有单一价格方式，又有多种价格方式，提高了发行效率。国债种类不断丰富，结构不断趋于完善。国债的计息方式越来越市场化、国际化，国债的期限种类也在不断增加。

表 3.1　改革开放以来我国国债的发行情况

年　份	当年财政收支差额/亿元	国债实际发行数/亿元	国债发行比上年增长率/%
1981	37.38	48.66	
1985	0.57	60.61	42.51
1990	−146.49	197.23	−11.91
1995	−581.52	1510.80	32.81
1996	−529.56	2126.20	40.73
1997	−582.42	2412.00	13.44
1998	−922.23	3808.70	57.91
1999	−1743.59	4015.00	5.42
2000	−2491.27	4657.00	15.99
2001	−2516.54	4884.00	4.87
2002	−3098	5934.00	21.50
2003	−2934.70	6280.10	5.8
2004	−2090.42	6924.00	10.3
2005	−2080.14	7042.00	1.7

资料来源：中国人民银行网站。

四、消费信用

（一）消费信用的含义

消费信用是企业或金融机构向消费者提供的信用。它包括金融机构以货币形式提供的消费贷款，也包括工商企业以商品形式向消费者赊销的耐用消费品和住宅。

小问号　你了解的消费信用都有哪些形式？

消费信用的实质，是用未来的购买力实现即期消费。消费信用在现代经济生活中具有积极作用。消费信用的发展可以促进消费商品的生产与销售，提高人们当前的消费效用满足和福利水平，进而促进经济增长。但是消费信用在一些情况之下也会产生消极影响。如果消费信用过度，形成经济的虚假繁荣，在生产扩张能力有限的情况下，造成市场供求状况紧张，进一步拉大供求缺口，促使物价上涨，加剧通货膨胀。

小贴士 　　使用消费贷款实际上是用未来的收入实现现实的购买，也就是"花明天的钱，圆今天的梦"。

（二）消费信用的方式

现代消费信用的方式多种多样：商人直接赊销的方式，特别是分期付款的赊销方式，对顾客提供信用；银行和其他金融机构直接贷款给个人用以购买耐用消费品、住房以及支付旅游等费用；银行和其他金融机构对个人提供信用卡，客户只需持信用卡，便可以在接受该种信用卡的商店购买商品，定期与银行结账等。从消费项目看，消费信用可分为住房信贷、汽车信贷、医疗信贷、旅游信贷、助学信贷、个人小额短期信用贷款等。

图3.3　消费信用方式之一：信用卡

[阅读资料3.4]　　住房宽敞贷款帮忙：瑞典人居住现状一瞥

人均47平方米住房面积，平均每两人就能住上一套房，瑞典人算是世界上住得最宽敞的人了。说起来，这全靠有完善的贷款制度和便利的贷款方式。

瑞典人口有890万，而各种式样的住房就有430万套，其中租赁房仅占20％左右，剩下的私人拥有所有权和使用权的住房各占一半。私人住房主要是独门独院的花园洋房，平均价格约合12万美元；只出售使用权的大多是公寓房，不过也不便宜，一套70平方米的房子平均也要卖到7万美元。这对扣除日常开销结余并不很多的大多数瑞典家庭来说，要想一下子拿出这么一大笔钱来买房就困难了。办法就是向银行贷款。瑞典人差不多都是靠向银行申请贷款来购买住房的。申请贷款程序简便规范，无需耗费申贷人很多精力。

要申请住房贷款，你必须具备这样4个条件：一是具有支付购买房屋所需金额10％的能力；二是拥有一份固定的工作；三是在付款方面没有不良记录；四是符合获得普通贷款的条件。此外，银行还需了解申请人的家庭收支情况，以了解他（她）是否具有支付贷款利息和偿还部分本金的能力。所有这些信息，各商业银行均可以立即根据每个瑞典居民都拥有的社会保险号从国家税务局、国家信贷信息中心和有关商业银行的电脑库中查询到。

目前，瑞典各商业银行提供的住房贷款分两种：一种是"第一抵押贷款"，这种贷款以所购买的住房作抵押，贷款金额最高可占到购房价格的75％。偿还期限可以长达50年，利息或随行就市浮动，也可以是定息，即贷款人可以根据自己的需要把贷款利息固定在某一段时间内，如3个月、1年到5年和8年不等，而且还可以把贷款分成好几个部分，使用不同期限的固定利息。相对来讲，固定利息的风险要小一些，而且贷款人也非常清楚自己每个月应该支付多少利息，好做安排。因此，不少人倾向于选择定息的方式。如果购房者还想获得超出所购住房价格75％的更多的贷款，银行可以提供另一种形式的住房贷款，即"最终抵押贷款"。它也是拿所购房屋作抵押，不过偿还期要比"第一抵押贷款"短得多，15年之内必须偿还全部本金，利息随行就市浮动，而且比"第一抵押贷款"的利息要高出一到两个百分点。

由于这两种贷款都是以所购房屋为抵押的贷款，银行方面一点也不担心贷款人丧失还本付息的能力，因为一旦出现这种情况，银行将立即通知瑞典执法机构强迫贷款人出售其住房，用售房款来偿还贷款。而且，瑞典各地方政府为征收房地产税，对当地所有住房的实际价值都有非常详细的记录。各商业银行在审批住房贷款时对贷款人所要购买的住房的真正价值也一清二楚，一般人很难蒙混过关。

由于全国8成的住房主要是靠贷款购置的，住房贷款早已成为瑞典各商业银行的主要贷款业务。如作为瑞典四大商业银行之一的联合储蓄银行，到去年底，它的各种形式贷款总额为6400亿克朗，其中住房贷款就占35%。

瑞典人热衷购房，主要是由于房价一直保持着较强的增长势头，贷款买房是一种回报率很高的投资。笔者的一位瑞典朋友，他们家7年前主要靠贷款在斯德哥尔摩近郊买了一栋约合10万美元的两层楼洋房。现在这栋小楼的市场价格已经涨了一倍。很多瑞典人的做法是，年轻时靠贷款买下一栋住房，退休后再把房子卖掉，租公寓住，手里攥着一大笔钱，富富裕裕地安度晚年。

（资料来源：人民日报，2002年8月7日）

第三节 信用工具

❖ **学习目标** ❖

本章主要介绍信用工具的有关问题。通过教学，学生能掌握主要信用工具的特点，了解各种信用工具间的差别。

一、信用工具的含义

信用工具是指具有一定格式且能够准确记载债权债务关系，并可以转让、流通的书面凭证。信用工具是各种信用方式下进行信用交易时所使用的载体，同时也是现实的或潜在的流通手段和支付手段。它是信用的具体体现，对于借款人来讲，信用工具是债务凭证，即表明欠别人的钱；对于贷款人来讲，信用工具是债权凭证，即表明别人欠钱的凭证。可以用作信用交易的工具很多，有货币、准货币、票据、有价证券和信用卡等。信用工具一般具有偿还性、流动性、收益性和风险性等特征。

在现代经济中，人们融通资金往往是在金融市场上借助于信用工具来实现的。因此，在金融市场，信用工具又称为"金融工具"。金融工具的称谓是从金融市场交易的角度来讲的。交易中它们是对象、是手段、是工具，也满足了不同的交易目的，如投资、保值、投机、避险等。金融工具对其买进持有者来说又是金融资产。

二、短期信用工具

短期信用工具是指提供信用的有效期限在一年或一年以下的信用凭证，其核心组成部分是票据，此外还包括信用证、信用卡、大额可转让定期存单、国库券等。

（一）票据

1. 票据及票据行为

票据是指由出票人签发的，具有一定格式，到期由付款人在一定时间、一定地点无条件支付一定款项给收款人或持票人的信用凭证。票据一般分成汇票、本票和支票三种。

票据行为一般包括出票、承兑、背书、贴现和保证等。

（1）出票。也称作发票行为，即签发、创造票据的行为。签发票据的一方叫出票人，票据签发的对象是受票人。

（2）承兑。承兑是"承认兑付"的简称，指的是票据的付款人承诺在票据到期时保证付款的行为，只有商业汇票才有承兑的问题。

（3）背书。背书是指票据的持有人在转让票据时在票据的背面签名的行为，其目的在于表明背书人对该票据所代表的债务的偿付负有法律上的连带责任。

（4）贴现。贴现是指票据的持有人将未到期的票据卖给银行以融通资金的行为。

（5）保证。保证是指由非票据债务人对出票、背书、承兑等行为所产生的债务予以保证的行为，其目的是保证债务的偿还，提高票据的可信度。

> 承兑就是承诺付款，一旦进行承兑，承兑人就成为票据的债务人，必须付款。背书中的背是指票据的背面，书是书写的意思。贴现的实质是一种贷款。

2. 汇票

汇票通常是指债务人在一定的时间、一定的地点无条件支付一定款项给收款人或持票人的票据。按照出票人不同，我们可以将汇票分为商业汇票和银行汇票，其中商业汇票是需要承兑的。按照承兑人不同，可以将商业汇票分为商业承兑汇票和银行承兑汇票（图3.4和图3.5）。此外，按付款期限的不同，汇票还可分成即期汇票、远期汇票和定期汇票。

3. 本票

银行本票是由出票人签发的、承诺自己在见票时无条件支付确定的金额给收款人或持票人的票据。本票的基本当事人只有两个，即出票人和收款人，在出票人之外不存在独立的付款人。在出票人完成出票行为之后，即承担了到期无条件支付票据金额的责任，不需要在到期日前进行承兑。

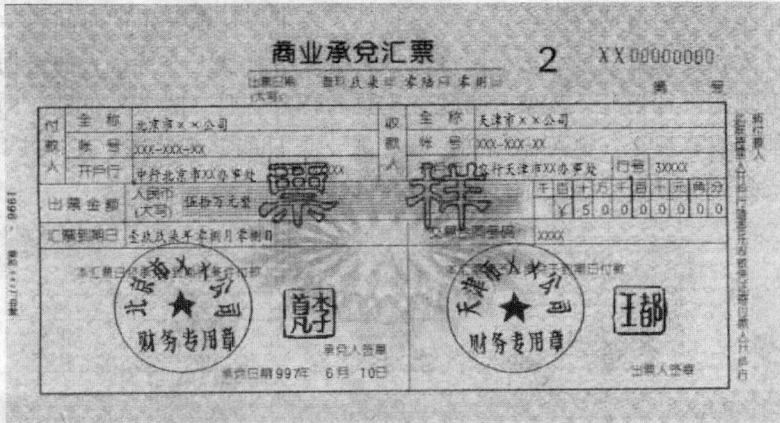

图 3.4 商业承兑汇票票样

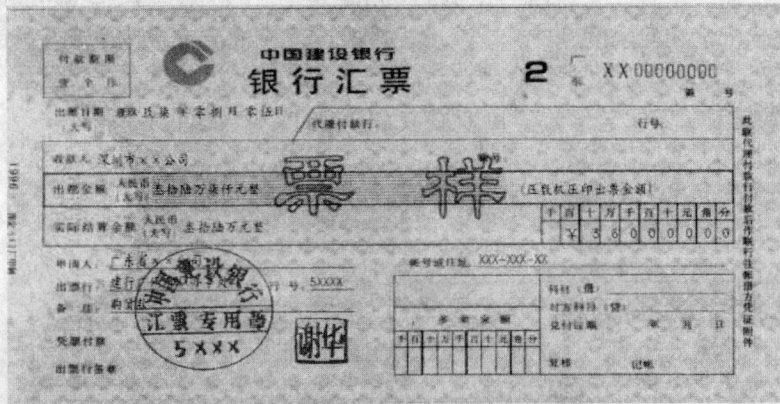

图 3.5 银行汇票票样

按照不同标准，本票可以分为：记名式本票、指定式本票和不记名本票；远期本票和即期本票；银行本票和商业本票。根据我国《票据法》规定，在我国，本票仅限于银行本票，且为记名式本票和即期本票（图 3.6）。

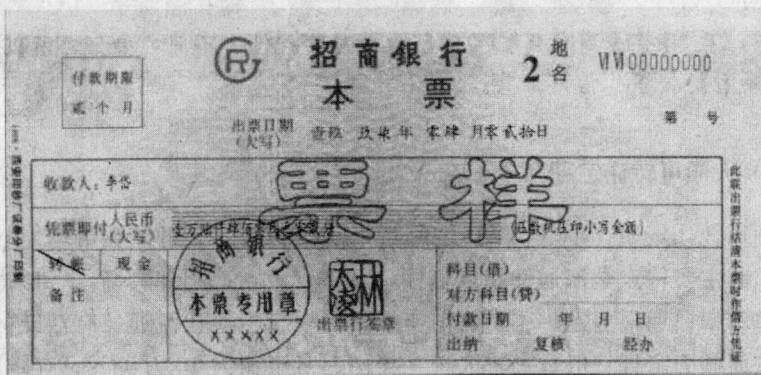

图 3.6 银行本票票样

4. 支票

支票是银行的活期存款客户开给银行的，要求银行在一定的时间、一定的地点无条件地在其存款余额和透支限度内支付款项给收款人或持票人的票据。按照能否提取现金进行划分，支票分为现金支票和转账支票（图3.7和图3.8）。现金支票既能提取取现金，也可办理转账，转账支票只能办理转账，不能支取现金。此外，支票还有保付支票、旅行支票等类型。

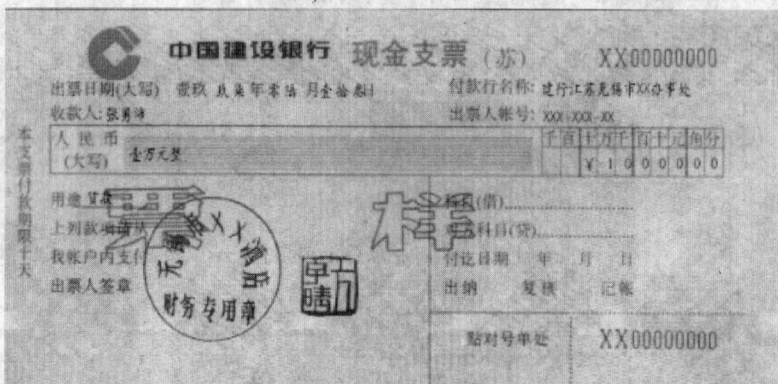

图 3.7 现金支票票样

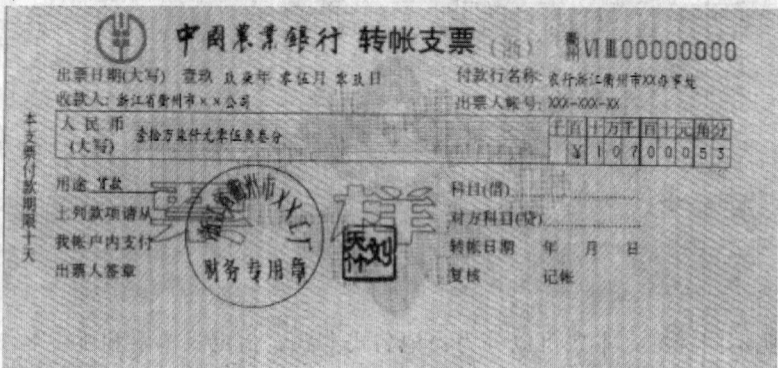

图 3.8 转账支票票样

投资者对信用工具的风险性与收益性有不同的偏好，所以出现了种类繁多的信用工具。

（二）大额可转让定期存单

大额可转让定期存单（CDs）是由商业银行发行的、可以在市场上转让的存款凭证。其主要特点是流通性和投资性，具体表现在：利率较高，一般高于普通定期存单利率；期限固定，不得提前支取；可以自由转让流通，有活跃的二级市场；存款面额固定且一般金额较大，在美国起点金额为10万美元；存单不记名，便于流通；存款期限为3～12个月不等，以3个月居多，最短的14天。

第一张大额可转让定期存单是由美国花旗银行于 1961 年创造的。由于当时市场利率上涨，活期存款无利或利率极低，定期储蓄存款也受联邦条例制约，利率上限受限制，存款纷纷从银行流出，转入收益高的信用工具。大额可转让定期存单利率较高，又可在二级市场转让，对于吸收存款大有好处，于是，这种新的信用工具诞生了（图 3.9）。在美国，大额可转让定期存单是货币市场上流通量仅次于国库券的第二大信用工具。

图 3.9　大额可转让定期存单票样

三、长期信用工具

长期信用工具是指偿还期限在一年以上的信用凭证，主要有股票、债券两种。

（一）股票

股票是股份制度的产物，它是由股份公司为筹集资金而发给投资者的入股凭证，股票持有人即为公司的股东，股东可以行使法定的股东权。股票具有产权证书的性质。

1. 股票的特征

（1）不可返还性与流通性。股票是一种无期限的法律凭证，投资者购买了股票就不能退股，但是可以自由转让，这样既保证了公司资本的稳定性，也吸引了更多的股票投资者。

（2）潜在的高收益性和高风险性。认购了股票，股东既有可能获得较高的收益，也承担了较大的投资风险。股票是一种高风险的投资工具。

2. 股票的种类

股票依据不同的标准有多种不同的分类方法。按有无票面金额可分为有票面金额股票和无票面金额股票；按是否记名分为记名股票和不记名股票；按股票所代表的股东权益可分为普通股和优先股。这里主要介绍普通股和优先股。

小问号 ? 我们常听到蓝筹股、绩优股、垃圾股，A股、B股、H股等，你了解它们的含义吗？

普通股是股份公司最先发行的一种股票，也是公司的基本股票或典型股票（图3.10）。它没有固定的股息率和红利率，其股息和红利的有无与多少取决于公司的经营状况，其持有者享受公司经营管理权、剩余利润的分配权、优先承购新股权及股票转移权等。优先股是指在分配公司的盈余和在公司清算、分配财产两方面享有特别优先权的股票。具体来说，普通股与优先股的差别主要体现在如下几个方面：

图3.10 普通股股票票样

（1）在公司盈利的分配方面，优先股的股息是固定的，公司从盈利中先派发股息给优先股，然后再给普通股派发红利，普通股的股息是不确定的。

（2）在公司破产或解散时对剩余财产的分配方面，优先股具有剩余财产的优先分配权，普通股须在优先股分配完之后才有权参与分配。

（3）在对公司经营的参与权方面，普通股的股东享有出席股东大会、参与表决和选举董事等权利，而优先股则没有这种权利。

（4）在公司增资扩股方面，普通股股东享有优先认股权，而优先股股东则没有这种权利。

小贴士 优先股不是总优先的，普通股也有优先之处。

（二）债券

债券是指债务人向债权人承诺在指定日期偿还本金并支付利息的有价证券。按发行者的不同分为政府债券、公司债券和金融债券等。

政府债券是政府为筹措资金而发行的债务凭证。由于政府债券的信誉高、安全性强、风险小，通常被称为"金边债券"。政府债券按期限长短不同分为公债券和国库券两种。

公司债券是股份公司在经营过程中筹集长期资金而向社会发行的借款凭证（图3.11）。与股票相比，它有两个明显的特点：一是风险小；二是持有人无权参与公司的经营管理，也不承担公司亏损的责任。债券体现的是发行人与投资人之间的债权债务关系，证明债权人有按约定的条件取得利息和收回本金的债权凭证，而股票体现的是股东与股份公司之间的所有权关系，股票是股份公司发给其投资者，证明其所投入的股份资本的所有权证书。

图 3.11　公司债券票样

无论是否盈利，公司都要按期对债券持有人还本付息。

金融债券是银行或其他非银行的金融机构为筹集中长期资金而向社会发行的债券（图3.12）。从多数国家的实际情况看，政府对金融债券的发行往往控制很严。金融债券的种类很多，主要有固定利率债券、浮动利率债券、贴水债券、累进利息债券等。

图 3.12　金融债券票样

本债券期限长短，利率按一年期
定期储蓄存款利率上浮两个百分点。

发售日期：一九八九年　月　日　发售银行章

图 3.12　金融债券票样（续）

[阅读资料 3.5]　　世界最著名的信用评级机构标准·普尔公司简介

标准·普尔评级公司（Standard & Poor）总部设在美国，是目前国际上公认的最具权威性的信用评级机构之一。标准·普尔公司的信用等级标准从高到低可划分为：

AAA 级、AA 级、A 级、BBB 级、BB 级、B 级、CCC 级、CC 级、C 级和 D级。前四个级别债券信誉高，履约风险小，是"投资级债券"，第五级开始的债券信誉低，是"投机级债券"。

标准·普尔指数由美国标准·普尔公司于1923年开始编制发表，当时主要编制两种指数，一种是包括90种股票每日发表一次的指数，另一种是包括480种股票每月发表一次的指数。1957年扩展为现行的、以500种采样股票通过加权平均综合计算得出的指数，在开市时间每半小时公布一次。由于它们占有详尽的资料，采用先进科学的分析技术，又有丰富的实践经验和大量专门人才，因此它们所做出的信用评级具有很高的权威性。

（资料来源：和讯论坛网站）

第四节　利息与利率

❖ **学习目标** ❖

本节主要阐述利息与利率方面的一些问题。通过教学，学生能认识到利息的来源与本质，了解利息在现代市场经济中的重要功能和作用，掌握利息的计算方法及利率的各种分类。

一、利息的来源与本质

利息是指在信用关系中借款人支付给贷款人的报酬。利息是伴随着信用关系的发展而产生的经济范畴，并构成信用的基础。只要存在信用关系，利息就必然存在。"有借有还"与"有偿"是现代信用关系的一般特征。

现今社会，贷放货币收取利息已是理所当然的事情。利息的存在，使人们对货币产生了一种神秘的感觉：似乎货币可以自行增值。这是一个涉及利息的来源和实质的问题。在金融学理论中，关于利息的来源与本质学说比较多，比较有代表性的包括威廉·佩第的"利息报酬说"、萨伊的"资本生产力论"、西尼尔的"节欲论"和凯恩斯的"流动性偏好说"。虽然这些学说对于利息的来源和本质进行了研究，但他们都未能深入揭示利息产生的根本原因和本质特征。马克思从借贷资本运动全过程的角度深刻剖析了利息的来源与本质，在人类历史上第一次揭开了利息的神秘面纱，指出了利息不是产生于货币的自行增值，而是产生于它作为资本的使用。马克思揭示了利息的来源与本质：利息是工人创造的剩余产品价值的一部分，或者说是利润的一部分。

利息在现代社会经济中具有十分重要的杠杆作用。利息的存在可以鼓励多储蓄少消费，促进了资本形成；利率的变动会引起投资决策和规模的变动，从而调节资金流向，起到平衡国际收支、稳定物价水平的作用；利息的存在使企业必须考虑投资的成本、产品的成本和持币的成本，通过科学的成本效益分析，加强经营管理，提高资金的使用效率；各种金融资产的收益与利率都有密切的联系，在资产的安全性和流动性一定的情况下，通过利率水平的调整可引导人们选择不同的金融资产。

小贴士　　每逢美联储宣布调整利率，华尔街乃至全球股市、汇市、油价、金价往往闻风而动，可见利率的影响力。

二、利率及利息的计算方法

利率就是利息率，指的是资本借贷期间形成的利息额与本金的比率，它反映着利息水平的高低。

利率通常有三种表达方式：年利率、月利率和日利率。年利率是以年为单位计算利息，通常以百分之几表示（分）；月利率是以月为单位计算利息，通常千分之几表示（厘）；日利率是以日为单位计息利息，通常以万分之几表示（毫）。三者的换算关系为

$$年利率 = 月利率 \times 12 = 日利率 \times 360$$

利息的计算方法分为单利计息和复利计息。单利计息是指在计算利息额时，不论期限长短，仅按本金计算利息，所生利息不再加入本金重复计算。其公式为

$$I = P \cdot r \cdot n \qquad (3.1)$$
$$S = P(1 + r \cdot n) \qquad (3.2)$$

式中，I 为利息额；P 为本金；r 为利率；n 为期限；S 为本利和。

例 3.2　一笔期限为三年、利息率为 5% 的 10 万元贷款，到期利息与本利和各为多少？

解： 利息总额为 $I = P \cdot r \cdot n = 100\,000 \times 5\% \times 3 = 15\,000$（元）

本利和为 $S = P(1 + r \cdot n) = 100\,000 \times (1 + 5\% \times 3) = 115\,000$（元）。

复利是单利的对称。复利计息是指计算利息时，要按一定期限，将所生利息加入本金再计算利息，逐期滚算，俗称"利滚利"。其计算公式为

$$S = P \cdot (1+r)^n \tag{3.3}$$

$$I = S - P \tag{3.4}$$

若将 3.2 例按复利计算，则

$$S = P \cdot (1+r)^n = 100\,000 \times (1+5\%)^3 = 115\,762.5 \text{（元）}$$

$$I = S - P = 115\,762.5 - 115\,000 = 762.5 \text{（元）}$$

即按复利计算可多得 762.5 元。

单利与复利在现实中都是客观存在的，比较而言，用单利计算利息，手续简便，易于计算借款成本，有利于减轻借款者的负担，主要用于短期信用；用复利计算利息，更能符合利息的定义，因而复利范畴在经济生活中广泛存在。

三、利率的种类

随着金融活动日益发展，金融活动方式日益多样化，利率的种类也日益繁多，按不同的标准划分就有不同的种类。

（一）市场利率与法定利率

市场利率和法定利率是按照利率的决定方式划分的。市场利率是指在货币借贷市场上由借贷资本的供求状况决定的利息率，它能灵敏地反应借贷资本的供求状况，当资金供给增加大于对资金的需求时，利率呈下降趋势；反之，当资金供不应求时，利率则呈上升趋势。由于金融市场上资金的供求状况常常变化，所以，市场利率的变动非常频繁、迅速。

法定利率又称官方利率，它是一国政府通过中央银行制定的各种利息率，如各银行的存款利率、中央银行对各商业银行及其他金融机构的再贷款利率和再贴现率。中央政府债券的利率也是法定利率。另外，由银行公会确定的各会员银行都必须执行的利率（又称公定利率）也是法定利率的一种形式，如香港银行公会就定期调整并公布各存、贷款利率，会员银行必须执行。

法定利率与市场利率有密切关系。法定利率的变化代表政府调节经济的意图，对市场利率有重要影响。市场利率随法定利率的变化而变化，但是，市场利率又要受到资金供求状况等一系列复杂因素的影响，并不一定与法定利率的变化相一致。市场利率的变化非常灵敏地反映资金的供求状况，是国家制定法定利率的重要依据。

（二）固定利率与浮动利率

固定利率和浮动利率是按照借贷期间利率是否变动划分的。固定利率是指在整个借款期内利率是固定不变的。这种利率简便易行，易于计算借款成本，便于预测收益。一般在借款期限较短或市场利率变化不大的情况下，可采固定利率。

浮动利率又称可变利率，是指利率随市场利率的变化而定期调整的利率。例

如，欧洲货币市场上的浮动利率，调整期限一般为 3 个月或半年，调整时作为基础的市场利率大多采用伦敦市场银行间 3 个月或半年的拆放利率。采用浮动利率，借贷双方承担的利率变化风险较小，利息负担与资金的供求状况紧密结合。

在利率上升时期，采用浮动利率能较好地保护债权人的利益，债务人的利息负担会加重；在利率下降时期，情形则相反。

在我国，浮动利率还有另外一层含义，即指金融机构在中央银行规定的浮动幅度内，以法定利率为基础自行确定的利率。为了发挥利率的杠杆作用，我国从 1987 年 1 月 24 日开始，允许金融机构流动资金贷款利率在规定的幅度内浮动，后来又逐渐加大了浮动区间。

（三）名义利率与实际利率

名义利率和实际利率是根据利率是否考虑到通货膨胀率来划分的。名义利率是以名义货币表示的利息与本金的比率，通常金融机构公布的利率或实际采用的利率都是名义利率；实际利率是以货币能够交换到的商品或劳务表示的利息与本金的比率，即购买力不变条件下的利率，也就是扣除了通货膨胀的真实利率。两者的区别在于：名义利率没有考虑到通货膨胀对利率的影响，而实际利率则考虑了通货膨胀对利率的影响。实际利率等于名义利率减去通货膨胀率。

表 3.2　我国部分年份名义利率与实际利率情况

时 间	通货膨胀率/%	存款利率/%		贷款利率/%		利差/%
		名义利率	实际利率	名义利率	实际利率	
1986 年	6.00	7.70	1.20	10.80	4.80	3.60
1987 年	7.30	7.20	−0.10	10.80	3.50	3.60
1988 年	18.50	8.64	−9.86	10.80	7.7	2.16
1989 年	17.80	11.34	−6.46	10.80	−7.0	0.54
1990 年	2.10	8.64	6.54	10.80	8.70	2.16
1998 年 3 月 25 日	−2.6	5.22	7.82	7.92	10.52	2.7
2002 年 2 月 21 日	−0.8	1.98	2.78	5.31	5.39	3.33
2004 年 10 月 29 日	3.9	2.25	−1.75	5.58	1.68	3.33

资料来源：中国人民银行网站。

（四）长期利率与短期利率

按信用行为的期限长短来划分，利率可分为长期利率和短期利率。短期利率是指借贷期限在一年以内的利率，长期利率是指借贷期限在一年以上的利率。利率的高低与期限长短、风险大小有着直接关系，一般而言，期限越长，投资风险越大，利率水平也就越高；反之，期限越短，投资风险越小，利率水平也就越低。

（五）差别利率与一般利率

按利率是否带有优惠性质可把利率分为差别利率和一般利率。一般利率是指对所有借款人（或者存款人）不加区别地实行统一的利率。差别利率是指针对不同的贷款种类和借款对象实行不同的利息率，一般按期限、行业、项目、地区设置不同的利息率。由于利率水平的高低直接决定着利润在借贷双方的分配比例，影响借款者的借款成本，所以，实行差别利率有助于配合国家的地区政策、产业政策。对国家支持发展的行业和地区贷款项目实行低利率贷款，以减轻这些行业、地区的利息负担；对于国民经济发展中的长线和经济效益不好、经营管理水平差的企业实行高利率贷款，有利于支持产业结构的调整和经济协调发展。因此，实行差别利率是运用利率杠杆调节经济的一个重要方面。

优惠利率是差别利率的有机组成部分，即对国家支持的贷款种类和对象实行优惠的低利贷款。与优惠利率相对应的是惩罚利率，即对于国家限制发展的行业和项目，或者信用不良的借款人，发放贷款时按较高利率。

小贴士 为了鼓励出口创汇，有的国家对出口商发放低利率贷款就属于优惠利率，商业银行对往来密切、资信等级高的优质客户发放短期贷款时一般采用优惠利率。

（六）基准利率和非基准利率

基准利率在整个金融市场上和整个利率体系中处于关键地位，起决定性作用，一般由政府或中央银行确定。非基准利率是基准利率以外所有的利率，它们受基准利率的影响。

从不同的划分标准或划分角度出发，可以将利率划分为不同种类，这有利于表明各类利率的特征，认识各类利率之间和各类利率内部的联系，从而更好地分析问题、说明问题。需要注意的是，由于划分标准本身可以是交叉的，故一种利率可能同时具备几种性质。划分后的各类利率之间和各类利率内部都有一定的联系，并相互制约，共同构成一个有机整体，从而形成一国的利率体系。

小问号 我国目前3年期居民储蓄存款利率为5.40%，它是上述哪种利率？

[阅读资料3.6] **我国的利率市场化**

一、我国利率市场化的提出

党和国家非常重视我国的利率市场化改革。1993年，党的"十四大"《关于金融体制改革的决定》提出，我国利率改革的长远目标是：建立以市场资金供求为基础，以中央银行基准利率为调控核心，由市场资金供求决定各种利率水平的市场利率体系的市场利率管理体系。

党的第十四届三中全会《中共中央关于建立社会主义市场经济体制若干问题

的决定》中提出，中央银行按照资金供求状况及时调整基准利率，并允许商业银行存贷款利率在规定幅度内自由浮动。

2003年，党的"十六大"报告提出：稳步推进利率市场化改革，优化金融资源配置。

党的第十六届三中全会《中共中央关于完善社会主义市场经济体制若干问题的决定》中进一步明确"稳步推进利率市场化，建立健全由市场供求决定的利率形成机制，中央银行通过运用货币政策工具引导市场利率。"

二、利率市场化改革的基本思路

根据第十六届三中全会精神，结合我国经济金融发展和加入世贸组织后开放金融市场的需要，人民银行将按照先外币、后本币，先贷款、后存款，存款先大额长期、后小额短期的基本步骤，逐步建立由市场供求决定金融机构存、贷款利率水平的利率形成机制，中央银行调控和引导市场利率，使市场机制在金融资源配置中发挥主导作用。

三、利率市场化的改革进程

自1996年我国利率市场化进程正式启动以来，经过7年的发展，利率市场化改革稳步推进，并取得了阶段性进展。

1996年6月1日人民银行放开了银行间同业拆借利率，1997年6月放开银行间债券回购利率。1998年8月，国家开发银行在银行间债券市场首次进行了市场化发债，1999年10月，国债发行也开始采用市场招标形式，从而实现了银行间市场利率、国债和政策性金融债发行利率的市场化。

1998年，人民银行改革了贴现利率生成机制，贴现利率和转贴现利率在再贴现利率的基础上加点生成，在不超过同期贷款利率（含浮动）的前提下由商业银行自定。再贴现利率成为中央银行一项独立的货币政策工具，服务于货币政策需要。

1998年、1999年人民银行连续三次扩大金融机构贷款利率浮动幅度。2004年1月1日，人民银行再次扩大金融机构贷款利率浮动区间。商业银行、城市信用社贷款利率浮动区间扩大到［0.9，1.7］，农村信用社贷款利率浮动区间扩大到［0.9，2］，贷款利率浮动区间不再根据企业所有制性质、规模大小分别制定。扩大商业银行自主定价权，提高贷款利率市场化程度，企业贷款利率最高上浮幅度扩大到70％，下浮幅度保持10％不变。在扩大金融机构人民币贷款利率浮动区间的同时，推出放开人民币各项贷款的计、结息方式和5年期以上贷款利率的上限等其他配套措施。

进行大额长期存款利率市场化尝试，1999年10月，人民银行批准中资商业银行法人对中资保险公司法人试办由双方协商确定利率的大额定期存款（最低起存金额3000万元，期限在5年以上不含5年），进行了存款利率改革的初步尝试。2003年11月，商业银行农村信用社可以开办邮政储蓄协议存款（最低起存全额 3000 万元，期限降为 3 年以上不含 3 年）。

积极推进境内外币利率市场化。2000 年 9 月，放开外币贷款利率和 300 万美元（含 300 万）以上的大额外币存款利率；300 万美元以下的小额外币存款利率仍由人民银行统一管理。2002 年 3 月，人民银行统一了中、外资金融机构外币利率管理政策，实现中外资金融机构在外币利率政策上的公平待遇。2003 年 7 月，放开了英镑、瑞士法郎和加拿大元的外币小额存款利率管理，由商业银行自主确定。2003 年 11 月，对美元、日元、港币、欧元小额存款利率实行上限管理，商业银行可根据国际金融市场利率变化，在不超过上限的前提下自主确定。

回顾 1996 年以来利率市场化改革的进程，中国人民银行累计放开、归并或取消的本、外币利率管理种类为 119 种，目前，人民银行管理的本外币利率种类有 29 种。今后，随着金融机构改革和利率市场化的稳步推进，人民银行将不断扩大金融机构的利率定价自主权，完善利率管理，并通过中央银行的间接调控，引导利率进一步发挥优化金融资源配置和调控宏观经济运行的作用。

（资料来源：中国人民银行网站）

小　结

（1）信用是商品经济发展到一定阶段的必然产物，是以偿还和付息为条件所形成的商品或货币的借贷关系或债权债务关系。信用是一种特殊的价值运动形式，具有暂时性、偿还性、收益性和风险性等基本特点。

（2）与商品经济的发展阶段相适应，信用经历了高利贷信用和借贷资本两个阶段。高利贷信用是指通过贷放货币或实物而获取高额利息的信用形式。借贷资本是指货币资本家为了获取利息而贷给职能资本家使用的货币资本，它是生息资本的现代形式。

（3）信用形式是信用关系表现出来的具体形式。随着市场经济的发展，信用活动日益频繁和深化，信用形式不断多样化。商业信用、银行信用、国家信用以及消费信用作为现代信用的主要形态，具有各自的特点与作用，在现代经济生活中发挥着重要的作用。

（4）信用工具是指具有一定格式，能够准确记载债权债务关系，并可以转让、流通的书面凭证。信用工具的特征是偿还性、流动性、收益性和风险性。按期限的长短划分，信用工具可分为短期信用工具、长期信用工具。

（5）利息是指在信用关系中借款人支付给贷款人的报酬。利息是伴随着信用关系的形成而产生的经济范畴。虽然许多经济学家对于利息的来源和本质的问题提出了各种学说，但他们都没有揭示利息产生的根本原因和本质特征。马克思从借贷资本"二重支付"和"二重回流"的运动过程角度揭示了利息的来源与本质，指出利息不是产生于货币的自行增值，而是产生于它作为资本的使用。

（6）从一定的经济体制与交易方式看，利率本身具有多种多样的表现形式，有市场利率与法定利率之分，有固定利率与浮动利率之分，有名义利率与实际利率之分，有长期利率与短期利率、差别利率与一般利率、基准利率与非基准利率之分。

练 习 题

一、名词解释

信用 高利贷 商业信用 银行信用 国家信用 消费信用 信用卡 票据
票据行为 股票 债券 国库券 大额定期存单 利息 利率

二、填空题

1. 信用具有（　　）和（　　）双重属性。

2. 按照借贷对象的不同，信用可以分为两种形态：（　　）和（　　）。

3. 信用产生和存在的经济基础是（　　）和（　　）。

4. 现代信用按照信用主体来划分可分为：（　　）、（　　）、（　　）和（　　）。

5. 信用是一种特殊的价值运动形式，是以偿还和付息为条件的单方面的
（　　）。

6. 银行信用具有（　　）、（　　）和（　　）三个特征。

7. 商业信用的局限性表现为（　　）、（　　）以及范围和期限等三个方面。

8. 在现代经济生活中服务于工商企业的两种基本的信用形式是：（　　）、
（　　）。

9. 消费信用包括三种类型：（　　）、（　　）和（　　）。

10. 在信用关系中，货币执行（　　）职能。

11. 国家信用就内债而言，按照期限可以划分为：（　　）、（　　）。

三、判断题

1. 信用是基于借贷行为形成的债权债务关系。（　　）

2. 从历史发展的视角来看，银行信用先于商业信用而存在。（　　）

3. 由于银行信用克服了商业信用的局限性，因此它最终可以取代商业信用。
（　　）

4. 消费信用既可以采取商品形态，又可以采取货币形态。（　　）

5. 信用关系发生时，货币执行流通手段的职能。（　　）

6. 高利贷是信用关系发展的早期形式，随着经济的不断发展，高利贷必然
会被消灭。（　　）

7. 银行信用既可以以货币形式也可以以商品形态提供。（　　）

8. 现代市场经济中，通过道德教育可以有效地实现有序的信用秩序。（　　）

四、不定项选择题

1. 现代信用制度的基础是（　　）。

A. 商业信用　　　　B. 银行信用　　　　C. 国家信用　　　　D. 消费信用

2. （　　）在规模、范围以及期限灵活性上都大大超过了其他信用形式，在
信用领域居于主导地位。

A. 银行信用　　　　B. 商业信用　　　　C. 国家信用　　　　D. 消费信用

3. 公债券与国库券的主要区别是（　　）。

A. 期限不同　　　　　　　　　　　　B. 标明面值的不同

C. 发行机构不同　　　　　　　　　　D. 发行目的不同

E. 购买的对象不同

4. 银行向消费者提供的汽车贷款属于（　　）。

A. 商业信用　　　　B. 银行信用　　　　C. 国家信用　　　　D. 消费信用

E. 高利贷信用

5. 高利贷不适应大工业生产最主要的原因是（　　）。

A. 利率超过了平均利润率　　　　　　B. 实物借贷方式

C. 借贷目的主要为了消费　　　　　　D. 借贷数量较少

6. 以货币形态提供的信用有（　　）。

A. 商业信用　　　　　　　　　　　　B. 银行信用

C. 消费信用　　　　　　　　　　　　D. 国家信用

7. 高利贷具有两个特点（　　）。

A. 利息高　　　　　　　　　　　　　B. 实物借贷

C. 借贷资金来源的非正当性　　　　　D. 非生产性

8. 就外债而言，国家信用的主要形式有（　　）。

A. 国家债券　　　B. 政府借款　　　C. 国家税收　　　D. 财政拨款

E. 出口保险

五、问答题

1. 如何理解信用与金融这二者之间的关系？

2. 为什么说现代经济是信用经济？

3. 商业信用与银行信用有什么特点？二者的关系如何？

4. 国家信用对经济生活的积极作用是什么？

5. 我国大力发展消费信用的意义何在？应如何进一步发展我国的消费信用？

六、技能训练题

1. 查阅有关资料，计算三年期零存整取和整存零取居民储蓄存款的利息。

2. 了解上市公司情况，举例说明蓝筹股、绩优股和垃圾股。

第四章

金 融 市 场

知识点

1. 金融市场的概念、分类及功能。
2. 货币市场。
3. 资本市场。

技能点

1. 证券发行市场与流通市场的区别。
2. 股票价格指数的计算方法。

引导阅读

假设你今年结余了 10 000 元,如果没有金融市场,你可能既不借款也不贷款。那么再过一年,你手中仍然是 10 000 元,而不会有利息收益。然而,如果木匠傻根儿把你的 10 000 元用于生产,他可以把钱用来购买一件新式工具从而缩短工期,由此每年赚取额外的 2000 元。如果你与傻根儿取得联系,那么你可以把 10 000 元贷放给他,每年获取 1000 元的利息,这样,你们双方都能获利。你将一改过去一无所获的状况,用你的 10 000 元每年赚得 1000 元;而傻根儿也每年多赚 1000 元。

如果没有金融市场,没有投资机会的人很难把资金转移给有投资机会的人。你与傻根儿可能永远不会合作,你们都将维持现状。由于资源和投资机会的浪费,你们双方都有损失,而且减缓了国家的经济发展速度。金融市场对于提高经济效益就是这样必要。

金融市场是资金融通的市场,它是金融体系的重要组成部分,是金融机制得以发挥作用的基本条件。各经济主体通过参与金融市场活动,实现资金的余缺调剂,从而达到经济资源的有效配置。

第一节　金融市场概述

❖ **学习目标** ❖

本节主要阐述金融市场的概念、分类及功能等问题。通过教学,学生能了解金融市场的含义,掌握金融市场的构成要素,认识金融市场在现代市场经济中的重要功能、作用。

一、金融市场的概念

金融市场是指资金供应者和资金需求者双方通过金融工具进行交易而融通资金的市场。金融市场可以是有固定场所进行的各种融资活动,也可以是没有固定场所,由参加交易者利用电讯手段进行联系洽谈而完成的融资交易。只要在一定区域进行票据和各种证券的买卖行为或过程都应视为金融市场的业务活动。金融市场既是一个有形市场,又是一个无形市场;同时又是一个市场体系。金融市场在现代市场经济体系中处于核心地位。

小贴士

金融市场是现代市场经济体系的核心。
金融市场的概念主要是指无形的市场。

与产品市场相比，在金融市场上的参与者之间不完全是纯粹的买卖关系，而涉及借贷关系和委托代理关系。从交易对象上看，金融市场的交易对象是一种特殊的商品——货币资金。在金融市场中，人们之间发生借贷关系的根本原因就在于交易者间偏好、信息、信念的差异，同时货币资金转化为资本后能带来增加的货币。从交易形式上看，与产品市场不同的是，金融市场的交易场所在大部分情况下都是无形的，交易双方不直接见面，而是通过计算机技术和现代通信技术的帮助来完成交易。

小问号 纽约是著名的金融中心，你能说出纽约金融市场在哪里吗？

二、金融市场的构成要素

世界各国的金融市场发展水平很不均衡，但从金融市场的构成要素看，所有的金融市场都可以看作是由金融市场主体、金融市场客体、金融市场媒体以及金融市场价格等几个方面组成的。

（一）金融市场主体

金融市场主体是指金融市场的交易者，即金融市场上资金供求双方。具体来说有企业、个人、金融机构、经纪人、证券公司以及政府机构等。他们既能向金融市场提供资金，也能从金融市场筹措资金。这是金融市场得以形成和发展的一项基本因素。

1. 企业

企业一般是作为最大的资金需求者在金融市场上从事交易的。企业为了弥补其资金不足，除从银行借款外，还通过发行公司债券、股票、借外债等方法筹集资金。当然，企业在再生产过程中，也会出现一部分资金的暂时闲置。对这部分暂时闲置的资金，企业既可以存入银行，又可以到证券市场去投资，购买债券或股票，这时企业是金融市场的资金供应者。但从整体上看，企业资金的需求大于对金融市场的资金供给。随着社会分工的日益细密和生产社会化程度的不断提高，企业对金融市场的依赖会越来越增强。

2. 政府

政府部门是金融市场上主要的资金需求者。不管是中央政府还是地方政府，为了建设公共工程或为了弥补财政赤字，一般都通过发行公债方式筹措资金，从而以资金需求者的身份在金融市场上活动。

政府在金融市场上除了是主要的资金需求者之外，还是重要的监督者和调节者。这一方面表现为政府直接出面对金融市场施加影响，另一方面是政府通过财政政策来对金融市场进行宏观调控。

3. 金融机构

金融机构作为资金的供求者，不仅直接参与市场交易，而且要组织金融市场上的间接融资，充当市场融资中介的角色。金融机构有时也直接参与投融资活动。

4. 居民个人

居民个人是金融市场上重要的资金供应者，或者说是金融工具的主要认购和投资者。因为对每一个家庭来说，不能把所有的收入都用于消费，总有一部分处于积蓄状态，这部分剩余所形成的资金可成为金融市场的资金供应。当然，居民个人也可能成为金融市场上的资金需求者，当居民个人收入或储蓄不足，或者购买房屋、汽车等耐用商品资金短缺时，也会从金融市场上取得资金。此外，居民个人在金融市场上出售有价证券时也处于资金需求者的地位。但从总体上看，居民仍然是金融市场上的资金供应者。

小问号 你认为金融市场主体中哪一个是最基本的？

（二）金融市场客体

金融市场客体是指金融市场的交易对象和交易的标的物，如各种债券、股票、票据、可转让存单、借款合同、抵押契约等，是金融市场上实现投资、融资活动必须依赖的交易工具，通常称为金融工具。

金融工具最初又称信用工具，早在金融市场形成以前，信用工具便已产生。它是商业信用的产物，随着商品经济的进一步发展，在商业信用的基础上，又产生了银行信用和金融市场，使信用工具成为金融市场的交易对象，从而将信用工具的潜在重要性日益体现出来。在现代金融市场上，信用工具虽然仍是最主要的交易客体，但具有广泛流动性的交易对象包括反映股权或所有权关系的股票以及其他金融衍生商品。它们都是维系金融市场运作的工具，因而称之为金融工具。20世纪60年代以来，伴随着市场经济的深入发展，世界金融领域也发生了巨大的变化，出现了金融活动证券化和国际金融市场一体化的新趋势，许多国家的金融活动逐渐转变为主要以金融工具买卖的形式来进行，金融市场在一国经济中的重要性迅速增强。实际上，许多西方经济学家认为，金融工具的数量和种类的多少，构成了对一国金融是否发达或经济发展水平高低的重要表现，有利于活跃经济和改善资源配置。

（三）金融市场媒体

金融市场媒体是指那些在金融市场上充当交易媒介，从事交易或促使交易达成的组织、机构或个人。金融市场媒体同金融市场主体一样，都是金融市场的参与者，因而在金融市场上的某些作用是相同的。

金融市场媒体与金融市场主体之间有着重要区别。金融市场媒体（包括中介机构和经纪人）参与金融市场活动，但他们不是真正意义上的货币资金供给者或需求者，而是要通过发挥金融市场中介作用赚取佣金。显然，金融市场主体与金融市场媒体在界定上存在着明显的区别。金融市场媒体又可分为两类：一类是金融市场商人，如货币经纪人、证券经纪人、证券承销人、外汇经纪人等；另一类是机构媒体或组织媒体，如证券公司、商业银行、其他金融机构等。两类金融市场媒体在开业条件、权利与义务、活动范围、客观作用等方面有诸多不同。

（四）金融市场价格

金融市场上各种交易都是在一定条件下实现的，但金融市场的交易价格不同于商品市场的商品交易价格。商品的交易价格反映交易对象的价值。由于金融市场上的交易是货币资金使用权的暂时让渡（股票交易除外），因此交易价格反映的是在一定时期内转让货币使用权的报酬。由于本金不变，因而货币资金交易时的价格就是利息。但要注意的是，在金融市场上金融工具的价格表现为它的总值，即本金加收益。如面值100元的1年期债券，年利率为10%，那么这100元债券的交易价格就是110元。

金融工具的价格可分为理论价格和实际价格。其理论价格等于它的未来预期总收益和本金的现值。但是，金融工具的实际价格往往与它的理论价格并不相等。它的实际价格是由金融市场上这种金融工具的供求状况决定的。金融工具的供求状况既受它的理论价格指导，又要受到其他因素的影响，这些因素有：买卖者对未来价格趋势的心理预期、买卖者的个人偏好及金融工具的风险程度等。

构成金融市场的四个要素之间是紧密联系、互相促进、相互影响的。其中金融市场主体与金融市场客体是最基本的要素，只要有这两个要素存在，金融市场便会形成；而金融市场媒体与金融市场价格则是自然产生的或必然伴随的，它们的存在能使金融市场变得更发达、更高级、更完善。

三、金融市场的分类

由于金融交易的对象、方式、条件、地点、期限等不同，对金融市场可以从不同角度进行多种分类，由各种不同类型的金融市场构成了广义的金融市场。

（一）按金融市场交易对象划分

金融市场按交易对象划分为短期金融市场、长期金融市场、外汇市场和黄金市场。

1. 短期金融市场

短期金融市场又称货币市场，是指专门融通1年以内短期资金的场所，短期资金多在流通领域起到货币的作用，主要解决市场主体的短期性、临时性资金需求。在经济生活中，政府、企业、家庭和银行等金融结构，都需要短期资金用于周转，因而成为短期金融市场的主体。短期金融市场使用的金融工具主要是货币头寸、存单、票据和短期公债（即国库券），它们因偿还期短、风险小以及流动性强而往往被当作货币的代用品。据此，短期金融市场又可分为同业拆借市场、票据市场和短期债券市场。

2. 长期金融市场

长期金融市场又称资本市场，是指专门融通期限在1年以上的中长期资金的市场。交易期限短则数年，长的可达数十年。长期资金大都参加社会再生产过程，起的是"资本"的作用，主要是满足政府和企业部门对长期资本的需求。长期性金融工具主要是各类有价证券，即债券和股票，其特点是偿还期长、流动性小、风险性较大。长期金融市场主要包括债券市场和股票市场。

3. 外汇市场

外汇市场是指从事外汇买卖的交易场所，或者说是各种不同货币相互之间进行交换的场所。由于贸易和投资的需要产生了外汇市场。外汇市场的历史要比股票、黄金、期货、利息市场短得多，然而，它却以惊人的速度迅速发展。现在，外汇市场每天的交易规模已远远超过股票、期货等其他金融商品市场，已成为当今全球最大的单一金融市场和投机市场。外汇市场波动频繁且波幅巨大，给投资者创造了更多的机会，吸引了越来越多的投资者加入这一行列。

4. 黄金市场

黄金市场是集中进行黄金交易和金币兑换的场所。作为一种重要的商品、投资工具、货币以及保值手段，黄金交易遍布世界五大洲，目前全球约有20个国家中超过30个主要城市设有黄金交易市场。按照地区分布、交易规模、运行模式和定价影响力来划分，世界上最重要的四个黄金市场分别在伦敦、苏黎世、纽约（芝加哥）、香港。

[阅读资料 4.1]　　　　　　**世界四大黄金市场**

伦敦、苏黎世、纽约（芝加哥）和香港是世界四大黄金市场，它们在运作中各有特点。

伦敦黄金市场是黄金定价和结算中心，伦敦黄金市场有两个特点：一是黄金定价制度，二是黄金结算中心。伦敦金市每天进行两次黄金定价，商讨指定一个能够促使当时供求关系平衡的适当价格，该价格是观察黄金市场趋势的主要依据，也是最有代表性的世界黄金行市。价格决定后，各通讯社在几分钟内便将黄金价格的消息传播至世界各地，各黄金市场参照伦敦金价进行交易。伦敦金市的定价如此重要和有影响的主要原因是：①参加定价的金商都具有相当的经济实力和地位。议定金价委员会由五大金商组成，其中以罗思柴尔德父子公司业务量最大，它是英国中央银行——英格兰银行在黄金市场上的代理商，因而成为金价确定仪式中的主席。②这些金商参与黄金交易的交易额占相当数量。参与制定黄金价格的是世界著名的黄金经销商，其自身交易量便占据了世界黄金交易量的相当大的份额，他们的成交价自然对其他金商的交易具有极其重要的参考价值，因此在国际货币基金组织以及美国财政部的黄金拍卖中，投标人在下标时也以伦敦定价为依据。每天在伦敦结算的黄金数量相当于南非金矿年产量的近两倍，也相当于欧盟各国中央银行储备的黄金总量。这足以证明伦敦黄金市场交易量在国际上所具有的重要地位。

　　苏黎世黄金市场是世界上最大的现货交易中心。该市场为了满足客户交易的需要，委托几家银行主要从事冶炼黄金的工作，把金砖精炼成特制的小金条或金币，并以金币交易为主，是西方国家最重要的金币交易市场。苏黎世黄金市场迅速成长有其得天独厚的政治因素。瑞士是永久的中立国，给人们以安全和稳定的印象，因此，它吸引了大量从事购金保值或从事黄金投机生意的游客。此外，瑞士银行的保密制度相当完备，不允许查阅私人账户，这又符合黄金买卖的特点，一般买卖都是秘密进行的，避免影响黄金价格。这些独特的条件为苏黎世黄金市场的兴旺打下了基础。

　　纽约是世界上最大的金融中心，美国财政部和国际货币基金组织出售的黄金都在此进行拍卖，因此纽约黄金期货市场名声大振，成为世界上最大、最有影响的黄金期货市场。该市场上大多数参加者并非追求真正到期的黄金交割，而是更多地通过合约买空卖空进行牟利。由于期货交易数量巨大，纽约市场的黄金价格有时比伦敦、苏黎世黄金市场的定价更有参考价值。

　　香港黄金市场已有90多年的历史，其形成以香港金银贸易场的成立为标志。1974年，香港政府撤销了对黄金进出口的管制，带动了香港金市的快速发展。由于香港黄金市场在时差上刚好填补了纽约、芝加哥市场收市后和伦敦开市前的一段时间真空，方便国际投资者继续在香港买卖，或进行对冲或套利等活动，伦敦五大金商、瑞士三大银行等纷纷来港设立办事处，进一步将在伦敦交收的黄金买卖活动带到香港，逐渐形成了一个无形的当地伦敦金市场（称为本地伦敦金市场），促使香港成为世界主要的黄金市场之一。

　　　　　　　　　（资料来源：周洁卿著.2002.中国黄金市场研究.上海：上海三联书店）

（二）按金融交易的交割方式划分

　　按金融交易的交割方式，金融市场可以划分为现货市场和非现货市场。

　　1. 现货市场

　　现货市场是指即期交易的市场，交易双方须在成交后立即进行交割，一般是在3个营业日之内进行交割。现货市场是最古老的金融市场，因此又称为传统的金融市场。

　　2. 非现货市场

　　非现货市场是指交易双方在成交后不立即进行交割，而是多个营业日之后进行交割。也就是说，在非现货交易中，成交与交割间隔的时间较长。各种衍生金融工具市场（如期货、期权等）均属非现货市场交易。

（三）按证券的交易方式划分

按证券的交易方式划分，金融市场可分为初级市场和次级市场。

1. 初级市场

初级市场是新证券发行的市场，也称为一级市场。没有证券的发行，自然不会有证券的买卖和流通，初级市场的重要性不言自明。证券发行者与证券投资者的多少，是决定初级市场规模的直接因素。

2. 次级市场

次级市场即证券流通的市场，通常又称为二级市场。证券持有者需要资金，便可到次级市场出售变现。需要进行证券投资而未进入初级市场的，也可在次级市场上圆梦。买卖双方的经常转换，使证券更具流动性，从而在社会范围内使资源得到充分利用。

小问号 普通投资者买卖股票一般在哪个市场？

（四）按金融交易成交与定价方式划分

按金融交易成交与定价方式划分，金融市场可分为公开市场与议价市场。

1. 公开市场

公开市场是由众多市场主体以拍卖方式定价的市场。这类市场一般是有组织的、有固定场所的有形市场，如股票交易所。

2. 议价市场

议价市场是指没有固定场所、相对分散的市场，双方的买卖活动要通过直接谈判而自行议价成交。由于这类活动一般多在公开市场外面进行，故又称为场外交易。

另外，金融市场按金融工具的属性可分为基础性金融市场和金融衍生品市场，按交易双方在地理上的距离可分为国内金融市场和国际金融市场。

四、金融市场的功能

（一）聚敛功能

金融市场的聚敛功能是指金融市场引导众多分散的小额资金汇聚成为可以投入社会再生产的资金集合功能。金融市场之所以具有资金的聚敛功能，一是由于金融市场创造了金融资产的流动性，另一个原因是金融市场的多样化的融资工具为资金供应者的资金寻求合适的投资手段找到了出路。

（二）资源配置功能

金融市场通过将资源从低效率利用的部门转移到高效率的部门，从而使一个社会的经济资源能最有效地配置在效率最高或效用最大的用途上，实现稀缺资源的合理配置和有效利用。通过金融市场价格的波动来实现财富的再分配，利用各种金融工具，风险厌恶程度较高的人可以把风险转嫁给厌恶风险程度较低的人，从而实现风险的再分配。

（三）调节功能

调节功能是指金融市场对宏观经济的调节作用。金融市场一边连着储蓄者，另一边连着投资者，金融市场的运行机制通过对储蓄者和投资者的影响而发挥作用。

首先，金融市场具有直接调节作用。这实际上是金融市场通过其特有的引导资本形成及合理配置的机制首先对微观经济部门产生影响，进而影响到宏观经济活动的一种有效的自发调节机制。

其次，金融市场的存在及发展，为政府实施对宏观经济活动的间接调控创造了条件。

（四）反映功能

金融市场历来被称为国民经济的"晴雨表"和"气象台"，是公认的国民经济信号系统。

第一，金融市场首先是反映微观经济运行状况的指示器。

第二，金融市场交易直接和间接地反映国家货币供应量的变动。

第三，金融市场有大量专门人员长期从事商情研究和分析，能了解企业的发展动态。

第四，金融市场有着广泛而及时的收集和传播信息的通信网络，使人们可以及时了解世界经济的发展变化情况。

第二节　货币市场

❖ **学习目标** ❖

通过教学，学生能了解货币市场的含义，掌握货币市场的分类及主要业务。

一、货币市场概述

货币市场是融资期限在一年以内的短期资金交易市场。风险性低和流动性高的特征是货币市场受投资者欢迎的主要原因。货币市场是进行短期资金融通的市场，其交易主体和交易对象十分广泛。既有直接融资，如短期国库券交易、票据交易等交易活动，又有间接融资，如银行短期信贷、短期国库券交易；既有银行内的交易，也有银行外的交易。由于早期商业银行的业务主要局限于短期商业性贷款业务，因而货币市场是最早和最基本的金融市场。

货币市场的资金来源于暂时闲置资金，资金一般运用于弥补流动性资金的临时不足，交易的目的是解决短期资金周转的需要，不需要很长的交易期限。这决定了货币市场的稳定性较高。

货币市场的存在有利于资金的合理流动，解决了短期性资金融通问题，也有利于银行之间开展融资活动，协调资金的供求。货币市场在一定时期的资金供求及其流动情况，是反映该时期金融市场银根松紧的指示器，它在很大程度上是金融当局进一步贯彻其货币政策、宏观调控货币供应量的工具，有助于进行宏观调控。

二、货币市场的分类及主要业务

货币市场可分为同业拆借市场、票据市场和大额可转让定期存单市场、短期国库券和短期公司债券市场、回购协议市场等。

（一）同业拆借市场

1. 同业拆借市场的概念

同业拆借市场是指金融机构之间进行短期临时性资金调剂的市场。拆借资金主要来源于各银行和其他金融机构经营过程中多余的头寸和支付准备金。拆借的目的是为了弥补头寸的暂时不足以平衡日常业务活动中的资金来源和资金运用。头寸不足者向头寸多余者借入资金，称为拆借；头寸多余者向头寸不足者拆出资金，称为拆放。同业拆借市场上的融资期限都比较短，拆借期限在一天之内的称为日拆，今天借明天还的称为隔夜拆借。

拆借的程序一般是：拆入行开出一张本行的本票交付给同意拆放的拆出行，拆出行开出支票交给拆入行。拆出行开出的支票可以有两种：一种是拆出行付款的支票；另一种是由存放于中央银行的存款账户付款的支票。前者由于要通过票据交换所才能抵用，无法解决当天头寸不足的差额；后者是动用存放于中央银行的存款账户的资金，当天即可抵用以平衡拆入行的头寸。同业拆借市场的交易双方根据自主报价、格式化询价、确认成交的原则，通过计算机终端在规定次数内轮流报价，直到最后确认。7天内（含7天）头寸拆借实行当天清算，7天以上至4个月以内的短期拆借在第二个营业日清算。每个交易日结束后交易中心公布当天的同业拆借利率行情。

2. 同业拆借市场特点

（1）对进入市场的主体有严格限制。

（2）融资期限较短。

（3）交易手段较为先进，手续比较简便，成交时间较为迅捷。

（4）交易额较大，一般不需要担保或抵押，完全是一种信用交易。

（5）利率由供求双方议定，可以随行就市。

3. 同业拆借市场的参与者

既然同业拆借市场是金融机构间进行货币寸头融通的市场，一般来说，金融机构应是同业拆借市场的主要参与者，即资金的主要供给者和需求者。另外的参与者则为同业拆借市场的媒体，即中介机构和经纪人。

然而在不同国家，甚至同一国家的不同历史时期，监督管理当局对同业拆借市场的资金供给者和需求者具有不同的规定。例如，有些国家允许所有金融机构进入同业拆借市场进行短期融资；有些国家则只允许吸收存款并向中央银行缴纳存款准备金的金融机构进入同业拆借市场；还有些国家则只允许吸收活期存款并向中央银行缴纳存款准备金的商业银行进入同业拆借市场等。不同的国家在不同的时期，还会根据金融机构银根松紧程度及中央银行货币政策的要求，对进入同业拆借市场的金融机构的范围及条件进行适当地调整。

一般情况下，在同业拆借市场上拆入资金的多为大商业银行，大商业银行是同业拆借市场上主要的资金需求者。原因主要有两个方面：一是大商业银行的资产和负债规模较大，所需缴存的准备金存款也就较多，与此同时，所需的流动性资金和支付的准备金也较多，而且时常发生始料未及的临时性资金需求，故而要通过同业拆借市场拆入资金以弥补货币头寸及流动性的不足；二是大商业银行通常资金实力相对较强，信誉也高，由于同业拆借一般不需要抵押或担保，信誉便成为能否借入资金的重要条件或要素。大商业银行显然具有中小商业银行难以比拟的优越性。

与此相对应，在同业拆借市场上扮演资金供给者角色的，主要是地方中小商业银行以及非银行金融机构、境外代理银行和境外银行在境内的分支机构。此外，外国中央银行也经常成为同业拆借市场的资金供给者。原因如下：首先，中小商业银行和非银行金融机构的资本金及资产负债规模较小，结构也相对单一，不能最大程度地实现多样化，因而难以产生拆入资金、弥补流动性不足的强烈需求；其次，若在同业拆借市场上拆出资金，不仅可以使有限的资金得到有效运用（实现市场利率），减少资金闲置，提高盈利能力，还可以增加资金的流动性，降低资产的风险，使盈利性与流动性实现较有利的组合。

小问号 同业拆借市场上的资金需求者多为大商业银行，而资金供给者主要是地方中小商业银行。

同业拆借市场的中介人既可以是从事货币头寸交易的自由经纪人，也可以是一些专门设置的机构或商号。它又可以分为两类，一类是专门从事拆借市场中介业务的专业性中介机构；另一类则是非专门从事拆借市场中介业务的兼营机构。总而言之，不管这些中介是自然人还是法人，都是同业拆借市场的重要参与者。

4. 同业拆借市场的类型

（1）银行同业拆借市场。银行同业拆借市场是指银行业同业之间短期资金的拆借市场。各银行在日常经营活动中经常会发生头寸不足或盈余的情况，银行同业间为了互相支持对方业务的正常开展，并使多余资金产生短期收益，就会产生银行同业之间的资金拆借交易。这种交易活动一般没有固定的场所，主要通过电信手段成交。期限按日计算，有一日、二日、五日不等，一般不超过一个月，最长期限为 120 天，期限最短的甚至只有半日。拆借的利息叫"拆息"，其利率由交易双方自定，通常高于银行的筹资成本。

［阅读资料 4.2］　　伦敦同业拆借利率暴涨　全球货币市场告急

《第一财经日报》2007 年 9 月 7 日报道：受到美国次贷危机的影响，LIBOR 近日大幅度上涨，并达到近 7 年来的最高水平。许多企业贷款和债券发行都以 LIBOR 为基准加点，如果 LIBOR 降不下来，企业的利息支出就将显著上升。拆借利率上升将导致借贷行为收缩，从而影响到企业利润和家庭预算，这会对整个经济运行造成负面影响

LIBOR（London InterBank Offered Rate）即伦敦银行同业拆借利率，指伦敦银行同业市场拆借短期资金（隔夜至一年）的利率，代表国际货币市场的拆借利率，是最常用的短期利率基准之一，可作为贷款或浮动利率票据的利率基准，比如，美元浮息票据的利率常以美元 3 个月期 LIBOR 加若干基点的方式确定。该利率每日由伦敦银行家协会统一公布一次，涉及币种包括美元、欧元、英镑等多种货币。

伦敦银行同业拆借利率暴涨，反映出各家银行在了解美国次贷危机程度及其影响之前，为了保持自身的流动性，不愿向竞争对手贷款，从而造成货币市场上资金紧张，利率上扬。有些金融机构甚至担心，他们的竞争对手可能会无力偿还贷款。

（资料来源：第一财经时报.2007 年 9 月 7 日）

（2）短期拆借市场。短期拆借市场又叫"通知放款"，主要是商业银行与非银行金融机构（如证券商）之间的一种短期资金拆借形式。其特点是利率多变，拆借期限不固定，随时可以拆出，随时偿还。交易所经纪人大多采用这种方式向银行借款。

通知放款是一种期限和利率都很灵活的短期拆借，"打声招呼"即可随时放款、还款。

（二）商业票据市场

商业票据市场主要是商业本票和商业汇票的发行与流通市场。商业票据一般是指大型工商企业为出票人，到期按照票面金额向持票人付现而贴现发行的无抵

押担保的远期本票，是一种商业证券，它不同于以商品销售为依据的商业汇票、商业抵押票据等广义的商业票据。商业票据的发行者一般是金融公司、大企业及银行控股公司等。商业票据的主要投资者是大型商业银行、非金融公司、保险公司等。

商业票据发行者和投资者是票据市场形成的两大要素，他们构成了票据市场的供求双方。从西方一些国家的情况来看，金融公司、非金融公司（如大企业、公用事业单位等）及银行控股公司等，都是商业票据的发行者。实际上，真正能在商业票据市场上大量发行票据、筹措巨额资金者为数不多。只有资金雄厚、信誉卓越的一些企业才能享有经常大量发行商业票据筹集资金的权利。在近十几年的发展中，商业银行已经成为发行市场上重要角色。虽然他们不是直接发行者，但他们通过提供信贷额度支持、代理发行商业票据等形式，促进了商业票据的发行，因而这类有保证的商业票据发行增长最快。商业票据的主要投资者是大商业银行、非金融公司、保险公司、养老金基金、互助基金会、地方政府和投资公司等。通常个人投资者很少，这主要是商业票据面值较大或购买单位（通常 10 万美元以上为一个购买单位）较大，个人一般无力购买。不过近年来商业票据的最小面值已经降低，个人投资已开始活跃。

1. 商业票据的发行要素

商业票据的发行通常并无法律规定的准则或程序，只是依据发行需要和商业惯例进行操作，一般来说，要考虑以下几个要素：

（1）对各种借款方式进行成本和收益比较，确定是否采取商业票据方式筹资。

（2）发行数量。

（3）发行方式。主要分为直接发行和交易商发行。直接发行商业票据者须为资信卓越的大公司，而且其发行数量巨大，发行次数频繁。交易商发行是通过商业票据交易商的发行，对发行者来说较简便易行，但费用较高。选择何种发行方式，通常由公司本身资信及经营需要决定。

（4）发行时机。发行商业票据的时机选择是非常重要的，票据发行必须与企业资金使用计划相衔接。发行过早，筹到的资金不能立即使用，就会增加利息负担，发行时间过晚，需用资金时又无法使用，从而影响生产周转。

（5）发行承销机构。

（6）发行条件。主要包括贴现率、发行价格、发行期限、兑付和手续费。

（7）到期偿付能力测算。通常由评级机构和自身两方面测算组成。与测算中长期偿债能力不同，商业票据的偿付通常从流转资金中偿付，需要比较精确的计算。

（8）评级。一般是由发行人或委托代理发行的交易商向信用评级机构申请评级，并提供必要的财务数据。

2. 商业票据的承销方式

（1）助销发行。助销发行是商业票据交易商与发行公司事先商妥发行事项再参照市场情况议定承销期限,全部由该交易商代办门市零售或者通信销售,承销期满未售完部分全部由交易商按约定价格承购。

(2)代销发行。代销发行是商业票据交易商与发行公司议定承销期限,依照发行公司指定的价格,由交易商代办门市零售或通信销售。承销期满未售完部分退回发行公司。

(3)招标发行。招标发行是交易商以受托办理招标方式推销。代发行公司公开标售,未售出的部分由发行公司自行处理。招标的商业票据通常不定底价,开标时按标价之高低依次得标,直到标售的票券售完为止。

在上述三种承销方式中,交易商根据承担风险、服务范围及发行成本不同,收取的承销费用也有高低。其中以助销发行费用最高,招标发行次之,最低为代销发行。发行费用直接构成发行成本。

(三)回购协议市场

1. 回购协议市场的含义

回购协议市场又称为证券购回协议市场,是通过回购协议进行短期资金融通交易的场所,市场活动由回购与逆回购组成。这里的回购协议是指资金融入方在出售证券的同时和证券购买者签订的、在一定期限内按原定价格或约定价格购回所卖证券的协议。

> **小贴士** 从本质上看,回购协议是一种质押贷款协议。质押的标的物是有价证券。

回购协议市场从几个方面吸引投资者。首先,该市场为剩余资金的短期投资提供了现成的工具。实际上,大量的回购协议交易是一个晚上的时间进行的,称为隔夜回购。其次,在剩余资金数量每日不定的情况下,投资者可通过滚动隔夜回购的办法来有效地管理可能的剩余资金。

2. 回购协议市场的交易特点

(1)流动性强。协议多以短期为主。

(2)安全性高。交易场所为规范性的场内交易,交易双方的权利、责任和业务都有法律保护。

(3)收益稳定。回购利率是市场公开竞价的结果,一般可获得平均高于银行同期存款利率的收益。

(4)融入资金免交存款准备金。它已成为银行扩大筹资规模的重要方式。

3. 美国的回购协议市场

1969年,美国联邦政府在法律中明确规定:银行运用政府债券进行回购协议形成的资金来源,可以不受法定存款准备金的限制。这进一步推动了银行踊跃参与回购协议交易,并将回购协议的内容主要集中到国库券和地方政府债券身上。从20世纪60年代开始,当通货膨胀的阴云开始笼罩着整个西方世界时,回购协议市场却迎来了意想不到的黄金时期。随着市场利率的高涨，大多数西方公司的财务主管们急于为手中掌握的短期资金，寻找妥当的投资场所。企业的积极参与给回购协议市场带来了大批投资者。

除了企业和商业银行以外，美国各级地方政府也成为了回购协议市场的受益者和积极倡导者。因为按照美国法律的规定，美国各级地方政府的闲置资金必须投资于政府债券或者以银行存款的形式持有，并且要保证资金的完整性。在以前，这极大地限制了地方政府在财务上的灵活性。回购协议市场正好提供了既投资于政府债券，又有还款保障的投资渠道。因此政府成为该市场的积极参与者，也就不足为奇了。

目前，美国的回购协议市场是世界上规模最大的回购协议市场。早在20世纪90年代初，隔夜回购协议的日交易量就已经远远超过了100亿美元。拥有数千亿美元短期资金的共同基金是这个市场上的最大投资者。对他们来说，一家投资基金的经理每天通过同一个经纪人做几亿美元的回购协议交易，已是司空见惯。

[阅读资料4.3]　　美联储通过回购协议市场向银行系统投放资金

综合外电2007年7月5日报道，美联储安排隔夜回购协议，向银行间系统投放了87.5亿美元的临时储备。

在回购协议市场，美联储从22家主要经纪商手中购买了到期日不同的美国国债、抵押债券以及所谓的机构债券，临时向银行系统投放了部分资金。回购协议有助于保持系统内有充裕的资金，以使得隔夜银行拆借利率接近于该行的目标利率。

（资料来源：上海证券报.2007年7月5日）

第三节　资本市场

❖ **学习目标** ❖

通过教学，学生能了解资本市场的概念、特点，认识证券发行市场与流通市场的区别，掌握股票价格指数的意义与计算方法。

一、资本市场概述

（一）资本市场的概念

在经济学原理的著作中，资本市场是一个与原产品市场和劳动市场相对应的概念。它指的是经济中的货币层次，而在金融学中，资本市场通常指的是期限在一年以上的资金融通活动的总和，其融通的资金主要作为扩大再生产的资本使用。广义的资本市场包括两大部分：即中长期信贷市场和有价证券市场。狭义的资本市场专指发行和流通股票、债券和基金等证券的市场，通常称为证券市场。

本书采用狭义资本市场的口径。

（二）资本市场的主要特点

（1）资本市场所交易的金融工具期限长，至少1年以上，最长的可达数十年；股票则没有偿还期限，可以长期交易。

（2）交易的目的主要是为解决长期投资性资金的供求需要。所筹措的长期资金主要是用于补充固定资本、扩大生产能力，如开办新企业、更新改造或扩充厂房设备，及国家长期建设性项目的投资。

（3）资金借贷量大，以满足长期投资项目的需要。

（4）作为交易工具的有价证券与短期金融工具相比，收益较高而流动性较差，价格变动幅度大，有一定的风险性和投机性。

二、证券发行市场

证券发行市场是指新发行的证券从发行者手中出售到投资者手中的市场，是符合条件的政府组织、企业和金融机构出于财政与经营的需要，以筹集资金为直接目的，依照法律规定的程序向社会投资人出售代表一定权利的资本证券的市场。由于证券是在发行市场上首次作为商品进入流通领域的，所以通常将证券发行市场称为"初级市场"或"一级市场"。证券发行市场是整个证券市场的起点，没有证券发行也就有证券交易和证券投资，所以证券发行市场是基础环节。

（一）证券发行市场的特征及功能

1. 证券发行市场的特征

证券发行市场相对于证券流通市场而言，具有以下一些主要特征：

（1）没有固定场所。新发行证券的认购和销售一般不在组织的交易所内进行（中国目前的情况除外），有的由发行者自行向投资者销售，有的由证券承销商承购后再向投资者分销，也可能有一部分由证券承销商带入证券交易所推销。

（2）没有统一的交易时间。证券发行者根据自己的需要和市场行情走势来决定何时发行，没有例行的发行时间。但每次具体的发行都有发行的期限限制，时间比较集中。

（3）证券发行价格与证券票面价格较为接近。尤其是债券，常以票面价格发行。

2. 证券发行市场的功能

由于证券发行市场主要为符合发行条件的政府和企业发行股票、债券筹集长期资金提供场所和条件，所以证券发行市场对经济发展起着重要作用。其功能主要表现在以下几方面：

（1）证券发行市场是企业和国家筹措长期资金的重要渠道。创办企业或扩大企业规模都离不开资金，企业外部资金的来源有两个渠道：一是向银行借款，二是发行证券。银行借款一般只能短期使用，而且借款企业要承担利息费用，并受银行种种条件的限制。通过发行证券所筹集到的资金具有稳定性和长期性,特别是股份有限公司通过发行股票可以在不承担债务成本的条件下获得长期可用资金。除了企业外,国家和地方政府在出现财政赤字和需要扩大公共开支的情况下,也通过发行债券来解决资金不足问题。

(2)发行市场为投资者提供了实现资本增值的条件和机会,从而在引导和促进资本形成方面发挥着重要作用。随着国民经济的发展和人们收入水平的提高,个人手中的积蓄和货币越来越多。在资金运用上,人们不仅重视投资的安全性,更重视收益性。有价证券作为一种新型的投资工具,由于有着多种的收益风险组合,可以满足人们各种不同的投资需要,从而越来越受到人们的偏爱。同时,企业在资金过剩时,也将证券投资作为重要的经营内容,使越来越多的企业成为证券市场投资者。可见,证券发行市场对于引导和促进资本形成发挥着重要作用。

(3)为证券市场提供交易对象,并为流通市场的交易打下基础。发行市场发行证券的种类决定了流通市场交易的品种,发行市场发行证券的数量决定流通市场证券供应的数量,一般来说,发行规模直接影响流通市场的供求信息,并进而影响流通市场的价格总体水平。此外,证券发行市场在调节社会资金,促进社会资源的有效配置;提供经济信息,为国家制定和实施经济政策提供依据等方面都起着一定的积极作用。

(二)证券发行市场的构成

证券发行市场由发行市场主体、发行中介及管理者和发行对象构成。

1. 发行市场主体

(1)证券发行人。证券发行人是证券的供应者和资金的需求者。发行人的多少和发行证券数量的多少决定了发行市场的规模和发达程度。证券发行人主要包括政府、企业和金融机构,自然人不能成为证券发行人。

由于证券发行人是证券权利义务关系的主要当事人,是证券发行后果与责任的主要承担者,所以,为了保障社会投资者的利益,维护证券发行市场的秩序,防止各种欺诈舞弊行为,多数国家的证券法都对证券发行人的主体资格、净资产额、经营业绩和发起人责任设有条件限制。证券法对于发行人设定主体条件要求的目的在于保障证券发行行为的安全与公平。

(2)证券投资人。证券投资人是资金的供应者。投资人数量的多少和资金实力的大小同样制约着证券发行市场的规模。投资人包括个人投资者和机构投资者,后者主要是证券公司、信托投资公司、共同基金、人寿保险公司等金融机构和企业、事业机构、社会团体等。相对于证券发行人来说,对投资人的资格限定要少得多,一般所见的限定主要是对投资人主体资格的限定,如投资人是否具有民事行为能力和个人的职业、职务以及机构的经营范围是否不准涉足证券投资等。

2. 发行中介及管理者

(1)证券发行中介人。证券发行中介人主要是指证券发行的承销商,它代理证券发行,向投资人推销证券,一般是指投资银行、证券公司和其他金融机构的证券部门。

在现代社会的证券发行中,发行人通常不是把证券直接销售给投资人,而是由证券承销商首先承诺全部或部分包销,即使是在发行人直接销售证券的情况下,往往也需要获得中介人的协助。因为在证券发行过程中,承销商的参与一方面可以使发行人减轻或消除证券发不出去的风险,另一方面可以使发行人借助承销商的专业知识和经验顺利完成发行工作。同时,证券承销商虽然不是证券权利义务的当事人,但它对发行人的经营状况负有尽职审查的义务,并对其承销的证券的招募说明书之真实性和完整体性负有连带责任。所以证券承销商作为经营证券的中介机构,在证券发行市场上起着沟通买卖、连接供求的重要桥梁作用。我国现行法规明确规定,股票和企业债券的公开发行应当由证券经营机构承销。

除了证券承销商外,证券发行市场上还有其他中介人,包括律师事务所、会计师事务所和资产评估机构。这类中介机构的主要职责是以专业人员应有的专业知识,完成审查的义务,客观公正地出具结论性意见,并对经其确认的法律文件和由其出具的结论性意见真实性、合法性和完整性负有持续的法律责任。他们的中介作用对于保障证券发行的合法顺利进行,对于有效确定证券交易条件,对于减少证券承销风险及避免可能发生纠纷,都是非常重要的。例如,律师事务所要确认发行人的主体资格、经营运作、发行准备活动以及上报的文件资料等符合法律规定,并签署法律意见书;会计师事务所要对发行人以往的经营业绩、财务状况和未来的盈利进行审计,并发表承担法律责任的审计意见,以保证发行人披露的财务资料的可信性;资产评估机构要对发行人的现有资产的现实价值进行评估,根据市场情况客观公正地调整发行人现有资产的账面价值等。

(2)证券发行管理者。任何国家发行证券都要受到证券管理机关的相应管理。目前我国证券发行的管理机关是中国证券监督管理委员会及所属的发行审核委员会。

3.证券市场发行对象

证券市场发行对象是市场发行的客体,包括股票、债券(国债、金融债券、公司债券、企业债券、可转换债券等)、投资基金等。

(三) 证券发行的主要方式

证券发行方式的选择是能顺利地发售证券、筹足资金的关键。依照不同的分类标准,可以划分出以下几类主要的证券发行方式。

1.公募发行和私募发行

按照发行对象的不同可以将证券发行方式划分为公募发行和私募发行两大类。

(1)公募发行。公募发行又称公开发行,是指以不特定的广大投资者为证券发行的对象,按统一的条件公开发行证券的方式。公募发行一般数额较大,发行人通常委托承销商代理发行,因而发行成本较高;公募发行须经过严格的审查,发行过程较复杂，但信用度较高且流通性较好。如果公募发行的证券是债券，其发行利率一般低于私募发行的利率。

（2）私募发行。私募发行又称不公开发行，是指以特定的投资者为对象发行证券的发行方式。私募发行数额一般较小，发行程序比较简单，所以发行人不必委托中介机构办理推销，可以节省手续费开支，降低成本。但由于私募发行不经过严格的审查和批准，所以一般不能公开上市，流动性较差。

2. 直接发行和间接发行

按照有没有发行中介的参与可以将证券发行方式划分为直接发行和间接发行。

（1）直接发行。直接发行又称自营发行，是指发行人不委托其他机构，而是自己直接面向投资人发售证券的方式。这种发行方式的特点是发行量小，社会影响面不大；内部发行，不须向社会公众提供发行人的有关资料；发行成本较低；投资人大多是与发行人有业务往来的机构。由于没有证券承销商的参与，一旦发行失败，则风险全部由发行人承担。

（2）间接发行。间接发行又称委托代理发行，是指发行人委托证券承销商代其向投资人发售证券的方式。发行人为此需支付代理费用给承销商，而承销商则需承担相应的发行责任和风险。

3. 担保发行和无担保发行

担保发行是指发行人为了提高证券信誉和吸引力，增加投资者的安全感，采用某种方式承诺，保证到期支付证券收益（股票是股息和红利，债券是利息和本金）的一种证券发行方式。在证券担保发行中，主要是债券发行采用此方式。具体的担保形式又可分为以下两种。

（1）信用担保发行。信用担保发行是指证券发行人凭借担保人的信用来保证发行人履行责任的发行方式。担保人必须是除发行人以外的具备担保资格且信誉良好的第三人，担保人同意担保必须出具正式的书面担保文件，一旦出现被担保的证券发行人无法履行责任，担保人必须及时提供全部资金予以代偿。担保人代偿后对被担保的证券发行人具有追索权。

（2）实物担保发行。实物担保发行是指证券发行人以符合担保条件的实物抵押品来保证发行人履行发行责任的发行方式。担保物的价值要经中介机构的评估。发行人一旦到期无法履约，则应用担保物进行清偿。担保物变价金额不足偿付的按比例偿付，原债权人保留差额追索权。

无担保发行是不提供担保条件的发行，国家债券和部分金融债券因信誉良好一般为无担保发行。

4. 定价发行和竞价发行

按照证券发行价格确定方式的不同可以将发行方式划分为定价发行和竞价发行。

（1）定价发行。这是由发行人事先确定一个发行价格来发售证券的方式。根据发行价格同证券面值之间关系的不同，可以分为平价发行、溢价发行和折价发行。债券则可根据发行时票面利率与市场利率之间的关系选择发行方式，我国法律规定股票不得折价发行。

（2）竞价发行。竞价发行又称招标发行，是指由发行人通过公开招标的方式，经过投标人的竞争，选择对发行人最有利的价格作为中标价格即发行价格的发行方式，一般政府债券的发行多选择此种发行方式。

三、证券流通市场

证券流通市场，又称二级市场或者交易市场，是指投资者之间买卖已发行证券的场所，流通市场是资本市场的一个重要组成部分，证券流通市场的深度及广度对一国的经济发展有很大的影响。

（一）证券流通市场的功能

证券流通市场在各国的经济发展过程中发挥着极其重要的作用。其具体表现在以下几个方面。

1. 是证券能够顺利发行的前提及条件

如果没有流通市场，投资者购买证券后只能坐等分配的收益及到期收回本金。这样既不能在急需资金时迅速变现，又不能赚取买卖差价，必然导致发行市场的萎缩。另外，流通市场规模的大小，以及结构是否合理、交易是否规范都直接影响到证券发行的状况。当流通中的股票市场低迷时，股票只能以较低价格发行出去，甚至会出现发行失败；当流通中的股票市场牛气十足时，在股票发行过程中极易以较高的价格发行出去，发行者获得大量的资金。

2. 是广大投资者进行投资和变现最主要的场所

投资者通过在证券流通市场买卖证券可以实现各种投资活动。既可以进行长线投资，又可以进行短线投资与投机，还可以进行动态的投资组合。这种多样化的投资方式是以证券流通市场的繁荣为前提的，投资者手中的证券要在流通市场进行变现。

3. 是一国经济市场化程度最主要的表现

证券流通市场是金融市场一个重要的组成部分，其是否繁荣与完善对一国的经济市场化有很大的影响。证券流通市场能高效运行，则一国的经济市场化程度很高；反之，证券流通市场不发达，则一国经济的市场化建设必须加强。

4. 是政府进行宏观调控最主要的载体

政府可以通过各种政策来调整宏观经济的状况，其中对证券流通市场采取各种鼓励及限制措施对经济运行影响颇大，当经济进入低谷时，可以通过激活证券流通市场来带动经济的增长；当经济高涨时可以通过各种措施打压股市来避免过度的通货膨胀。此外，中央银行实施公开市场业务的调节手段也是在证券流通市场中完成的。

(二) 证券流通市场的构成

证券的流通市场按其是否在一个有形的场所内进行，可分场内交易市场及场外交易市场。世界各个经济发达的国家及新兴的发展中国家都具有一个较发达的场内证券交易市场，而在美国，日本及英国等少数国家则具有较为完善的场外证券交易市场。

1. 场内交易市场（证券交易所市场）

场内交易市场又称证券交易所市场，是指在一个国家的场所（证券交易所）内，按照一定的规则进行证券流通交易，场内交易市场具有下列特点：第一，集中交易。场内交易市场集中在一个固定的地点（证券交易所），所有的买卖双方必须在证券交易所的管理之下进行交易买卖。第二，公开竞价。场内交易市场证券的买卖是通过公开竞价的方式形成的，即多个买者对多个卖者以拍卖的方式进行讨价还价。第三，经纪人制度。在场内交易市场买卖证券的活动必须通过专业的经纪人，这是多年形成的规矩。第四，市场监管严密。在场内交易过程中证券监督部门及证券交易所对从事证券交易的各种活动监督严密，以保证场内交易市场高效有序地运行。

2. 场外交易市场

场外交易市场是在证券交易所之外，由证券商组织，按协议定价进行证券转让买卖的市场。场外交易市场最初出现于欧洲，是以店头市场的形式出现的。最初人们买卖证券的场所就像卖食品的小商店一样，可以在该场所买到自己所需的证券。所以人们形象的把这些场所称为"店头市场"或"店头交易"。场外交易市场也称为柜台市场。由于证券交易的兴旺，许多非上市公司的股票也备受欢迎，这些非上市公司的股票不在证券交易所内进行，投资者想要股票就直接到这些公司的资金部去，通过带有栅栏的窗口，从柜台上交款购买股票，这种交易就是柜台交易。20世纪60年代以后，随着经济的发展及科技的进步，场外交易市场出现了一些新形式，即第三及第四市场。"第三市场"一词出现在20世纪60年代末期美国金融刊物上，主要是指上市公司证券在场外交易市场买卖，其市场的参与者主要是机构投资者，这些机构投资者不需要成为交易的会员就可以买卖上市公司的股票，其最大的优点就是节省交易费用。第四市场产生的直接动因也是为了节省交易成本，其市场中的投资者双方在场外进行证券的买卖并且不通过经纪人。目前第三及第四市场基本上是利用计算机网络进行交易，其中最为引人注目的市场是全美证券商协会自动报价系统，即NASDAQ系统。

现代证券场外交易市场与场内交易市场相比具有下列特点：第一，没有统一的交易场所。随着电子计算机的迅猛发展及通信技术的提高，人们只需安装一个终端，就可以随时在任何地方从事证券买卖。第二，交易方式灵活。现代证券场外交易的价格、时间及费用等都非常灵活，投资者可以灵活掌握。第三，交易证券种类繁多。交易的证券品种可以是已在证券交易所上市的证券，也可以是其他未上市的证券，证券的品种丰富多样。第四，做市商制度。为了提高场外市场投资者资金的流动性，现代场外交易一般推行做市商制度。做市商制度也称为庄家制度，既在具体的买卖过程中，为保持交易的活跃性，每位"做市商"（market-maker）都应备付所需资金，随时应付任何买卖，而且证券的价格主要由做市商确定。

[阅读资料4.4]　　美国的纳斯达克（NASDAQ）市场

纳斯达克（NASDAQ）即全美证券交易商协会自动报价系统（National Association of Securities Automated Quotaions，NASDAQ），因其对美国以计算机、信息为代表的高科技产业的发展以及美国近年来经济的持续增长起到了巨大的推动作用而备受世人瞩目。

NASDAQ市场是全美证券交易商协会于1971年在华盛顿建立并负责其组织和管理的一个自动报价系统，是世界第一个电子股票市场。其最大的特色在于利用现代电子信息技术建立了自己的电子交易系统，现已成为全球最大的无形交易市场。

经过20多年的发展，NASDAQ建立了自己独立上柜交易的全国市场，即NASDAQ全国市场（The NASDAQ National Market）。此外，1992年又设立了NASDAQ小型资本市场，也称小盘股市场，其上市标准更低，没有业绩要求。

NASDAQ市场不仅拥有先进的交易手段和较低的股票上市标准，更为重要的是，NASDAQ具有良好的市场适应性，能适应各种不同种类、不同规模和处于不同发展阶段的公司的上市要求。

对于股份公司来讲，因其规模不同、行业不同、经营状况不同、盈利水平不同和发展阶段不同，对资本市场的需求也不同。尤其是随着科学技术的进步，一些高科技和服务性的公司迅速崛起，这些以高风险、高成长为特征的企业迫切需要一个支持自己发展的资本市场。NASDAQ市场的建立正好满足了这类企业的资本需求，为这些不能在纽约证券交易所（NYSE）和美国证券交易所（AMSX）上市的中小型公司提供了发展的机会。NASDAQ市场成为数以百计规模较小、来自信息与生物技术等发展迅速的经济部门的新兴公司上市的场所。据统计，美国高科技行业上市公司中的绝大部分是NASDAQ的上市公司，NASDAQ被誉为美国高科技企业成长的摇篮。

（资料来源：中国公司法律网.2006年8月7日）

（三）证券交易的市场价格

1. 决定证券交易市场价格的因素

证券交易的市场价格是指在二级市场上买卖有价证券的实际交易价格。有价证券的市场价格主要取决于两个因素：一是有价证券的收益；二是当时的市场利率。实际上，影响有价证券市场价格的还有资金供求关系、产业周期变化、宏观经济政策等多种因素。以股票为例，股票市场价格用公式表示为

$$市场价格＝证券预期收益/市场利率$$

当市场利率上升时，股票的市场价格会上升还是下降？

2. 股票价格指数

股票价格指数是由证券交易所或金融服务机构编制的表明股票行市变动的一种供参考的指示数字。由于股票价格起伏无常，投资者必然面临市场价格风险。对于具体某一种股票的价格变化，投资者容易了解，而对于多种股票的价格变化，要逐一了解，既不容易，也不胜其烦。为了适应这种情况和需要，一些金融服务机构就利用自己的业务知识和熟悉市场的优势，编制出股票价格指数，公开发布，作为市场价格变动的指标。投资者据此就可以检验自己投资的效果，并用以预测股票市场的动向。同时，新闻界、公司老板乃至政界领导人等也以此为参考指标，来观察、预测社会政治、经济发展形势。

小问号 你能说出几种著名的股票价格指数？

编制股票价格指数，通常以某年某月为基础，以这个基期的股票价格作为100，用以后各时期的股票价格和基期价格比较，计算出升降的百分比，就是该时期的股票指数。投资者根据指数的升降，可以判断出股票价格的变动趋势。并且为了能实时地向投资者反映股市的动向，所有的股市几乎都是在股价变化的同时公布股票价格指数。

计算股票价格指数，要考虑三个因素：一是抽样，即在众多股票中抽取少数具有代表性的成分股；二是加权，按单价或总值加权平均；三是计算程序，计算算术平均数、几何平均数，或兼顾价格与总值。

由于上市股票种类繁多，计算全部上市股票的价格平均数或指数的工作是艰巨而复杂的，因此人们常常从上市股票中选择若干种富有代表性的样本股票，并计算这些样本股票的价格平均数或指数，用以表示整个市场的股票价格总趋势及涨跌幅度。

[阅读资料 4.5]　　道·琼斯股票价格指数

道·琼斯股票指数是世界上历史最为悠久的股票指数，它是在1884年由道·琼斯公司的创始人查理斯·道开始编制的。其最初的道·琼斯股票价格平均指数是根据11种具有代表性的铁路公司的股票，采用算术平均法进行计算编制而成，发表在查理斯·道自己编辑出版的《每日通讯》上。

自1897年起，道·琼斯股票价格平均指数开始分成工业与运输业两大类，其中工业股票价格平均指数包括12种股票，运输业平均指数则包括20种股票，并且开始在道·琼斯公司出版的《华尔街日报》上公布。在1929年，道·琼斯股票价格平均指数又增加了公用事业类股票，使其所包含的股票达到65种，并一直延续至今。

现在的道·琼斯股票价格平均指数是以1928年10月1日为基期，因为这一天收盘时的道·琼斯股票价格平均数恰好约为100美元，所以就将其定为基准日。以后股票价格同基期相比计算出的百分数，就成为各期的投票价格指数，所以现在的股票指数普遍用点来做单位，而股票指数每一点的涨跌就是相对于基准日的涨跌百分数。目前，道·琼斯股票价格平均指数共分四组，第一组是工业股票价格平均指数。它由30种有代表性的大工商业公司的股票组成，且随经济发展而变大，大致可以反映美国整个工商业股票的价格水平，这也就是人们通常所引用的道·琼斯工业股票价格平均数。第二组是运输业股票价格平均指数。它包括着20种有代表性的运输业公司的股票，即8家铁路运输公司、8家航空公司和4家公路货运公司。第三组是公用事业股票价格平均指数，是由代表着美国公用事业的15家煤气公司和电力公司的股票所组成。第四组是平均价格综合指数。它是综合前三组股票价格平均指数65种股票而得出的综合指数，这组综合指数虽然为优等股票提供了直接的股票市场状况，但现在通常引用的是第一组——工业股票价格平均指数。

道·琼斯指数是目前世界上影响最大、最有权威性的一种股票价格指数，原因之一是道·琼斯指数所选用的股票都是有代表性的，这些股票的发行公司都是本行业具有重要影响的著名公司，其股票行情为世界股票市场所瞩目，各国投资者都极为重视。为了保持这一特点，道·琼斯公司对其编制的股票价格平均指数所选用的股票经常予以调整，用具有活力的更有代表性的公司股票替代那些失去代表性的公司股票。原因之二是，公布道·琼斯股票价格平均指数的新闻载体——《华尔街日报》是世界金融界最有影响力的报纸。该报每天详尽报道其每个小时计算的采样股票平均指数、百分比变动率、每种采样股票的成交数额等。原因之三是，这一股票价格平均指数自编制以来从未间断，可以用来比较不同时期的股票行情和经济发展情况，成为反映美国股市行情变化最敏感的股票价格平均指数之一，是观察市场动态和从事股票投资的主要参考。当然，由于道·琼斯股票价格指数是一种成分股指数，它包括的公司仅占目前2500多家上市公司的极少部分，而且多是热门股票，且未将近年来发展迅速的服务性行业和金融业的公司包括在内，所以它的代表性也一直受到人们的质疑和批评。

（资料来源：百度百科）

小　结

（1）金融市场有广义和狭义之分。广义的金融市场泛指资金供求双方运用各种金融工具，通过各种途径进行的全部金融性交易活动，包括金融机构与客户之间、各金融机构之间、资金供求双方之间所有的以货币为交易对象的金融活动。狭义的金融市场一般限定在以票据和有价证券为金融工具的融资活动和金融机构之间的同业拆借以及黄金外汇交易等范围之内。

（2）金融市场按期限划分为短期金融市场和长期金融市场；按交割方式分为现货市场和非现货市场；按证券的交易方式可分为初级市场和次级市场；按成交与定价方式分为公开市场与议价市场。

（3）金融市场的功能主要有转化储蓄为投资、提供多种金融工具并加速流动、使中短期资金凝结为长期资金、提高经济金融体系竞争性和效率、引导资金流向等功能。

(4) 货币市场是融资期限在 1 年以内的短期资金交易市场。按交易内容来划分，货币市场可分为同业拆借市场、商业票据市场、大额可转让定期存单市场等。

(5) 资本市场是指期限在一年以上的资金融通活动的总和。

(6) 股票价格指数是由证券交易所或金融服务机构编制的表明股票行市变动的一种供参考的指示数字。

练 习 题

一、名词解释
金融市场　货币市场　同业拆借市场　资本市场　股票价格指数

二、填空题
1. 按照交易时是否需要通过中介机构，金融市场可以分为（　　）和（　　）。

2. 金融市场实现其功能必须具备（　　）和（　　）两个理想条件。

3. 根据有效资本市场假说，资本市场可以被划分为（　　）、（　　）和（　　）。

4. 按照所交易金融资产的期限划分，金融市场可分为（　　）和（　　）。

5. 具有交易背景的票据被称为（　　）；没有交易背景、只是为了融通资金而签发的票据被称为（　　）。

6. 国库券发行市场上有两种不同的发行方式，分别是（　　）和（　　）。

7. 根据我国《公司法》规定，只要是公开募集的股票，都必须采取（　　）的发行方式。

8. 证券交易所通过（　　）的方式决定交易价格。

9. 证券交易所的组织形式有（　　）和（　　）两种。

10. 按照发行主体的不同，可以把长期债券市场上交易的债券品种划分为（　　）、（　　）和（　　）。

11. 根据标的资产的不同，期货被区分为（　　）和（　　）。

12. 按照期权合约所规定的履约时间不同，可以把期权分为（　　）和（　　）。

三、判断题
1. 变现的期限短、成本低的金融工具流动性强。　　　　　　　　（　　）

2. 和名义收益率、平均收益率相比，即期收益率能够更准确地反映投资者的收益状况。　　　　　　　　　　　　　　　　　　　　　　　（　　）

3. 货币市场的利率一般低于资本市场利率，是一国利率体系中的最低水平。　　　　　　　　　　　　　　　　　　　　　　　　　　　（　　）

4. 中央银行进入货币市场交易的主要目的是为了实现资产的保值增值。　　　　　　　　　　　　　　　　　　　　　　　　　　　　（　　）

5. 债券回购交易实质是一种以有价证券作为抵押品拆借资金的信用行为。

（　　）

6. 相对于私募发行而言，公募发行要向社会公布内部信息，发行费用较高。

（　　）

7. 有价证券从发行者手中转移到投资者手中，这类交易属于二级市场交易。

（　　）

8. 场外交易市场通过议价方式进行证券交易。（　　）

9. 一般来说，金融债券的风险要大于公司债券和政府债券。（　　）

10. 从社会资金总量看，资本市场和货币市场的资金客观上存在此消彼长的关系。（　　）

四、不定项选择题

1. 某企业一方面通过发行债券，另一方面通过向银行申请贷款来解决其扩大生产经营所需的资金。下列说法正确的是（　　）。

A. 前者属于直接融资，后者属于间接融资

B. 前者属于间接融资，后者属于直接融资

C. 两者均属于间接融资

D. 两者均属于直接融资

2. 某投资者以 80 元的价格买进一张面值为 100 元、票面利率为 5％的 5 年期债券，则即期收益率为（　　）。

A. 6.25％　　　　B. 1.25％　　　　C. 31.25％　　　　D. 5％

3. 某种债券面值 100 元，偿还期为 2 年，每年支付利息一次，每次 6 元。某投资者在债券发行 1 年后以 98 元购得。如果该投资者没有提前卖出债券，那么在债券到期时该债券的平均收益率是（　　）。

A. 6％　　　　B. 6.12％　　　　C. 8％　　　　D. 8.16％

4. 商业银行在需要资金时，可以将票据转让给中央银行。这种融资活动称为（　　）。

A. 承兑　　　　B. 贴现　　　　C. 再贴现　　　　D. 拆借

5. 付款人按照票面记载的事项作出保证到期无条件兑付款项的表示，即票据的（　　）。

A. 发行　　　　B. 承兑　　　　C. 贴现　　　　D. 再贴现

6. 金融机构之间融通资金以解决临时资金不足的市场是（　　）。

A. 货币市场　　　　B. 资本市场　　　　C. 同业拆借市场　　　D. 股票市场

7. 某银行出售某证券的同时，与买方约定 31 天后按照双方事先商定的价格将等量的该证券再买回来。这种融资方式是（　　）。

A. 贴现　　　　B. 承兑　　　　C. 回购　　　　D. 拆借

8. 某企业持面额 300 万元 4 个月到期的银行承兑汇票到某银行申请贴现。如果年贴现率为 9％，那么该银行将付给该企业（　　）万元。

A. 291　　　　B. 9　　　　C. 108　　　　D. 3099

9. 公开向社会非特定的投资者发行证券的方式被称为（　　）。

A. 公募发行　　　　B. 私募发行　　　　C. 直接发行　　　　D. 间接发行

10. 证券交易双方在成交后，按照契约规定的数量和价格，在将来的某一特定日期进行清算交割的交易方式是（　　）。

A. 现货交易　　　　B. 期货交易　　　　C. 期权交易　　　　D. 以上都不是

11. 货币市场有许多子市场，下列（　　）属于货币市场。

A. 票据与贴现市场　　　　　　　　B. 银行同业拆借市场

C. 长期债券市场　　　　　　　　　D. 回购市场

五、问答题

1. 金融市场的功能是什么？

2. 金融工具有哪些特征？

3. 货币市场的特点是什么？

4. 股票发行价格的确定方法主要有哪几种？

六、技能训练题

查阅 2007 年上证综合指数资料，举例说明大盘牛市中个股的盈亏状况。

第五章

商业银行

知识点

1. 商业银行的概念和在现代市场经济中的重要作用。

2. 商业银行的产生与发展、商业银行的性质、职能。

3. 商业银行的类型、商业银行的组织形式。

4. 商业银行经营的主要业务。

技能点

1. 商业银行的特点。

2. 各种组织形式的优缺点。

3. 商业银行主要业务的运作。

2008 年 1 月 24 日，法国兴业银行（Societe Generale）发表书面声明称，总行于上周末在法国市场部查出了一桩惊天欺诈案。一名期货交易员的虚假交易令这家法国第二大银行损失了约 71 亿美元，重演 20 世纪 90 年代的英国巴林银行悲剧，可能触发法国乃至整个欧洲的金融振荡！法国兴业银行是世界上最大的银行集团之一，总部设在巴黎，上市企业分别在巴黎、东京、纽约证券市场挂牌。2000 年 12 月 31 日它在巴黎股票交易所的市值已达 300 亿欧元。2000 年 12 月的长期债务评级为"Aa3"（穆迪公司），和"AA－"（标准普尔公司）。法国兴业银行在全世界拥有 500 万私人和企业客户，在全世界 80 个国家拥有 500 家分支机构，大约有 50% 的股东和 40% 的业务来自海外。

一名小小的交易员是怎么造成世界著名的商业银行濒临破产的？商业银行的业务活动和运作方式究竟是怎样的呢？本章将阐述商业银行的基本业务活动及其经营管理。通过学习，可以了解和掌握商业银行的负债业务、资产业务、中间业务及表外业务，了解商业银行的经营原则和主要经营管理理论及方法，具有科学认识和分析商业银行经营基本问题的能力。

第一节　商业银行的产生与发展

❖ 学习目标 ❖

商业银行是以追求利润最大化为目标，以多种金融负债筹集资金，以多种金融资产为经营对象，并利用负债进行信用创造，向客户提供多种服务的金融机构。本节主要阐述商业银行的产生与发展及商业银行的性质与职能等问题。通过教学，学生能掌握商业银行的概念，了解商业银行产生与发展的过程，掌握商业银行的性质和职能。

一、商业银行的产生

商业银行是以经营存、放款为主要业务，并以盈利性、安全性、流动性为主要经营原则的信用机构。商业银行是随着商品经济和信用制度的发展而产生并发展起来的。

银行一词，英文"Bank"原为储钱柜的意思，该词起源于意大利文"Banca"一词，原意是指商业交易所有的长板凳和长桌子，虽然银行的原始形态可以在古希腊和古罗马中找到记载，但人们公认的近代银行的萌芽，起源于意大利的威尼斯。中世纪的威尼斯，由于它特殊的地理位置，使它成为当时著名的世界贸易中心，那时各国商人带着不同形状、不同成色和重量的铸币云集威尼斯，进行买卖交易，商人们为了完成商品交换，就必须进行铸币的交换，这样，单纯为兑换铸币而收取手续费的商人开始出现。货币经营业，即经营货币商品的商业，首先是从国际交易中发展起来的。自从各国有了不同的货币以来，在外国购买货物的商人，就需要在不同的货币之间进行交换，由此就产生了货币兑换业，它是近代货币经营业的自然基础之一。各国和各地区的商人为了避免长途携带货币和保存货币所遭到的危险，就把货币交给兑换商保存，或委托他们办理支付与汇兑，由于货币兑换商人经常保管大量货币和代人办理支付、汇兑，这样他们手中集存了大量的货币资金，这些货币就成为他们从事放款业务的基础。于是货币兑换商人逐渐开始从事信用活动，银行的萌芽开始出现。体现银行本质特征的是信用业务的产生和发展。1580 年成立了威尼斯银行，这是历史上首先以"银行"为名的信用机构。以后世界商业中心从意大利移至荷兰及欧洲北部，相继成立了阿姆斯特丹银行（1609 年）、纽伦堡银行（1621 年）、汉堡银行（1629 年）。这些早期银行除了经营货币兑换、接受存款、划拨款项等业务之外，也发放贷款，但那时它们所经营的贷款业务仍带有高利贷性质，而且贷款对象主要是政府和拥有特权的企业，而政府凭借权力常常不归还贷款，这是造成中世纪银行衰落的重要原因之一。

[阅读资料 5.1]　　古代的货币兑换业与银钱业

现代商业银行是从古老的货币兑换和银钱业逐步发展起来的。银钱业的历史非常久远，在古巴比伦和中世纪的一些文明古国，早期的银钱业就已经存在。据记载，公元前 500 年在希腊及公元前在雅典已有银钱业者的活动。金属铸币的产生及发展带动了金属铸币的鉴定和兑换行为的出现，而能够完成这种鉴定和兑换工作的不能是任意的个人，必须是有一定货币储藏同时具有较高信誉的机构。同时，货币的持有者由于种种的原因常常需要把货币存于一个安全处。这种情况下，他们往往愿意支付一定的保管费用以求资金的安全可靠。这种业务也往往是通过银钱业主来进行。往来于各地的商人，为了避免长途携带货币的风险，委托钱庄进行汇兑，即在此地把货币交给他们，然后持有他们的汇兑文书到彼地所指定的处所提取货币。

随着兑换、保管和汇兑的发展，这些古老的银钱业主手中聚集了大量的货币。在这样的基础上，存款由全额准备变成部分准备时，自然而然地发展起了贷款业务。银钱业主不仅仅依靠上述古老的业务所聚集的货币资金贷款，而且还要靠向货币持有者以提供服务和支付利息为条件吸收存款来扩展贷款业务。

（资料来源：宋玮．2007．金融学概论．北京：中国人民大学出版社）

二、商业银行的发展

17 世纪，随着资本主义经济的发展，近代银行的雏形逐步地显现。在资本主义生产方式建立最早的英国，银行最初是从高利贷者与金匠、金商中独立出来的。特别是金匠和金商，经常按客户的要求，代为保管金银，并签发保管金银的收据。后来这种收据逐渐变成了一种支付工具,成了银行票据的雏形,此外,金匠和金商可以按客户的要求,将其所保管的金银移交给第三者。这些经常性的经营活动,使金匠和金商手中经常集存大量金银,于是他们便将这些贵金属贷出去,收取利息。当时利息率很高,年平均利息率为 20%～30%,这样高的利息率不利于资本主义工商业的发展。但货币经营业务孕育了信贷业务的萌芽,为商业银行的产生打下了基础。

小贴士 1580 年成立的威尼斯银行是世界上最早的近代银行。

·以工商业贷款为主要业务的商业银行,是随着资本主义生产关系的产生而出现的。因为前资本主义高利贷性质的银行业,不能满足资本主义发展对信用的需求,迫切需要建立能汇集闲置货币资本,并按照适度的利息水平提供贷款的银行。因此,新兴的资产阶级一方面展开反对高利贷的斗争;另一方面呼唤着适应资本主义发展需要的新型银行。与此相应,资本主义银行是通过两条途径产生的。一条途径是高利贷性质的旧式银行在新的条件下,逐步改变自己的经营以适应产业资本和商业资本的需要;另一条途径是新兴的资产阶级按照资本主义经营原则组织股份制银行。1694 年在英皇威廉三世的支持下,英国商人集股建立起来的英格兰银行是世界上第一家股份制商业银行,它的建立,标志着资本主义现代银行制度的正式确立,也意味着高利贷在信用领域的垄断地位已被动摇。此后,西方各国纷纷效仿,股份制商业银行逐渐成为资本主义银行的主要形式。这种银行资本雄厚、规模大、利率低,能够大量提供信用资本,极大地推动了资本主义经济的发展。

随着商品经济的发展,今天的商业银行其内涵更为广泛而深刻。经济发展对资金需求的多样化,对金融服务的新要求,以及竞争和盈利动机的激励,使商业银行的经营内容、范围以及所具有的功能都在不断地发展。世界上大多数的商业银行从事着多种综合性银行服务,被称为"百货公司式"的银行。

三、商业银行的性质与职能

(一) 商业银行的性质

从商业银行产生和发展的历史过程可以看出,商业银行是以追逐利润为目标,以经营金融资产和负债为对象,综合性、多功能的金融企业。

首先,商业银行具有一般企业的基本特征,是社会经济的重要构成部分。它具有从事业务经营所需的自有资本,依法经营,照章纳税,自负盈亏,与其他工商企业一样,以利润为目标,所以,从这一点看,它与工商企业并无二致。

其次,商业银行与一般的工商企业又有所不同。工商企业经营的是具有一定使用价值的商品,从事商品生产和流通;而商业银行是以金融资产和金融负债为经营对象,经营的是特殊商品——货币和货币资本,经营内容包括货币的收付、借贷及各种与货币运动有关的或者与之相联系的金融服务。与一般工商企业的区别，使商业银行成为一种特殊的企业，即金融企业。

第三，商业银行作为金融企业，与专业银行和其他金融机构相比又有所不同。商业银行的业务更综合、功能更全面，经营一切金融"零售"业务和"批发"业务，为客户提供所有的金融服务。专业银行只集中经营指定范围内的业务和提供专门性服务；其他金融机构，如信托投资公司、保险公司等，业务经营的范围更为狭窄，业务方式更趋单一。随着各国金融管制的放松，专业银行和其他金融机构的业务经营范围也不断扩大，但与商业银行相比，仍相差甚远，商业银行在业务经营上的优势，使其业务扩张更为迅速，发展更快。

小贴士　　商业银行是一种特殊的企业，它的经营对象是特殊商品——货币。

（二）商业银行的职能

商业银行的职能，是由它的性质所决定的，商业银行作为金融企业，有如下特定的职能：

（1）信用中介职能。信用中介是商业银行最基本、最能反映其经营活动特征的职能。这一职能的实质，是通过银行的负债业务，把社会上的各种闲散货币资本集中到银行里来，再通过资产业务，把它投向社会经济各部门和单位。商业银行是作为货币资本的贷出者与借入者的中介人，来实现资本的融通。

商业银行通过信用中介的职能实现资本盈余和短缺之间的融通，并不改变货币资本的所有权，改变的只是货币资本的使用权，这种使用权的改变，对经济过程形成了多层次的调节关系。

第一，通过信用中介职能，把暂时从再生产过程中游离出来的闲置资本转化为职能资本，在不改变社会资本总量的条件下，通过改变资本的使用量，扩大再生产规模，扩大资本增值。

第二，通过信用中介职能，可以把不作资本使用的小额货币储蓄集中起来，变为可以投入再生产过程的巨额资本，把用于消费的收入，转化为能带来货币收入的资本，扩大了社会资本总量，从而使社会再生产以更快的速度增长。

第三，通过信用中介职能，可以把短期货币资本转化为长期货币资本。在利润原则支配下，还可以把货币资本从效益低的部门引向效益高的部门，形成对经济结构的调节。

（2）支付中介职能。商业银行通过存款在账户上的转移，代理客户支付；在存款的基础上，为客户兑付现款等，成为工商企业、团体和个人的货币保管者、出纳者和支付代理人，商业银行成为债权债务关系与支付的中心。支付中介职能的发挥大大减少了现金的使用，节约了社会流通费用，加速了结算过程和货币资本的周转，促进了社会再生产的扩大。

（3）信用创造功能。商业银行在信用中介职能和支付中介职能的基础上，产生了信用创造功能。

　　商业银行是能够吸收各种存款的银行，利用其吸收的存款发放贷款，在支票流通和转账结算的基础上，贷款又转化为存款，在这种存款不提取现金或不完全提现的情况下，增加了商业银行新的资金来源，最后在整个银行体系形成了数倍于原始存款的派生存款。商业银行不可能无限制地创造信用，更不能凭空创造信用，它要受以下几个因素的制约：法定存款准备金率、现金漏损率（指银行在信用及创造派生存款过程中，难免有部分现金会流出银行体系，保留在人们的手中而不再流回）、超额准备金率。

　　因此，对商业银行来说，具有重要意义的依然是存款，只有吸收的存款越多，才有可能扩大贷款规模，实现经营目标。从整个社会再生产过程看，商业银行创造信用的实质是信用工具的创造，并不是资本的创造。它的进步意义在于加强资本周转，节约流通费用，满足经济过程中对流通和支付手段的需要。

　　小贴士　　派生存款是原始存款的对称，是指由商业银行发放贷款、办理贴现或投资等业务活动引申而来的存款。

　　（4）金融服务职能。随着经济的发展，工商企业的经营环境日益复杂，银行间的业务竞争也日益剧烈。由于银行联系面广，信息比较灵通，特别是电子计算机在银行业务中广泛应用，使其具备了为客户提供信息服务的条件，咨询服务、对企业"决策支援"等服务应运而生。工商企业生产和流通专业化的发展，又要求把许多原来属于企业自身的货币业务转交给银行代为办理，如发放工资、代理支付其他费用等。个人消费也由原来的单纯钱物交换，发展为转账结算。现代化的社会生活，从多方面给商业银行提出了金融服务的要求。在激烈的业务竞争压力下，各商业银行不断地开拓服务领域，借以建立与客户的广泛联系，通过金融服务业务的发展，进一步促进资产负债业务的扩大，并把资产负债业务与金融服务结合起来，开拓新的领域。在现代经济生活中，金融服务已成为商业银行的重要职能。

第二节　商业银行的类型与组织形式

　❖ **学习目标** ❖

　　本节主要阐述商业银行的各种类型与组织形式。通过教学，使学生认识商业银行的各种类型，了解各种组织形式的优缺点，并能理论联系实际。

一、商业银行的类型

　　西方各国的商业银行基本上遵循两种发展模式：职能分工型商业银行和综合型商业银行。

职能分工型商业银行又称分离型商业银行，它是指在长短期资金融通和具体金融业务实行分离的银行体制下，主要从事短期性金融业务的商业银行。这类商业银行与其他金融机构在金融业务上有明确分工，其主要经营短期工商信贷业务和提供结算服务。历史上，英国、美国、日本曾长期采用这一模式。

综合型商业银行又称全能型商业银行，它是指可以经营长短期资金融通以及其他所有金融业务的商业银行。这类商业银行可以经营一切银行业务，也就是说，不仅可以经营短期信用业务、长期信用业务或直接投资于工商企业，而且还可以经营证券、信托、租赁等业务，以及提供代理、咨询等金融服务。德国、瑞士、奥地利等国长期采用这种模式，其中以德国尤为典型。采用这一模式的主要优点包括：①能向客户提供全面的、综合的服务；②可以调剂银行各项业务盈亏，通过业务多元化分散风险，从而有利于银行的经营稳定；③可以增强与客户的全面联系；④有利于提高商业银行的综合竞争力。投资银行与商业银行过去和现在的主要区别详见表5.1。

表 5.1　投资银行与商业银行的主要区别

项　目	投资银行		商业银行	
	过去	目前	过去	目前
资金来源	发行证券	发行证券为主	活期存款为主	各种存款及其他借入资金
主要业务	证券承销	证券承销、交易；衍生工具的创造、交易；收购兼并及相关服务及融资等	存、贷款	存贷款及金融服务
主要功能	直接融资	直接融资	间接融资	间接融资
利润主要来源	佣金	佣金、费用收入及融资收益	存贷利差	存贷利差及服务收益
监管机构	证券业监管部门	以证券业监管部门为主	中央银行	中央银行为主

小问号 你知道我国商业银行的趋势是哪一种类型？

严格的职能分工模式制约了商业银行的发展，20世纪70～80年代以来，伴随迅速发展着的金融自由化浪潮和层出不穷的金融创新，商业银行不断从分业经营走向混业经营，日益趋向于全能化、综合化。1999年10月22日美国国会正式废除了66年来的一直束缚着美国金融业手脚的《格拉斯-斯蒂格尔法案》，取而代之的是符合形势的《金融服务现代化法案》，允许银行业、保险业、证券业相互渗透并参与彼此的市场竞争，商业银行全能化、综合化经营合法化。日本于1998年4月在其进行的"大爆炸"式金融改革中开始启动银行混业经营模式。

二、商业银行的组织形式

世界各国由于社会经济条件不同，商业银行的组织形式也不尽相同，大体说来，主要有以下五种形式。

(一) 单元银行制度

单元银行制度又称单一银行制度，是指银行业务完全由一个独立的银行机构经营，不设或不允许设立分支机构的银行组织制度。这种银行制度目前仅存于美国。单一银行制度在美国有其历史背景。由于经济发展不平衡，为了满足各州中、小企业发展的需要，反对金融权力集中和银行间的相互吞并，因此各州都通过银行立法禁止或限制开设分支行。但随着经济的发展，地区经济联系的加强，以及金融业竞争的加剧，许多州对银行开设分支机构的限制有所放宽。到底是否实行单元银行制，在美国一直是个有争议的话题。然而，无论争议结果如何，单元制向分支行制发展的趋势确已形成。

单一银行制在一定程度上限制了银行吞并和垄断，缓和了银行间的竞争和集中，有利于协调地方政府与银行的关系，在业务上具有较大的灵活性和独立性。但它在限制竞争的同时，也限制了自身的业务创新和规模扩大。

(二) 分支行制度

分支行制度是指在各大中心城市设立总行，在本埠、国内、国外普遍设立分支银行的制度。分支行制度是目前西方国家普遍采用的一种银行制度，尤以英国最为典型。如英国伦敦 6 家清算银行 1976 年共拥有 11 659 家分支机构（6 家清算银行系指巴克莱银行、劳合银行、米特兰银行、国民西敏士银行、联合银行和格林德莱银行），占银行体系存款总余额的 70%。

分支行制经营规模庞大，有利于展开竞争，易于采用现代化设备，能提供高效率和多层次的服务，从而获得规模效益。它也能够在更大范围内及时调度资金，提高资金的使用效益；由于放款总额分散，所以有利于分散风险。但它在客观上形成了垄断，不利于同业公平竞争，在内部管理上由于层次多而给管理带来一定困难。

(三) 银行控股公司制度

银行控股公司制度又称集团银行制，是指由某一集团成立股权公司，再由该公司控制和收购两家以上银行股票的银行制度。这种股权公司既可以由非银行的大型企业组建，也可以由大银行组建。持股公司所拥有的银行在法律上是独立的，保持其自己的董事会，对股东负责，接受管理机构的监督，但其业务与经营政策，由持股公司统一控制。银行持股公司发端于 20 世纪初，第二次世界大战以后获得长足发展，在美国最为流行。

银行控股公司能够有效地扩大资本总量，增强银行的实力，提高抵御风险和竞争的能力，弥补了单元制的不足。但它容易形成银行业的集中和垄断，不利于银行之间开展竞争。

（四）连锁银行制度

连锁银行制度是指由同一个人或集团购买两家以上银行的多数股票，从而控制银行的经营决策而又不以股份公司的形式出现的一种银行组织形式。连锁银行的成员一般都是形式上独立的小银行，它们一般环绕在一家主要银行的周围。其中的主要银行确立银行业务模式，并以它为中心，形成集团内部的各种联合。

（五）跨国银行与银行业的国际化

由于国际间金融业务的发展，出现了银行业的跨国经营与跨国银行财团。早在工业革命出现的初期，伴随着海外贸易与殖民，就已经有了跨国银行。但跨国银行业务到第二次世界大战前一直处于较弱小与不稳定的状态，这与当时的国际政治、经济及贸易关系有着直接的关联。第二次世界大战以后，随着新的国际经济与货币体系的建立，在各国经济恢复与投资的带动下，银行跨国经营得到了空前的发展，主要工业化国家，如美国、日本、英国、德国、法国等的银行纷纷走向国际化，到20世纪80年代中期，美国、日本银行的海外分行已超过了千家，机构遍设世界各国。随后，新兴工业化国家也步工业化国家后尘，开始了银行业的国际化，如新加坡、韩国及我国的香港、台湾地区，也开始了银行业的跨国经营，我国从20世纪80年代中期开始，也迈出了银行业的国际化步伐，海外分支机构及代表处已逾500家。

银行业务的国际化与跨国经营，是经济国际化与全球化的必然结果。贸易的自由化与扩张及投资的自由化与资本的自由流动，带动了国际间金融业务的空前扩张，银行的跨国经营形成了跨国银行，它们以国际舞台为背景，在全球范围内争夺金融业务市场份额，并影响各国的经济。

第二次世界大战后银行业的竞争与扩张导致了银行业的合并与收购浪潮，仅美国就已发生了3000多起银行并购的案例。进入90年代以来，合并与收购的浪潮更加汹涌，并波及日本与欧洲。银行业的收购与合并，有"以强并弱"的例子，大银行收购合并面临亏损、倒闭的银行，如荷兰国际集团购并英国的巴林银行；而更多的是银行业的"强强联合"，大银行为争夺市场份额、提高竞争力而进行合并，形成"巨型航空母舰"式的大银行，如大通曼哈顿银行与化学银行、三菱银行与东京银行的合并，花旗银行与旅行者集团的合并，都是那种强强联合争夺市场的案例，银行业已形成了世界性的合并与集中趋势。

[阅读资料5.2]　　花旗公司和旅行者集团的合并

1998年4月6日，美国花旗银行的母公司花旗公司和旅行者集团宣布合并，这一消息给国际金融界带来了极大的震动。这次合并之所以引人注目，不仅仅是因为其涉及1400亿资产而成为全球最大的一次合并，更重要的在于，一旦这次合并得到美国联邦储备委员会的批准，合并后的实体将成为集商业银行业务、投资银行业务和保险业务于一身的金融大超市,从而使"金融一条龙服务"的梦想成为现实。

花旗公司原为全美第一大银行,1996年美国化学银行和大通曼哈顿银行合并后,屈居次席。旅行者集团是一家总部设在纽约的老字号保险金融服务公司,是道·琼斯30种工业股票中的一员,早期以经营保险业为主,在收购了美邦经纪公司后,其经营范围扩大到投资金融服务领域。1997年底它又以90多亿美元的价格兼并了所罗门兄弟公司,成立了所罗门-美邦投资公司,该公司已居美国投资银行的第二位。至此,旅行者的业务已涉及投资服务、客户金融服务、商业信贷和财产及人寿保险业四大领域。合并后的新公司将命名为"花旗集团"(Citigroup)。旅行者集团首席执行官斯坦福·韦尔和花旗公司董事长约翰·里德同时担任花旗集团董事会主席。根据协议,旅行者集团的股东将以1股换新公司1股、花旗公司的股东将以1股换新公司2.5股的方式获得新公司的股份。合并完成后,原来的两家公司各持新公司股份的50%。根据两家公司原来的财务及业绩计算,新组成的花旗集团1997年的资产为7000亿美元,流通股市值超过440亿,以市值而言,是全球最大的金融服务公司,新组成的花旗集团将集中于传统的商业银行业务、消费者信贷业务、信用卡业务、投资银行业务、证券经营业务、资产管理业务及地产保险和人寿保险等业务。韦尔说,新集团将成为一家经营全球多元化消费者金融服务的公司,一家杰出的银行,一家全球性资产管理公司,一家全球性投资银行及证券交易公司,一家具有广泛经营能力的保险公司。

花旗公司和旅行者集团合并的消息在世界金融界引起了巨大的震动。欧洲主要国家和日本对此极为不安,欧洲舆论呼吁欧洲金融界尽快采取行动以防止美国金融界独霸全球;日本认为,花旗集团的出现使日本中小银行面临更为严峻的生存压力,同时也将冲击亚洲金融界。可以预料,花旗集团的出现将在美国乃至世界的银行与金融服务公司之间引起新一轮的兼并和合并浪潮,从而形成更多业务广泛的金融集团公司。

(资料来源:曹龙骐.2005.金融学案例与分析.北京:高等教育出版社)

第三节　商业银行的业务

❖ **学习目标** ❖

本节主要阐述商业银行经营的主要业务的相关问题。通过教学,使学生认识到商业银行经营的业务种类,了解各种业务的主要内容,掌握商业银行主要业务的运作。

商业银行经营的业务种类繁多,随着时间的推移,金融商品和金融服务的种类将越来越多。国外的一些大型商业银行被称为"金融百货公司",反映的也就是这一点,从资金的吸收借入到具体运用,商业银行的业务大体上可分为负债业务、资产业务和中间业务三大类。

一、负债业务

负债业务主要是指吸收资金的业务，对自有资本的管理也包括在内。自有资本可分为资本金和为扩大经营而追加的投资，资本金是银行最原始的资金来源，一般由银行发行的股本构成，追加投资包括新招募的股本即"扩股"和股息资本化（按规定从每年支付的股利总额中提取法定公积金）。这里着重介绍商业银行其他的主要负债业务。

（一）活期存款

活期存款的存款人有权随时取款支付给第三者而不必事先通知银行，银行为此提供清算服务。存户支取存款时必须使用银行规定的支票，因而又称支票存款。活期存款账户对资金的划拨和使用比较安全方便，减少了货币流通的时间和费用。西方国家一般禁止对活期存款支付利息，近年来管制有所放松，银行开始对活期存款支付较低的利息。我国目前尚无这类规定。

在发达的市场经济中，交换过程是通过支票的结算完成的，接受支票的人通常并不凭这张支票提取现金，而是将支票所示金额转存于自己的活期账户上，也就是说，支付行为并未采用现金，而是通过转账来完成。一张支票作为若干次支付工具的时候，商业银行就具备了信用创造和扩张能力，这种信用扩张功能将在下一节做详细的介绍。

小贴士 近几年我国各商业银行推出了两种新的存款种类，即"通知存款"和"协定存款"。

（二）定期存款

定期存款通常规定了存款的数量及期限，一般利率固定，如果需要提前支取，客户将会蒙受很高的罚息。定期存单一般不能像支票那样流通与转让，只是到期提取存款的凭证。定期存款是货币所有者获取利息收入的重要金融资产。

商业银行在竞争中为了争取更多存款，常常采用一些变通的手法来满足存款人对存款灵活性、流动性的需要。以美国为例，商业银行开办了定期存款公开账户（Open Accounts）和大额可转让定期存单（CDs）等业务。前者可以继续存入存款，相当于零存整取账户，而且通常自动展期，除非存款人或银行任何一方提出终止。购买CDs的一般为较大的公司、企业，存单一般在10万美元以上，有期限和利率的规定，需要的时候，CDs可以在二级市场上出售，利率一般与货币市场利率相近。存单一般为无记名。

（三）储蓄存款

储蓄存款一般是个人或非盈利组织为了积蓄货币和取得利息收入而开立的存款账户。储蓄存款不使用支票，而是使用存折或存单，手续比较简单。

储蓄存款有活期和定期两种，活期储蓄存款存取无一定期限，只凭存折便可提现，存折一般不能转让流通，存户不能透支款项。定期储蓄存款类似于定期存款，须事先约定期限。它的利率较高，是个人投资获利的重要对象。但是定期储蓄存折不可以转让流通与贴现，因而不具有流动性。

（四）借款业务

商业银行除了通过吸收存款获得资金外，还可以向中央银行、其他商业银行或企业借款，也可以从海外金融市场借款。向中央银行的借款一般为贴现贷款，向其他金融机构的借款为同业拆借，海外金融市场的借款为海外融资；而银行向企业的借款一般以证券回购协议（RPS）的形式进行。回购协议是指银行向企业协议售出证券，并承诺在某一日期按原定协议的价格购回这些证券，同时支付利息。

小贴士 我国《商业银行法》规定商业银行借款业务一般分为两类：一类是商业银行发行金融债券或到境外借款，另一类是同业拆借。

[阅读资料5.3] 花旗银行存款收费符合国际惯例

2002年4月9日，上海市民吴卫明向上海市浦东新区人民法院状告花旗银行，称自己的消费权利受到限制，要求法院判令花旗银行赔礼道歉并赔偿34元的路费损失。

当记者问及为什么要状告花旗银行"乱收费"时，吴卫明说，4月8日，他去外滩花旗银行浦西支行，准备将800美元存入该行。银行工作人员对他说，凡是存款总额低于5000美元的客户，每月需缴纳6美元或者50元人民币的理财服务费。吴卫明觉得不能接受，就提出是否可以按照中国的法律只接受储蓄服务，而不要理财，不交纳理财服务费，但花旗银行不同意。一位花旗工作人员甚至建议他不要在该行开户。

吴卫明觉得花旗的态度比较冷漠，自己人格上受到了侮辱，并认为这是对中国中小客户的歧视。他说："花旗银行作为在中国经营公众储蓄业务的金融机构，理应遵守《中华人民共和国商业银行法》、《储蓄管理条例》、《消费者权益保护法》及相关的法规，吸收社会公众存款既是法律赋予银行的权利，同时也是其应当承担的法定义务。花旗银行的'捆绑'收费事实上是将小储户排除在自己的服务范围之外，是对商业银行法定义务的逃避，也是对社会公众的侵权。"

中国人民银行上海市分行外资银行监管处的张先生对记者说，花旗银行的收费服务是银行自己规定的，我们没有权力干预。花旗银行在全球都实行这种对低额存款的收费服务，我们已经加入WTO了，既然允许花旗银行在中国开办外汇业务，就得允许人家按照国际惯例办事，花旗此种做法并无不妥。中南财经政法大学教授乔新生在接受记者采访时说，过去我们银行一直由国家规定利率、中间业务、佣金等，现在批准外资银行进入后，应不应该控制的那么死？花旗银行这样的外资银行进入国内，把国际先进的资金运作方式也带来了，对存款额在一定数量下的客户实行收费，差别对待，是国际惯例，谈不上歧视。

在西方发达国家，活期存款多用于支付，客户有团体、企业和个人。典型的活期存款银行既不向客户支付利息，也不向客户收取结算手续费。银行对这种账户提供的清算服务，实际上等于向客户支付隐利息，也有的银行按存款额向客户收取存款保管费。目前花旗银行对包括中国公民开展的外汇银行业务没有最低账户的门槛设定，任何一个想在花旗开设外汇账户的人都能享受到一对一的客户服务。有分析认为，这种服务是有差别的。5000美元以下的客户需要按月交纳账户管理费，意图很明显，就是通过收费可在一定程度上防止低质客户的大量涌入，避免浪费银行的有限资源。

花旗银行上海分行早就对外宣称，在花旗银行上海分行开户的客户将享受和花旗银行在世界各地的客户一视同仁的待遇。但外资银行与国内银行经营的一个重要区别就在于：国内银行是以存贷的利息差为主要盈利手段的，而外资银行的盈利方式越来越倾向于通过服务来获得收入。正是这个经营模式的区别使我们看到外资银行有很高的服务费用，而国内银行一般的存取款业务是完全免费的。

因此，花旗银行收取服务费，对客户区别对待，只是其营销策略的反映，与歧视无关。

（资料来源：黄达．花旗银行存款收费符合国际惯例．中国经济时报，2006年4月12日）

二、资产业务

银行的资产业务代表了银行对资金的运用，也是银行赖以取得收入的最主要方面。当然一部分资产业务如现金资产业务是无收益的，但又是必不可少的，因此要妥善安排以期实现收益最大化。这里着重介绍资产业务中两个最重要内容：放款与投资。

（一）放款业务

1. 放款业务的类型划分

（1）根据客户申请贷款的数量，可将放款分为"批发放款"与"零售放款"。前者主要针对工商企业与金融机构而言，用于资助工商企业或不动产的经营。后者主要针对个人，包括个人消费贷款、个人购买或储存证券的贷款等。

（2）根据借款者或按借款目的划分，贷款可分为工商业贷款、不动产抵押贷款、农业贷款、消费者贷款、对金融机构的贷款等，从字面上看，其意义不言而喻。

（3）按归还期限划分，放款可分为短期、中期与长期三种。短期放款规定在1年之内归还，用于支持企业短期流动资金需求或季节性资金需求。中期放款一般期限为5～7年，通常在放款期限内分期偿还本息。长期放款一般指归还期限10年以上，主要是由银行发放的不动产抵押贷款。

（4）按有无担保品划分，放款可分抵押放款与信用放款。抵押放款需要一定的担保品，目的是尽可能地减少银行的风险。抵押品可以是库存货物，可以是土地或建筑物，也可以是有价证券，这需视贷款目的而定。信用贷款主要发放给那些信用等级高，而且银行对其资金状况十分了解的客户，这类放款有利于银行与客户之间保持良好关系，进一步拓展各类业务。

（5）按费用定价方法划分，可分为固定利率放款与浮动利率放款。固定利率放款，顾名思义是客户还本付息时根据与银行商定的利率付息。浮动利率贷款分为两种情况，一种是对资信状况极好又与银行有长久合作关系的客户，一般实行优惠利率，即在银行贷款标准利率的基础上向下浮动；另一种情况是在市场利率不稳定的条件下为了使双方都避免一定的利率风险，在基础利率的基础上浮动半个到一个百分点。

2. 重要放款业务介绍

经过分类，我们对商业银行林林总总的放款业务有了一个大致的认识，对于其中一些在放款业务中比重较大或一些需要进一步详细解释的业务，有必要抽出来具体阐述。

（1）工商业贷款。工商业贷款在贷款总额中所占比重最大，在我国，工商业贷款是商业银行最主要的贷款种类。工商业贷款也是"批发"贷款业务的主要部分。工商业贷款可以分以下几类。

第一类是短期流动资金贷款，又称季节性流动资金贷款，是指发给工商企业用于满足超过一般流动资本需要量的临时性、季节性贷款。这类贷款具有自偿性，也就是说，季节性贷款发放后会直接增加企业的库存，并且随着产品销售，应收账款的收回而得到偿还。20世纪30年代以前，这是银行发放的主要贷款种类，目前该类贷款在商业银行贷款中仍占重要部分。

第二类为长期流动资本贷款，这是为了满足工商企业长期流动资本周转需要而提供的贷款。这种贷款不能像短期流动资金贷款那样可以自动清偿，而只能用企业的收益或所借新债来偿还。虽然银行在长期流动资本贷款中可取得较高收益，但是由于其周期长，易于遭受市场风险和利率风险，银行在决策时除了要考虑自身的资金实力，更要做充分的调查与分析，还将向客户提出一些附加条件，如要求提供担保品、规定保持一定的财务比率、定期抄送企业财务报告、定期接受银行检查等。

第三类为项目放款，这种放款数额巨大，通常用于风险大、成本高的建设项目，如冶炼、矿山设施等。银行在发放这种贷款时，要承受多种风险，如信用风险、建设延期风险、利率风险等，在国外投资时还要承担国家风险。银行可以要求母公司为子公司项目提供担保，从而由母公司来承担风险；对于大型项目通常由多家银行组成辛迪加贷款，使单个银行的风险仅限于本行所参加辛迪加贷款的那部分资金。

（2）消费者贷款。消费者贷款属于"零售"贷款的范畴，又称消费信贷，是银行对消费者个人发放的、用于购买耐用消费品或支付其他费用的放款。该业务在西方十分普遍，工薪阶层购房购车均可申请银行贷款并分期归还。这在我国还刚起步。

消费者与银行可以直接发生借贷关系，也可以通过某一商业企业间接发生借贷关系，即银行可以贷款给商业企业，商业企业再赊销商品，消费者根据协议向银行或商业企业分期付款。

消费者信贷按用途可分为汽车贷款、住宅贷款、教育与学费贷款、旅行贷款等，可分期偿付，也可一次性偿付。在美国有80％属于分期偿付贷款，以汽车贷款、住宅贷款和高档耐用消费品贷款为主，一次性偿还的消费者贷款主要是指一些劳务性债务，如医药费等。另外，个人信用卡也属于消费信贷，这是银行提供给消费者贷款的特殊方式。

（3）抵押贷款。抵押贷款是以特定的担保品作为保证的贷款，如果借款人不依约履行债务，银行有权处置其用于保证的担保品。事实上，抵押品只能作为还款的次优来源，因为要取消借款人对抵押品的受惠权，须经过一系列法律程序，成本很高，而且银行出售抵押品时难保不遇到市场风险，可能会低价脱手。但无论如何，尽管抵押品未必能确保贷款如期归还，当借款人破产清算时，银行可据此比一般债权人享有优先受偿权，也就是说尽可能地减小了银行的贷款风险。

　抵押贷款中抵押品的市场价格都是大于抵押贷款金额，多出的部分叫做"垫头"。

［阅读资料5.4］　　　西方商业银行的抵押放款

西方商业银行抵押放款的种类较多，有票据贴现放款、票据抵押放款、商品抵押放款、不动产抵押放款及证券抵押放款。

票据贴现放款是指顾客将未到期的票据（如银行承兑汇票、商业期票、商业承兑汇票等）提交给银行，由银行扣除从贴现日起至到期日止的利息而取得现款。票据到期后，由银行向票据债务人收回相当于票面额的款项。这是一种特殊贷款，事实上，银行对顾客付款时预扣了贷款利息。

票据抵押放款指以各种票据为抵押品的放款。放款期限不得超过票据到期期限，放款期限到达时，借款人应偿还贷款、赎回票据，否则银行有权在市场上出售该票据。

商品抵押贷款，顾名思义，就是以各种商品或商品凭证（如商品提货单）等作为抵押的放款。借款者如不能按期归还借款，银行有权处置抵押品来受偿。为了防止借款人不能如期还款或在出售商品时遭受价格损失，放款额一般为商品市价的30％～50％。不动产抵押放款是以土地和建筑物为担保品的放款，这是一种典型的长期放款，主要包括住宅贷款、商业不动产贷款、工业不动产贷款、农业不动产贷款等。由于定期存款的增加以及不动产贷款收益较高等缘故，在美国，不动产抵押贷款的比重已升至贷款总额的30％左右。但由于不动产抵押贷款的审批复杂，且对房产较难精确估价，因而放款成本高，加之不动产流动性差，各国法律对其均有一定限制。

证券抵押放款是以股票和债券为抵押品的放款。证券抵押放款分两种类型：一类是银行对个人或工商企业发放贷款时要求持有对方一定数量的有价证券作为抵押，这类个人或企业大多将借款用于其他途径，而不一定购买证券；另一类是贷款给证券商或证券经纪人，他们以证券作抵押向银行借款纯粹是为了证券投机。

（资料来源：杨长江.2004.金融学教程.上海：复旦大学出版社）

（二）投资业务

商业银行的投资主要指的是证券投资。投资与放款相比，具有较强的主动性、独立性，不像放款那样有时迫于客观因素或人情影响，而且由于投资证券的流动性较强，即变现能力较强，加上购买证券时，银行不是唯一债权人，风险较小，因而商业银行乐于进行证券投资。西方商业银行投资的证券主要有以下几大类。

第一类是政府债券，即国债，由中央政府发行。这种证券较安全，信用风险低，流动性较强，也有较好的收益，还可作为中央银行再贷款的抵押，所以很受商业银行的欢迎。政府债券分为国库券（1年以内）、中期债券（1～10年）、长期债券（10年以上）三种。银行的国库券持有量较大。

第二类为政府机构债券。政府机构债券是中央政府以外的其他政府部门或有关机构发行的债务凭证，一般来说，政府提供担保，因而该类证券的信誉较好，商业银行也愿意接受。政府机构债券期限较长而收益高于政府债券，商业银行投资于这种债券主要为了获利。

第三类为地方政府债券，又称市政债券。这是由地方政府发行的，为发展地方经济筹集资金的债券，由于其免征国家所得税与地方所得税，虽然利息看起来较低，但税后利润颇高，很受商业银行重视。

第四类为公司证券，包括公司债券与公司股票。商业银行对公司债券的兴趣不是太大，因为公司债券风险较大而且期限一般较长，又不可免税。对于公司股票，不同国家有不同规定，多数国家禁止商业银行投资公司股票，但日、法、德等国是允许的，有些国家如英、美等国，允许商业银行以资本金的一定比例用作股票投资。我国《商业银行法》规定商业银行不得从事股票业务。

第五类为金融债券，这是商业银行为贷款筹集资金而发行的债务凭证，同业间可以相互持有。日本一般规定只有长期信贷银行才可以发行金融债券，在我国，商业银行发行金融债券需经批准。

第六类为混合证券。这种证券由企业发行，既有债券的性质，又有股票的性质，包括股息固定的优先股、可转换为股票的债券、可调整利率的债券以及商品价格证券。

三、中间业务与表外业务

传统的中间业务是指银行不需动用自己的资金，代理客户承办支付和其他委托事项而收取手续费的业务，可分为国内业务与国际业务。表外业务虽然也属于金融服务的概念，并不改变银行的资产负债结构，但其增加了潜在的资产收益与风险，因而具有特殊性。

（一）中间业务的主要内容

1. 结算业务

结算业务是各经济单位之间因交易、劳务、资金转移等原因所引起的货币收付行为。这种结算按地点，可以分为同城结算与异地结算两种。同城结算是指收款人与付款人在同一城市或地区的结算，主要通过支票进行结算，如收付双方不在同一银行开户，则结算要通过票据交换所进行。票据交换所是银行同业间为提高支票结算效率而设立的机构，而现在更先进的系统是一种票据交换的自动转账系统，结算速度更快。

异地结算是指收款人与付款人不在同一地区的结算。异地结算有汇兑、托收和信用证结算三种方式。汇兑是指付款人将现款交付承汇银行，由银行将款项支付给异地收款人的一种结算。托收则由收款人开出汇票，并连同有关的单据一起交付给托收银行，委托其代为收款。信用证结算业务则主要在国际贸易结算中使用，商业银行在为客户办理信用证的过程中，收取客户的一定押金或其他担保，手续费是办理信用证业务的最主要收入来源。

2. 代收业务

在国际贸易的支付过程中，卖方开出汇票，委托银行向买方收取货款的行为称作托收。而对于银行在这一过程中的行为就是代收。代收业务的对象还包括支票、票据、有价证券等。代收支票款项是客户收到其他银行的支票，委托自己的开户行代为收款；票据代收业务是指银行接受客户委托，负责收取票据款项；有价证券代收业务是客户把有价证券交存银行，委托银行代收利息与股息等。

3. 信用卡业务

信用卡是银行发放消费信贷的一种工具。发卡银行为消费者提供"先消费、后付款"的便利，并允许一定的善意透支。消费者在商店购买物品或接受服务以后，由计算机系统提供清算，银行汇总向顾客收款。现在特约商号一般都通过销售终端机（POS）与发卡单位联网，持卡人购物或消费后，货款将自动从持卡人的账户中转入特约商号的账户中。这样大大方便了消费者，也减少了现金在流通中的数量。

世界上最大的两个信用卡组织为美洲银行与 30 多个国家银行组成的维萨集团和美国联合银行信用卡协会组成的万事达集团。我国已加入这两大组织。

4. 租赁业务

租赁业务是指以收取租金为条件而出让物品使用权的经济行为。一般可分为经营性租赁与融资性租赁两类。经营性租赁是出租人将物件反复出租给承租人并收取租金的行为。融资性租赁则是由银行或租赁公司根据企业要求，筹措资金购买企业设备，租给企业并收取租金待租赁期满后再将物件作价出售给企业，这是一种带有融资目的的租赁活动，商业银行一般介入的就是这种融资性租赁。

5. 信托业务

信托业务是指商业银行接受个人、企业或社会机构的信任委托，代为其管理、运营和处理所托资产，并为其谋利的活动。信托业务涉及信托贷款与信托投资，银行只是通过信托业务收取相关的手续费，而经营收入归委托人或指定的受益人。目前世界上多数国家的商业银行都设有信托部，介入信托业务。

小贴士

我国自1994年起实行金融分业经营，商业银行已退出了信托领域。

（二）表外业务的内容

商业银行除了中间业务外，还从事表外业务。它是指银行在资产负债表上没有反映，但能为银行带来额外收益并同时承受额外风险的业务。表外业务与中间业务同为收取手续费的业务，都不反映在银行的资产负债表中，但两者的性质是不同的。中间业务不涉及资产负债及其风险，而表外业务虽不直接改变资产负债表，却是一种潜在的资产负债活动，并产生相应的风险。

目前商业银行主要的表外业务有以下几类。

1. 贸易融通类业务

贸易融通类业务主要有银行承兑业务与商业信用证业务。银行的承兑业务是由银行为客户开出的商业汇票提供承兑服务，即承诺兑付，经银行承兑后的票据，可贴现流通，承兑银行成为票据的第一支付人，承兑行再向客户收取款项。银行提供承兑业务可获得收入，但其同时也必须承受客户的信用风险，一旦客户支付困难，银行将无法收回已支付款项。商业信用证即在国际贸易中由银行开出的一种支付保证书，在前面已有介绍。

2. 金融保证业务

金融保证类业务主要由备用信用证、贷款承诺、保函业务以及贷款销售等构成。

备用信用证是银行应客户要求为其开立的信用保证书，属一种信用担保。当客户与其受益人达成某种协议，表明客户对受益人员有偿付义务，客户为确保自己的信誉可要求银行为其开立备用信用证，保证客户在未能按协议进行支付时，由银行代客户向受益人进行偿付，银行为此支付的款项便成了向客户的贷款。银行开立备用信用证，提高了客户的信誉，银行据此可收取手续费。备用信用证与商业信用证的不同之处在于，商业信用证业务中银行承担的是第一支付人的责任，而在备用信用证业务中，银行只承担了支付的连带责任，只有在客户无法履行支付义务时，才由银行代为支付。

贷款承诺是指由银行向客户做出承诺，保证在未来一定时期内，根据一定条件，随时应客户的要求提供贷款。银行提供这种承诺的同时，要按一定比例向客户收取承诺费，即使在规定期限内客户并未申请贷款，也需交纳承诺费。在通常情况下，贷款承诺只是提供一个信贷额度，在此额度内，银行根据企业要求进行贷款，但承诺是一个非正式协议，是可以撤销的。还有一种贷款承诺称作票据发行便利，它是银行与客户之间的循环融资保证协议，银行保证客户在一定时期内以一定的利率发行商业票据，筹集资金，如果票据未能全部售出，银行将购入其未售出部分，予以融资。

保函业务是一种较简单的担保业务，银行为客户的融资或其他活动出具保函，提供信用担保，并收取担保费，一旦客户到期不能履约支付，银行具有连带支付责任。

贷款销售或资产证券化业务则是指银行可将贷款以证券方式转售给第三方，以提高资产的流动性，银行也可为"售出后贷款"提供收取本息的服务。转售贷款可分为保留"追索权"的贷款与无追索权的贷款销售，它们代表着不同的风险与收益水平。

3. 金融衍生工具交易业务

金融衍生工具是种交易合约其价值取决于作为合约标的物的金融工具的价格变动状况。目前主要的衍生工具有远期合约、期货合约、期权合约、认股权证、互换协议以及可转换证券等。

小　结

（1）现代银行业是在传统金融的基础上发展而来，银行业最早出现于文艺复兴后期的意大利的一些城市，后逐渐发展到欧洲与北美。近代工业革命及工商业的发展是商业银行发展的温床。

（2）商业银行的发展经历了一个从传统到现代的过程。17世纪末在英国最早出现股份制银行，此后即迅猛发展，第二次世界大战后商业银行的发展，更体现出了集中化、全能化、国际化的趋势，电子技术的发展更加推进其向现代化方向迈进。

（3）商业银行作为以追求利润为目标、以经营金融资产和负债为对象的综合性金融企业，既具有与一般企业相同的经营特征，又具有与一般工商企业不同的特征。作为金融企业，商业银行具有信用中介职能、支付中介职能、信用创造功能与金融服务功能。

（4）西方各国的商业银行基本类型有职能分工型商业银行和综合型商业银行两种。20世纪70年代以来，伴随迅速发展着的金融自由化浪潮和层出不穷的金融创新，商业银行不断从分业经营走向混业经营，业务日趋全能化、综合化。

（5）世界各国商业银行的组织形式主要有单元制、分支行制、代理行制、银行控股公司制、连锁银行制等。

（6）商业银行的负债业务是商业银行筹措资金并以此形成资金来源的业务。商业银行的全部资金来源包括自有资本和负债两部分，其中存款是商业银行最基本、最重要的负债业务。

（7）商业银行的资产业务是商业银行将自己通过负债业务所集聚的货币资金加

以运用的业务。商业银行资产主要包括现金、贷款、贴现以及证券投资等项目。

（8）商业银行的中间业务是以中介人的身份代客户办理各种委托事项，并从中收取手续费的业务。它主要包括结算业务、代理业务、信托业务、租赁业务和信用卡业务等。

（9）商业银行的表外业务是那些对商业银行的资产负债表没有直接影响，但却能为商业银行带来额外收益，同时也使其承受额外风险的经营活动。它主要包括贸易融通类业务、金融保证类业务和金融衍生交易类业务等。

练 习 题

一、名词解释

单元银行制　　　分支行制　　　银行控股公司制

核心资本　　　　附属资本　　　回购协议

二、填空题

1.1694 年成立的（　　）是历史上第一家股份制银行，它的出现标志着现代银行制度的诞生。

2.根据《巴塞尔协议》，银行的资本可以分为两级，一级为（　　），另一级为（　　）。

3.现代银行主要是通过以下两条途径建立起来的：一是（　　）；二是（　　）。

4.商业银行的业务大体可以分为三种类型：（　　）、（　　）和（　　）。

5.商业银行的经营原则是：（　　）、（　　）和（　　）。

6.商业银行的现金资产包括：（　　）、（　　）、（　　）和（　　）。

7.商业银行基本上是（　　）和（　　）两种模式发展起来的。

8.按照贷款的保证程度可将贷款分为（　　）和（　　）。

9.商业银行在中央银行的准备金存款包括（　　）和（　　）。

10.依据产权结构的不同，商业银行可以分为（　　）、（　　）和（　　）。

三、判断题

1.连锁银行在法律上保持独立，但在经营上是由某个人或集团控制。

（　　）

2.使用贷款承诺的客户，无论使用贷款与否，都必须支付一定的手续费。

（　　）

3.20 世纪 50～60 年代负债管理理论的盛行使得商业银行不仅扩大了资金来源，也提高了商业银行经营的安全性。（　　）

4.债务资本与股权资本一样都构成了商业银行的核心资本。（　　）

5.信用创造是商业银行所特有的职能，也是其区别于其他金融机构的重要特征。（　　）

6.在单元制下，商业银行更易于协调资金安排，取得规模经济效益。

（　　）

7. 从发展趋势上看，商业银行正在逐步走上全能型、综合化的运作模式。
（　　）

8. 美国银行业由于采取单元制的组织形式，因此，银行业避免了集中化的发展趋势。
（　　）

9. 按照《巴塞尔协议》的规定，未公开的储备属于附属资本的范围。
（　　）

10. 交易账户是指个人或者企业为了交易目的而开立的支票账户。（　　）

11. 现金资产比例越大，商业银行的盈利能力越强。（　　）

12. 担保类中间业务属于无风险的中间业务类型。（　　）

四、不定项选择题

1. 历史上的银行业的主要业务包括（　　）。

A. 货币兑换　　　　　B. 货币保管　　　　　C. 汇兑

D. 存款　　　　　　　E. 贷款

2. 商业银行的基本职能包括（　　）。

A. 调节经济　　　　　B. 信用中介　　　　　C. 支付中介

D. 信用创造　　　　　E. 金融服务

3. 以下属于商业银行资金来源的是（　　）。

A. 自有资本　　　　　B. 库存现金　　　　　C. 贷款

D. 贴现　　　　　　　E. 同业拆借

4. （　　）是金融机构体系中处于主体地位的金融机构。

A. 中央银行　　　　　B. 商业银行　　　　　C. 投资银行

D. 专业银行　　　　　E. 政策性银行

5. 单元银行制在（　　）最为典型。

A. 美国　　　　　　　B. 英国　　　　　　　C. 中国

D. 日本　　　　　　　E. 德国

6. 现代商业银行的发展趋势包括（　　）。

A. 非中介化　　　　　B. 国际化　　　　　　C. 电子化

D. 集中化　　　　　　E. 全能化

7. 商业银行进行证券投资业务所要达到的目的包括（　　）。

A. 获取收益　　　　　　　　　　　B. 分散风险

C. 应对监管需要　　　　　　　　　D. 扩大资金来源渠道

E. 补充流动性

五、问答题

1. 现代商业银行的基本职能是什么？

2. 《巴塞尔协议》对商业银行的自有资本是如何规定的？资本要求的核心思想是什么？

3. 商业银行资金运用的方式有哪些？

第六章

非银行类金融机构

知识点

1. 信托的含义，信托机构的业务种类，资金信托理财产品。
2. 保险的概念、特征与分类机构，保险公司的险种。
3. 证券交易所、证券公司等证券机构的主要业务。

技能点

1. 信托机构业务活动与银行业务的区别。
2. 保险公司各险种的区别。
3. 区分各类证券机构。

　　王老汉是一位拥有一片农林用地的朴实农民，独子小王上进心不强，经营能力一般。2006 年，因为建设需要，政府征用了王老汉的田地，使他获得一笔 100 多万元的补偿金。考虑到自己年近七旬，应该把产业交给儿子来经营了，可是又担心儿子拿到钱后不思进取，那样早晚会坐吃山空。王老汉犯愁了，怎么办才好呢？

　　尽管银行可能是我们最常打交道的金融机构，但它们并非我们所接触的唯一的金融机构。向保险公司投保、经证券经纪人之手购买普通股股票、把资金委托给信托公司管理等，在这每一笔交易中，你都在与一家非银行金融机构打交道。其实，非银行金融机构同银行一样，在将资金融通的过程中发挥着重要的作用。本章介绍的是几个比较主要的非银行金融机构，通过了解它们的业务活动，你可以给王老汉支一招。

　　非银行金融机构是以某种方式吸收资金，并以某种方式运用资金、从中获利的金融机构。包括保险公司、信用合作社、消费信用机构、信托公司、证券公司、租赁公司、财务公司等。他们是整个金融机构体系中非常重要的组成部分，其发展状况是衡量一国金融机构体系是否成熟的重要标志之一。

第一节　信托机构

❖ **学习目标** ❖

　　信托机构是指从事信托业务、充当受托人的非银行金融机构。本节主要阐述信托与信托机构的含义、信托机构的业务等问题。通过教学，学生能掌握信托的含义、信托机构的主要业务，了解我国信托业的发展概况。

一、信托与信托机构的含义

（一）信托的含义和特征

　　信托是指委托人基于对受托人的信任，将其财产权委托给受托人，由受托人按委托人的意愿以自己的名义，为受益人的利益或者特定目的而进行管理或者处分的行为。简而言之，信托为一种财产管理制度，是由财产所有人将财产移转或设定于管理人，使管理人为财产所有人的利益或目的，管理或处分财产。

小贴士　　委托人对受托人的信任，是信托关系成立的基础。
　　　　　受托人应以受益人的最大利益为目标管理信托事务。

　　信托也是一种信用业务，但与一般银行信用相比，有其自身的特点。

1. 财产所有权的转移性

签订了信托合同，财产所有权即转移到受托者手里，但受托者行使这种财产所有权受信托目的的限制。受托人接受了信托，就应当忠诚、谨慎、尽职地处理信托事务，管理、处分信托财产，即所谓的受人之托、忠人之事。

2. 资产合作的他主性

信托是受托人按照委托人的意愿和要求，为了受益人的利益而非自己的利益去处理和管理财产，是代人理财。如果信托投资公司违反信托目的处分信托财产，必须予以赔偿，否则不能请求给付报酬。

3. 收益分配的实际性

受托人按经营的实际效果计算信托收益，根据实际赢利水平进行分配，故收益人的利益通常是不固定的。若发生亏损，只要符合信托合同规定，受托人可不必承担损失，重大过失招致的损失除外。

小问号 委托人将信托财产委托给受托人后，对信托财产还有直接控制权吗？

（二）信托机构

信托机构是从事信托业务、充当受托人的法人机构，其职能是财产事物管理，即接受客户委托，代客户管理、经营、处置财产，可概括为"受人之托、为人管业、代人理财"。信托公司与信托投资公司是经营现代信托业务的两种形式。

[阅读资料6.1]　　　　**最早的信托**

信托在国外已有3800年的历史，据最早的文字记载，信托是来源于公元前2548年古埃及人写的遗嘱。但具有原始特性的信托，则起源于英国的"尤斯制"，英国是信托业的发源地，但英国现代信托业却不如美国、日本发达。开办专业信托投资公司，美国比英国还早，美国于1822年成立的纽约农业火险放款公司，后更名为农民放款信托投资公司，是世界上第一家信托投资公司。中国的信托业始于20世纪初的上海。1921年8月，在上海成立了第一家专业信托投资机构——中国通商信托公司。

（资料来源：百度百科）

信托公司以代人理财为主要经营内容，以受托人的身份按委托人的意愿经营信托业。其主要业务可以分为两大类：一是货币信托类，包括信托存款、信托贷款、养老金信托、有价证券信托投资、养老金投资基金信托、其他货币信托；二是非货币信托类，包括有价证券信托、债权信托、不动产信托、公益事业信托、担保权信托等。

信托投资公司是信托公司的一种类型。信托投资公司除办理一般信托业务外，最突出的特点在于它主要从事投资业务。

由于信托投资、委托投资类业务是信托公司的传统业务，所以许多信托公司都取名为信托投资公司。在现实经济中信托公司与信托投资公司没有截然的区别。

信托投资类业务不同于一般的委托、代理和借贷业务。信托投资具有收益高、责任重、风险大、程序繁琐、管理复杂等特点。因此，金融监管部门对以信托投资业务为主的信托投资公司在机构设置、管理水平、人员素质、信息来源和信息处理能力等方面都有严格的监督管理要求。

二、信托机构的主要业务

信托的应用范围，可以和人类的想象力相媲美。

——美国信托权威思考特

目前，我国信托机构开展的业务种类很多，既有传统的委托业务，又有适合我国国情的代理业务、租赁业务和咨询业务。

（一）委托业务

信托机构作为受托人，按照约定的条件和目的，为委托人或受益人管理财产、处理与财产管理有关的一切经济事物，主要类型有资金信托、财产信托和其他信托。例如，资金信托是信托机构接受委托按一定期限、利率等发放贷款，并负责到期收回贷款本息。我国规定：信托投资公司接受由其代为确定管理方式的信托资金时，信托期限不少于1年，单笔信托资金不低于人民币5万元。

（二）代理业务

代理业务是信托机构接受顾客委托，代为办理财产保管、资金收付、监督合同执行、执行保险及会计事务以及受托代发国债、政策性银行债券、企业债券等各类经济事项。

委托与代理相比，受托人比代理人的权限大。例如，委托人给了受托人出售房子的权限后，如何出售、多少价钱等都由受托人决定。但代理时，代理人只能根据委托人的具体交代去执行。

（三）租赁业务

租赁是出租人将财物出租给承租人使用并按规定收取租金的一种信用形式。信托机构开展的金融租赁业务有以下两类：

（1）信托机构自营租赁业务。是指信托机构根据客户申请，用所吸收的资金或经营节余资金购入客户选定的所需设备，出租给客户使用，并分期收取租金。

（2）代理租赁业务。是指信托机构根据委托人要求，用委托人存入的信托资金购入客户选定的所需设备，出租给客户使用，并代委托人分期收取租金；或者将委托人委托出租的设备租给客户使用并收取租金。

例 6.1　自营租赁业务

应上海某无线电厂要求，上海某信托投资公司从日本某集团公司购进一套全新生产线，出租给该厂。购买该生产线连同技术专利费共计 2 亿日元。在租赁合同中约定，租赁期限五年，从第二年开始，每半年支付一次租金，租金包括九次分期支付的价款、贷款及租赁手续费等。租赁期满，以 100 日元象征性作价方式把设备所有权转归上海某无线电厂。由于上海某无线电厂圆满完成了租赁合同所约定的义务，最后在五年的租赁期满后，无线电厂象征性地支付了 100 日元后，取得了该套生产线的所有权。

分析：（1）租赁业务涉及出租方、承租方和供货人三方当事人，上述例子中，出租方是信托投资公司，承租方是无线电厂，供货人是日本公司。

（2）一般租赁业务合同由买卖合同、租赁合同等两个以上的合同所构成。

（3）信托投资公司是根据承租方的选择，以出租方的名义购买租赁物，并将租赁物出租给承租方。因此，这是一笔具有融资、融物双重功能的租赁交易。

（四）咨询业务

金融咨询业务是第二次世界大战后迅速发展起来的金融服务业务。改革开放后，我国各类金融机构也纷纷开展各种形式的金融咨询服务业务。

1. 市场咨询

市场咨询是信托机构根据委托人要求，对某种（或某类）产品市场的产供销情况和趋势以及其他市场信息进行调查，并将信息反馈给委托人的一种咨询业务。

2. 信用咨询

信用咨询是信托机构根据委托人的要求，对有关单位的资金、信用、支付能力等情况进行调查，并将调查信息反馈给委托人的一种咨询业务。

3. 融资咨询

融资咨询是信托机构根据委托人要求，对融资对象的资信、项目、市场、技术、设计及成本效益情况进行调查、分析和预测，并将可行性报告反馈给委托人的一种咨询业务。

4. 技术咨询

技术咨询是信托机构根据委托人要求，对特定产品、设备、工艺的技术资料和情报进行调查、收集并向委托人反馈的一种咨询业务。

小贴士　　信托一头连着货币市场，一头连着资本市场，一头连着产业市场，既能融资又能投资，被誉为具有无穷的经济活化作用。

（五）投资基金业务

信托投资公司可以受托经营投资基金业务，即委托人将资金事先存入信托投资机构作为投资基金，委托信托机构向其指定的联营或投资单位进行投资，并对资金的使用情况、投资单位的经营状况及利润分红等进行管理和监督。信托投资公司也可以作为投资基金或者基金管理公司的发起人从事投资基金业务。

（六）公益信托业务

该业务是信托投资公司接受以救贫、救灾、助残或为发展科教文卫事业、保护环境及发展社会公益事业为目的的信托业务。

各国信托机构的业务范围都很广泛，业务种类不尽相同，表6.1介绍了美国信托业的主要经营项目。

表 6.1　美国信托业经营的主要项目

信托分类		品　种
个人信托		生前信托，遗嘱信托
法人信托		有担保债券信托，无担保债券信托，设备信托，建设公债信托
个人与法人混合信托	职工福利信托	年金信托，员工分红信托，节约储蓄计划信托，员工入股信托，个人退休账户转账信托
	公益信托	余存财产之公益信托，主导公益信托，集合运用收益基金

资料来源：计世网财经论坛．

三、资金信托理财产品

（一）集合资金信托产品

集合资金信托产品是指由信托公司担任受托人，按照委托人意愿，为受益人的利益，将两个以上（含两个）委托人交付的资金进行集中管理、运用或处分的资金信托理财产品。

（1）项目投融资类集合资金信托产品（资金运用方式包含贷款、股权投资、权益收购、租赁）。项目投融资类集合资金信托产品是指由信托公司担任受托人，按照委托人意愿，为受益人的利益，将委托人交付的信托资金以贷款、股权投资、权益收购、租赁等方式集合管理和运用，并为受益人获取收益的理财产品。

（2）证券投资类集合资金信托产品。证券投资类集合资金信托产品是指由信托公司担任受托人，按照委托人意愿，为受益人的利益，将委托人交付的信托资金集合投资于境内证券交易市场挂牌交易的证券品种（包括新股 IPO）、开放式基金、国债、央行票据以及其他可以在证券交易市场上流通的品种，并为受益人获取收益的理财产品。

（3）信托受益权转让类产品（资金运用方式包含贷款、股权投资、权益收购、租赁）。信托受益权转让类产品是指投资者可受让其他信托产品受益人转让其所持有的受益权。转让人和受让人双方自行协商确定转让价款及支付方式。信托受益权转让后，受让人成为原信托产品的新受益人，原信托合同中约定的资金运用方式和收益分配方式等均保持不变。

(二) 单一资金信托产品

单一资金信托产品是指由信托公司担任受托人，接受单个委托人委托，按照委托人意愿，为受益人的利益，将委托人交付的信托资金单独管理和运用的理财产品。

1. 项目投融资类单一资金信托产品

项目投融资类单一资金信托产品是指由信托公司担任受托人，接受单个委托人委托，按照委托人意愿，为受益人的利益，将委托人交付的信托资金以贷款、股权投资、权益收购、租赁等方式单独管理和运用，并为受益人获取收益的理财产品。

2. 证券投资类单一资金信托产品

证券投资类单一资金信托产品是指由信托公司担任受托人，接受单个委托人委托，按照委托人意愿，为受益人的利益，将委托人交付的信托资金投资于境内证券交易市场挂牌交易的证券品种（包括新股 IPO）、开放式基金、国债、央行票据以及其他可以在证券交易市场上流通的品种，并为受益人获取收益的理财产品。

小贴士　在发达的市场经济国家，信托业已经成为现代金融业的重要支柱之一，信托与银行、证券、保险并称为现代金融业的四大支柱。

[阅读资料6.2]　我国信托业的五次全国性清理整顿

1979 年 10 月，国内第一家信托机构——中国国际信托投资公司宣告成立，此后，从中央银行到各专业银行及行业主管部门、地方政府纷纷办起各种形式的信托公司，到 1988 年达到最高峰时共有 1000 多家，总资产达到 6000 多亿，占当时金融总资产的 10%。信托投资公司主要从事与银行类似的业务，真正的信托投资业务也有开展，但是由于缺乏法律上的规范和信托投资公司的管理经验，我国信托业一直陷于"发展—违规—整顿"的怪圈，自 1979 年恢复业务以来先后经过五次较大的整顿。

（1）第一次清理整顿是 1982 年，国务院针对当时各地基建规模过大，影响了信贷收支的平衡，决定对我国信托业进行清理，规定除国务院批准和国务院授权单位批准的信托投资公司以外，各地区、部门均不得办理信托投资业务，已经办理的限期清理。

（2）第二次清理整顿是 1985 年，国务院针对 1984 年全国信贷失控、货币发行量过多的情况，要求停止办理信托贷款和信托投资业务，已办理业务要加以清理收缩，次年又对信托业的资金来源加以限定。

（3）第三次清理整顿是 1988 年，中共中央、国务院发出清理整顿信托投资公司的文件，同年 10 月，人民银行开始整顿信托投资公司。第二年，国务院针对各种信托投资公司发展过快（高峰时共有 1000 多家）、管理较乱的情况，对信托投资公司进行了进一步的清理整顿。

（4）第四次清理整顿是 1993 年，国务院为治理金融系统存在的秩序混乱问题，开始全面清理各级人民银行越权批设的信托投资公司；1995 年，人民银行总行对全国非银行金融机构进行了重新审核登记，并要求国有商业银行与所办的信托投资公司脱钩。

（5）1999 年，国务院责成中国人民银行对信托业进行了历时最长也最为彻底的第五次清理整顿。整顿原则是"信托为本，分业管理，规模经营，严格监督"，信托公司被停止存款、结算业务，剥离证券经纪与承销业务。到 2002 年年底，整顿基本结束。根据公开披露的资料，截止到 2004 年末，中国信托业总资产 2784 亿元，信托资产余额 2042 亿元，信托公司从 239 家减至 59 家。

经过第五次清理整顿，重新登记发牌的信托公司普遍经过了资产重组，卸掉了历史的债务包袱，充实了资本金，改进了法人治理结构，吸取了过去的经验教训，革新了市场经营观念，增强了抗风险能力，夯实了发展的基础，提高了整体的经营管理水平，以诚信为前提条件的信托业必将逐步获得社会的认可。

（资料来源：百度百科）

第二节　保险机构

保险的意义，只是今日做明日的准备，生时做死时的准备，父母做儿女的准备，儿女幼小时做儿女长大时准备，如此而已。今天预备明天，这是真稳健；生时预备死时，这是真旷达；父母预备儿女，这是真慈爱；不能做到这三步，不能算做现代人！

——胡适

❖ **学习目标** ❖

本节主要阐述有关保险公司的险种和业务等问题。通过教学，学生能掌握保险的概念与特征、保险的主要险种，了解保险公司的主要业务。

一、保险的概念、特征与分类

（一）保险的概念

《中华人民共和国保险法》将保险的定义表述为："保险，是指投保人根据合同约定，向保险人支付保险费，保险人对于合同约定的可能发生的事故因其发生所造成的财产损失承担赔偿保险金责任，或者当被保险人死亡、伤残、疾病或者达到合同约定的年龄、期限时承担给付保险金责任的商业保险行为"。

这里的保险特指商业保险。一般从经济与法律两个方面来解释保险的定义。

从经济角度来看，保险是分摊意外事故损失的一种财务安排。投保人通过交纳保险费购买保险，实际上是将他的不确定的大额损失变成固定的小额支出。保险人由于集中了大量同质风险，所以能借助大数法则来正确预见未来损失的发生额，并据此制定保险费率，通过向所有投保人收取保险费建立保险基金，来补偿少数被保险人遭受的意外事故损失。

小贴士 投保人投保后，把风险转移给了保险人（保险公司），其花费的成本只是少量的保险费。

从法律角度来看，保险是一种合同行为，是一方同意补偿另一方损失的一种合同安排，同意提供损失赔偿的一方是保险人，接受损失赔偿的另一方是被保险人。投保人通过承担支付保险费的义务，换取保险人为其提供保险经济保障（赔偿或给付）的权利，这正体现了民事法律关系主体之间的权利和义务关系。

（二）保险的特征

（1）经济性。保险是一种经济保障活动。保险的经济保障活动是整个国民经济活动的一个有机组成部分，其保障对象的财产和人身都直接或间接属于社会再生产中的生产资料和劳动力两大经济要素；其实现保障的手段，大多最终都必须采取支付货币的形式进行补偿或给付；其保障的根本目的，无论从宏观的角度还是微观的角度，都是为了发展经济。

（2）商品性。保险体现了一种等价交换的经济关系，也就是商品经济关系。这种商品经济关系直接表现为个别保险人与个别投保人之间的交换关系，间接表现为在一定时期内全部保险人与全部投保人之间的交换关系，即保险人出售保险、投保人购买保险的关系。

（3）互助性。保险具有"一人为众，众为一人"的互助特性。保险在一定条件下，分担了个别单位和个人所不能承担的风险，从而形成了一种经济互助关系。

小问号 保险与救济有哪些相似与不同？

（4）契约性。从法律角度看，保险是一种契约行为。保险双方当事人要建立保险关系，其形式是保险合同；要履行其权利和义务，其依据也是保险合同。

（5）科学性。现代保险经营以概率论和大数法则等科学的数理理论为基础。保险费率的厘定、保险准备金的提存等都是以精密的数理计算为依据的。

（三）保险的分类

保险分类是指保险种类的划分，即按照一定的标准对保险业务进行归类。

1. 按保险标的分类

这种分类方法是一种最常见、最普遍的分类方法，按照这一标准可将保险分为财产保险、人身保险、责任保险和信用保证保险四大类。

2. 按风险转嫁形式分类

按风险转嫁形式分类，可将保险划分为原保险、再保险、共同保险和重复保险。

（1）原保险。原保险是投保人与保险人之间直接签订保险合同而建立保险关系的一种保险。在原保险关系中，保险需求者将其风险转嫁给保险人，当保险标的遭受保险责任范围内的损失时，保险人直接对被保险人承担损失赔偿责任。

（2）再保险。再保险也称分保，是保险人将其所承保的风险和责任的一部分或全部，转移给其他的保险人的一种保险。转让业务的是原保险人，接受分保业务的是再保险人。这种风险转嫁方式是保险人对原始风险的纵向转嫁即第二次风险转嫁。

[阅读资料6.3]　　从"9.11"看再保险的作用

2001年9月11日，对于许多国际大保险公司来说，是一个刻骨铭心的日子。美国世贸大厦的坍塌，顷刻之间使得保险公司原有的可观利润和大厦同时化为乌有。穆迪评级公司和费奇评级公司预测，世界各保险公司所支付的保险金可能将高达300亿～700亿美元。然而值得庆幸的是，由于再保险机制的作用，这次损失在世界各保险公司之间得到了有效地分散和化解，所以并未对整个保险业造成灭顶之灾。在现代社会中，许多行业把巨额风险转移给保险公司，使这些行业得以正常运转，而保险公司为了规避风险，往往都要通过再保险机制，进一步把风险分散、降低和化解。由于国外保险业的再保险体系较完善，此次事件虽然损失惨重，各大保险公司却能承受，更不至于破产，再保险机制起到了"定海神针"的作用。

（资料来源：新华网经济频道）

（3）共同保险。共同保险也称共保，是由几个保险人联合直接承保同一标的或同一风险而保险金额不超过保险标的的价值的保险，在发生赔偿责任时，其赔偿按照保险人各自承保的金额比例分摊。与再保险不同，这种风险转嫁方式是保险人对原始风险的横向转嫁，它仍属于风险的第一次转嫁。

小贴士　有"万里长江第一隧"之称的武汉长江公路隧道，其建筑、安装工程方面的风险由天安、永安、平安、太平、中华联合等5家保险公司共同承担，这张大保单的总保额为8.9亿元。

（4）重复保险。重复保险是指投保人以同一保险标的、同一保险利益、同一保险事故分别与两个以上保险人订立保险合同的一种保险。与共同保险相同，重复保险也是保险人对原始风险的横向转嫁，也属于风险的第一次转嫁。只不过在大多数情况下，重复保险的保险金额总和超过保险价值。因此，这时各保险人的赔偿金额要按一定标准进行分摊。

[阅读资料6.4]　　重复保险合法吗？

三峡晚报讯（记者党晓培）家住宜昌伍家区的陈先生在2007年初以其家庭

财产为投保对象，分别向城区两家保险公司投保，遇盗后便向两家保险公司提出赔偿要求。但两家保险公司都以陈某重复投保，造成保险合同无效为由拒绝赔偿。近日，陈先生向记者打来求助电话。

对陈先生的情况，律师分析说：

陈先生夫妇以其家庭财产为投保对象在两家保险公司投保，且在同一保险期间内就同一保险事故分别向两家保险公司主张同一保险利益，因此属于重复保险。由于重复保险合同是双方当事人自愿签订的，而我国法律对此又未予以禁止，所以陈先生夫妇与两家保险公司分别签订的财产保险合同均为有效合同，两家保险公司以重复保险合同无效为由拒不承担赔偿责任的理由显然站不住脚。故两家保险公司应当平等承担责任。

（资料来源：三峡晚报）

3. 按投保单位分类

按投保单位分类，保险可分为团体保险和个人保险。

（1）团体保险。团体保险是以集体名义签订保险合同，由保险人向团体内的成员提供保险保障的保险。

（2）个人保险。个人保险是以个人的名义向保险人投保的保险。

4. 按实施方式分类

按实施方式分类，保险可分为法定保险和自愿保险。

（1）法定保险。法定保险又称强制保险，它是由国家（政府）通过法律或行政手段强制实施的一种保险。法定保险的保险关系不是产生于投保人与保险人之间的合同行为，而是产生于国家或政府的法律效力。

（2）自愿保险。自愿保险是在自愿原则下，投保人与保险人双方在平等原则的基础上，通过订立保险合同而建立的保险关系。

5. 按经营的性质分类

按经营保险的性质，可将保险分为营利保险和非营利保险。

（1）营利保险。营利保险是指保险业者以盈利为目的经营的保险。商业性保险属于营利保险，保险经营者按照营利原则开展业务，将其经营所得的利润或节余进行分配。

（2）非营利保险。非营利保险是指不以盈利为目的的保险。非营利保险一般是出于某种特定的目的，由政府资助营运，以保证经济的协调发展和安定社会秩序为目标而实施的保险保障计划。

二、保险公司的主要险种

保险公司是收取保费并承担风险补偿责任，同时又拥有专业化风险管理技术的机构组织。保险公司为承担一定的保险责任要向投保人收取一定数额的费用，这就是保险费。保险费也是投保人为取得获得赔付的权利所付出的代价，通常根据保险标的危险程度、损失概率、保险期限、经营费用等因素来确定。保险费、保险公司的资本以及保险盈余共同构成了保险公司的保险基金，保险基金是补偿投保人损失及赔付要求的后备基金。

[阅读资料6.5]　　　　保险公司的产生

世界上最早的保险单是一名叫乔治·勒克维伦的热那亚商人在1347年10月23日出立的，承保从热那亚到马乔卡的海运。早期最著名的保险组织机构是1871年英国议会通过成立的保险社团组织——劳合社，劳合社后来成为世界最大的保险公司。1824年一广东富商在广州城内开设张宝顺行，兼营保险业务，这是华人经营保险的最早记载；1865年中国第一家民族保险企业——上海华商义和公司保险行创立，打破了外商保险公司独占中国保险市场的一统天下局面，中国近代民族保险业正式诞生。新中国成立后，首先是对旧中国保险市场进行管理与整顿，紧接着是创立与发展人民保险事业。1949年10月20日，中国人民保险公司正式挂牌开业，这标志着中国现代保险事业的创立，开创了中国保险的新纪元。但是，由于"左"的错误思想影响，1958年10月，国内保险业务被迫停办，直到中国共产党十一届三中全会以后，国内保险业务得到恢复。

（资料来源：中国保险网）

在满足日益增长的保险需求过程中，保险公司的业务种类越来越多，范围越来越广，下面介绍主要的几个险种。

（一）财产保险

财产保险是指以各类物质财产及其相关利益或责任、信用作为保险标的的一种保险。财产保险的范围，最初仅限于有客观实体的"物"，所以叫做"对物的保险"或"损害保险"。后来，随着社会经济生活的发展，财产保险的范围又扩大到了无形的财产，即与财产有关的利益、费用、责任等。我国习惯上将财产保险划分为财产损失保险、责任保险和信用保证保险。

小贴士　　　财产保险"保"的是能够用货币衡量价值的财产物资及其相关利益。

财产损失保险是指狭义的财产保险，是以有形财产为保险标的的保险。例如，企业财产保险、家庭财产保险、机动车辆保险、船舶保险、货物运输保险、工程保险、特殊风险保险、农业保险等。

1. 企业财产保险

企业财产保险是我国财产保险的主要险种，在保险业务经营中占有十分重要的地位。财产基本险和综合险是在火灾保险的基础上演变和发展而来的，主要是承保火灾以及其他自然灾害和意外事故造成的保险财产的直接损失。

2. 家庭财产保险

凡城乡居民自有的家庭财产以及代他人保管或与他人共有财产都可以投保家

庭财产保险。随着经济形势的发展和人民生活水平的提高，目前，我国保险公司开办的家庭财产保险的险种也越来越多。

小问号 如果 10 万元的财产按 8 万元投保，那么出险后保险公司会按全额赔偿吗？

3. 机动车辆保险

机动车辆保险是我国财产保险中的第一大险种。机动车辆保险承保各种汽车、挂车、无轨电车、农用运输车、摩托车、轻便摩托车、运输用拖拉机和轮式专用机械车等因遭受自然灾害或意外事故造成的车辆本身及相关利益的损失和采取施救保护措施所支付的必要合理费用，以及被保险人对第三者人身伤害、财产损失依法应负的民事赔偿责任。机动车辆保险按保险标的不同分为车辆损失保险和第三者责任保险两大类。

[阅读资料6.6] 点火照亮引起火灾，应否赔偿

某市政府于 1999 年购置了一辆公务小客车，一直在当地某保险公司参加保险，并由驾驶员陈某负责其日常维护保养。由于陈某精心维护，谨慎驾驶，几年来从未出现过大的事故。对于车辆日常出现的小故障，陈某凭着对该车情况熟悉，一般都能自己动手解决。2006 年 5 月，陈某外出时车辆意外抛锚，因当时天色已晚，陈某急于赶路，便下车打开机器盖检查。他隐隐嗅到一股燃油味，但看不清来自何处，遂从兜中摸出打火机点火照亮。突然，一股火苗从发动机下部窜起，迅速蔓延到全车。陈某虽奋力抢救，车辆最终被全部烧毁。事后经当地消防中队认定，系车辆供油管道渗漏，遇外来火源起火。

评析：目前国内行驶的许多车辆的前部机器盖内都没有装置照明设备，给驾驶员在昏暗的光线下检修增添了障碍，尤其是在户外发生故障时，检修起来就更加困难。该案中陈某怀疑车辆供油系统渗漏，为防止出现更大事故，急于强行检修。但他忽略了应远避火源的原则，反而用明火照亮，这是引起火灾的主要原因。无疑，陈某对起火负有严重过失责任。但严重过失并不是保险的除外责任。本起事故应属于保险责任中的"火灾"，保险公司应按照保险合同的规定予以赔偿。

（资料来源：龙玉国．2005．汽车保险创新和发展．上海：复旦大学出版社）

4. 船舶保险

船舶保险是以航行于海洋、江河、湖泊的各类船舶为保险标的一种保险，是运输工具保险的主要险种之一。保险人所承保的船舶，大部分为从事远洋和沿海内河运输的船舶。船舶保险的保障范围主要包括船舶的物质损失、船舶的有关利益和第三者责任三方面。

5. 货物运输保险

货物运输保险起源于海上保险，是最古老的险种之一。货物运输保险以各种运输货物为保险的，当保险货物遭到保险责任范围内的自然灾害或意外事故造成

损失时，由保险人承担经济赔偿责任。货物运输保险有公路、铁路、水路和航空等多种运输保险险种。

6. 工程保险

工程保险是以在建工程（包括安装工程）作为承保对象，以与在建工程相关的经济利益作为保险标的一种综合性保障险种。工程保险起源于20世纪初期，发展于第二次世界大战之后，是保险领域的新产品。虽然起源和发展的时间远远迟于海上保险和火灾保险，但已成为有相当规模和影响力的保险险种。

[阅读资料6.7]　　战争打响 中东保险费用激增

《北京现代商报》2003年3月28日报道：由于伊拉克战争影响，中东地区保险保费激增，有些险种的保费甚至涨到了原先的10倍以上。货运航轮通常需要保两种险：船舶保险和货物保险。对于一艘价值5000万美元、执行南波斯湾7天航线的货轮来说，现在用于船舶自身的战争险费用为25 000美元。由这样一艘货轮运载的价值3000万美元的石油其保险费用大约为30 000美元。现在这些保险费用都是正常水平的2～3倍。

据伦敦的保险经纪人称，现在对于同样一艘驶往科威特的货轮来说，船舶险可能要达到50万美元，而货物险则为25万美元。所有这些费用都要远远超过一家船运公司所支付的年度保费。

（资料来源：东方财经网）

7. 农业保险

农业保险是对种植业（农作物）和养殖业（畜、禽、水产品）在生长、哺育、成长过程中可能遭受到的自然灾害或意外事故所造成的经济损失提供经济保障的一种保险。农业保险具有地域性、制约性、复杂性和政策性等特点。

[阅读资料6.8]　　美国农业保险的成功经验

美国于20世纪30年代开始试办农业保险，并以农作物保险为主要组成部分，由此习惯上称其农业保险为"农作物保险"。经过近70年若干次的实践探索与创新，美国农作物保险基本实现了由传统农作物保险向现代风险管理制度的历史性演变，其保险密度已高达70%左右。

其成功经验主要有以下几个方面：

（1）建立与时俱进的法律保障体系。美国现行的农作物保险是由参议院提议后，经过14年的论证于1938年在《联邦农作物保险法》中确立的。该法规定了农作物保险的目的、性质、开展办法和经办机构等内容，为联邦政府在1939年全面实施农作物保险业务提供了法律依据和保障。此后美国政府又根据时代的变迁对该法进行了多次修订与完善。

（2）逐步构建网络型农业保险组织体系。依据1980年修订的《农作物保险法》，私人保险公司既可以参与联邦农作物保险公司（FCIC）的农作物保险和再保险并独立承担风险损失责任，也可以只做享受FCIC佣金的代理人而不承担风险责任。此后，在联邦政府财政及税收等优惠政策的激励下许多私人保险公司积极承保农作物保险，时至 2001 年 FCIC 就基本不再做原保险业务，而只代替政府行使政府职能专注经营再保险。由此形成了农户向私人公司投保、并获得政府的保费补贴，私人保险公司不仅可以从政府获得各种费用补贴与优惠政策，而且又可向 FCIC 或私人再保险公司进行分保以分散风险，再保险公司又可从政府获取费用补贴及税收与金融等优惠条件的网络型农业保险组织体系。

（3）开设"模糊"的农业保险产品。根据保险的宗旨，保险只承保纯粹性风险（如自然灾害风险）而不承保投机性风险（如市场风险）。但美国在《1996 年农场法》中就推出了既承保农作物产量风险又承保农产品价格风险的收入保险，如团体收益保险、作物收益保险、农场总收入保险、收益保证保险和收入保护保险等。

（4）强有力的政府扶持。美国政府开展农作物保险的目的是建立农村经济"安全网"，提高国民整体福利水平。正基于此，美国政府对农作物保险的财政扶持力度非常大，而且手段也更直接、更有效。

（资料来源：万方数据）

（二）人身保险

人身保险是以人为对象，以人的寿命和身体为保险标的的保险。人身保险的投保人按照合同的约定，向保险人支付保险费，保险人根据合同约定，当被保险人死亡、伤残、疾病或者达到合同约定的年龄、期限时承担给付保险金的责任。人身保险按照保障范围划分可以分为人寿保险、人身意外伤害保险和健康保险。

小贴士 财产有价，生命无价，所以人身保险的保险金额不能按市场估价，而是由投保人根据需要来选择。

1. 人寿保险

人寿保险是以人的寿命为保险标的，以人的生存或死亡为保险事件的一种人身保险，即当被保险人死亡或达到合同约定的年龄、期限时，保险人向被保险人或其受益人给付保险金。

（1）传统寿险。传统意义上的寿险的典型形式是死亡保险、生存保险和两全寿险。其主要特点是固定给付，但缺乏灵活性和适应性。死亡保险是以被保险人的死亡为给付保险金条件的保险。生存保险是以被保险人的生存为给付保险金条件的保险，即当被保险人于保险期满或达到合同约定的年龄时仍然生存，保险人负责给付保险金。生存保险主要是为老年人提供养老保障或者为子女提供教育金等。在寿险实务中，生存保险一般不作为独立的险种。两全保险又称生死合险，是以被保险人的生存或死亡为给付保险金条件的保险。两全保险既提供死亡保障又提供生存保障，具有保障性和储蓄性双重功能；两全保险中的死亡给付对象是受益人，期满生存给付的对象是被保险人，因而，既保障受益人的利益又保障被保险人本人的利益。

（2）特种人寿保险包括年金保险、简易人寿保险、弱体保险等。年金保险是生存保险的特殊形态，是指被保险人在生存期间每年给付一定金额的生存保险，其目的是防备自身老年时经济生活的不安定。简易人寿保险，是指用简易的方法所经营的人寿保险，简易人寿保险缴费期较短，保险金额有一定的限制，且不用经过体格检查，保险费略高于普通人寿保险的保险费。弱体保险又称次健体保险，是指将风险程度较高即死亡率较高的人作为保险对象，在附加一定条件后承保的保险形式。根据被保险人的风险程度，弱体保险在承保时，通常采用的方法有保险金削减给付法、年龄增加法和特别保险费征收法。

[阅读资料6.9]　　　年金保险：为晚年分一点忧

随着高龄化社会的来临，使得现代人越来越重视老年生活品质的提升。年金保险作为规划退休后经济生活的一种方式，逐渐受到社会大众的重视。由于这类保险产品丰富多样，同时具有独特的优点，近年来发展速度较快，成为保险公司的主要业务之一。

年金保险是指投保人定期向保险公司缴纳一定的保费，等到退休或自约定时间开始，再从保险公司按月或按年领取保金，以弥补由于退休工资减少带来的生活质量下降的缺陷，是一种具有储蓄功能的人寿保险。由于年金保险是在规定时间后定期获得保险金，因此如果一个人的寿命与他的预期寿命相同，那么他参加年金保险既未获益也未损失；如果他的寿命超过了预期寿命，那么他就获得了额外支付。所以年金保险有利于长寿者。年金保险对于购买者来说是相对安全可靠的，因为保险公司必须按照法律规定提取责任准备金，而且保险公司之间会有责任准备金储备制度，这样即使投保客户所购买年金的保险公司停业或破产，其余保险公司仍会自动为购买者分担年金给付。

年金保险虽然也叫"保险"，但不同于其他保险，最重要的意义在于强制储蓄。说得通俗一点就是帮助我们在年轻时把钱存起来，防止冲动消费和盲目投资，确保在我们年老时能过上稳定的生活。按照理财专家的话说年金保险就是"合理存款，适当取款"。因此，它不可能像投资类的理财产品那样，达到很高的收益率。

人们在年轻时节约闲散资金缴纳保费，年老之后就可以按期领取固定数额的保险金。因此，投保年金保险使晚年生活得到经济保障，不失为人生规划的一种理想理财方式。

（资料来源：北京商报．2006年8月13日）

（3）现代寿险包括变额寿险、万能寿险、变额万能寿险等。变额寿险是一种保险金额随其保费分离账户的投资收益的变化而变化的终身寿险。它可以有效抵消通货膨胀给寿险带来的不利影响。变额寿险可以是分红型的也可以是非分红型的。万能寿险是一种缴费灵活、保额可调整、非约束性的寿险。万能寿险的保单持有人在缴纳一定数量的首期保费后，可以按照自己的意愿选择任何时候缴纳任何数量的保费，只要保单的现金价值足以支付保单的相关费用，有时甚至可以不再缴费。而且，保单持有人可以在具备可保性的前提下，提高保额，也可以根据自己的需要降低保额。变额万能寿险是一种融合了保费缴纳灵活的万能寿险与投资灵活的变额寿险后而形成的新的险种。变额万能寿险遵循万能寿险的保费缴纳方式，而且保单持有人可以根据自己的意愿将保额降至保单规定的最低水平，也可以在具备可保性时，将保额提高；与万能寿险不同在于变额万能寿险的资产保存在一个或几个分离账户中，这一特点与变额寿险相同。

小问号 有人说万能寿险无所不能，你认为万能寿险可以替代传统寿险吗？

2. 人身意外伤害保险

人身意外伤害保险是指保险人以被保险人因意外伤害事故而造成死亡、残废为给付保险金条件的一种人身保险。意外伤害包括意外和伤害两层含义。伤害指被保险人的身体受到侵害的客观事实，由致害物、致害对象、致害事实三个要素构成，三者缺一不可；意外是就被保险人的主观状态而言，指侵害的发生是被保险人事先没有预见到的，或违背被保险人主观意愿。人身意外伤害保险中所称的意外伤害，是指在被保险人没有预见到或违背被保险人意愿的情况下，突然发生的外来致害物对被保险人的身体明显、剧烈地侵害的客观事实。

人身意外伤害保险的特征如下：

(1) 人身意外伤害保险的费率厘订不以被保险人的生命为依据。

(2) 人身意外伤害保险的承保条件较宽。

(3) 人身意外伤害保险的保险责任不包括疾病所致的被保险人的死亡和残废。

(4) 人身意外伤害保险有关于责任期限的规定。

(5) 人身意外伤害保险属于定额给付保险。

小贴士 著名的钢琴王子理查德·克莱德曼曾经为自己的手指投保 50 万美金。这是一笔特殊的人身意外伤害保险。

3. 健康保险

健康保险是以人的身体为标的，当被保险人因意外事故或疾病造成残疾、死亡、医疗费用支出以及丧失工作能力而使收入损失时，由保险人给付保险金的一种人身保险。一般来说，健康保险的保险责任包括两大类：一是被保险人因意外事故或疾病所致的医疗费用，即人们习惯上所称的医疗保险或医疗费用保险；二是被保险人因意外事故或疾病所致的收入损失，这类健康保险的保单被称为残疾收入补偿保险。

健康保险所承保的疾病风险必须符合三个条件：第一，必须是由于明显的非外来原因造成的；第二，必须是由于非先天性的原因造成的；第三，必须是由于非长存的原因造成的。

（三）责任保险

责任保险是指以被保险人的民事损害赔偿责任为保险标的的保险。不论企业、团体、家庭或个人，在从事各项生产经营等业务活动或日常生活中，由于过失等行为造成其他人的损失或损害，根据法律或契约应对受害方承担经济赔偿责任的，都可以根据实际情况投保相关的责任保险，由保险公司实施具体的经济损害赔偿。

小贴士 　责任保险"保"的是被保险人在法律上应负的民事损害赔偿责任，包括侵权责任和合同责任。

随着国家法律制度的逐步完善，责任保险的产品种类不断增加，责任保险在保障公众利益、维护社会稳定等方面逐渐发挥着越来越重要的作用。如公众责任保险、雇主责任保险、产品责任保险、职业责任保险等。

[阅读资料6.10]　　　　"交强险"

机动车交通事故责任强制保险（以下简称"交强险"）是我国首个由国家法律规定实行的强制保险制度。《机动车交通事故责任强制保险条例》（以下简称《条例》）规定：交强险是由保险公司对被保险机动车发生道路交通事故造成受害人（不包括本车人员和被保险人）的人身伤亡、财产损失，在责任限额内予以赔偿的强制性责任保险。交强险是责任保险的一种。现行的商业机动车第三者责任保险是按照自愿原则由投保人选择购买。在现实中商业第三者责任保险投保比率比较低（2005年约为35%），致使发生道路交通事故后，有的因没有保险保障或致害人支付能力有限，受害人往往得不到及时的赔偿，也造成大量经济赔偿纠纷。因此，实行交强险制度就是通过国家法律强制机动车所有人或管理人购买相应的责任保险，以提高第三者责任保险的投保面，在最大程度上为交通事故受害人提供及时和基本的保障。

（资料来源：中国人民财产保险股份有限公司网站）

（四）信用保证保险

信用保证保险，是由债权人作为被保险人，以债务人的信用为保险标的，当债务人不能履行给付或拒绝偿付债务而使债权人受到经济损失时，由保险人负责赔偿的一种保险。信用保险通常分为出口信用保险和国内信用保险。

三、保险公司的种类

（一）根据保险的基本业务划分，有人寿保险公司、财产保险公司、再保险公司

（1）人寿保险公司。人寿保险公司是承保各类人寿保险业务的公司。

（2）财产保险公司。财产保险公司是主要针对一定范围的财产损失提供保障的保险公司。

（3）再保险公司。再保险公司是专门承接再保险业务的公司。

[阅读资料 6.11]　保险法中关于保险分业经营的规定

我国《保险法》规定，同一保险人不得同时兼营财产保险业务和人身保险业务，即保险业务的两大基本类别必须分开经营。因为财产保险和人身保险的保险对象不同，使得这两种保险业务各有特点。在承保手续、订立保险合同的要求、保险责任、保险计费的基础、保险金的赔付、保险基金的管理方式以及公司的解散、清算等方面都是有区别的，因此，保险公司有必要进行分业经营。保险公司分业经营，有利于实现保险业规范化管理，有利于提高保险业水平，同时有利于保证保险公司有相应的赔付能力，维护保户的合法权益。《保险法》关于同一保险人不得同时兼营财产保险业务与人身保险业务的规定，是指同一个具有法人资格的保险公司。因此，保险公司下设两个部门分别经营财产保险和人身保险业务，或者设立分公司经营与本公司不同的保险业务，都是违反保险法关于分业经营原则的。同时，保险法规定，保险法施行前已设立的保险公司，按照保险法实行分业经营的办法，由国务院规定。这主要是考虑在保险法施行之前设立的保险公司，如果是混合经营的，就必须按照保险法关于分业经营的原则，将财产保险业务与人身保险业务分开。

（资料来源：中国人民财产保险股份有限公司网站）

（二）依据经营目的，可以划分为商业性保险公司和政策性保险公司

依据经营目的，保险公司分为商业性保险公司和非商业运作的政策性保险公司。商业保险公司是经营保险业务的主要组织形式，商业保险公司多是股份制有限责任公司，只要有保险意愿并符合保险条款要求的法人、自然人都可在商业保险公司投保。政策性保险公司则是指依据国家政策法令专门组建的保险机构，不以盈利为经营目的，且风险内容关系到重大经济目标的实现，如国民经济发展与社会安定等。政策性保险公司主要有出口信用保险公司、投资保险公司、存款保险公司等，它们是保险市场中特殊的业务机构，往往是出于国家对某个领域的保护意图而成立的。

（三）依不同保险经营方式，可以划分为互助保险和行业自保

互助保险是由一些对某种危险有相同保障要求的人或单位，合股集资积聚保险基金，组织互助性保险合作社来经营的保险。在互助保险中，当其中某个成员受到灾害损失时，其余成员将共同分担，即全体社员分摊应支付的赔偿损失保险金。行业自保是指某一行业为本系统企业提供保险，行业自保的组织形式一般是成立自营保险公司。自保公司主要办理本系统企业的保险业务，并通过积累一定的保险基金作为损失补偿的后备。世界各国的行业自保公司多属于航空产业、石油产业等。但是，由于行业自保公司多是股份制有限公司，独立经营，其资信与

母公司企业分离，所以在一些国家和地区比较重视对这类保险公司的监督，并不鼓励它们过度发展。

四、保险公司的经营

保险公司的经营是建立在科学分析和专业操作基础上的，其经营的基本原则是大数法则和概率论所确定的原则，保险公司的客户越多，承保范围越大，风险就越分散。这样才能做到保险保障范围的扩大和保险公司自身经营的稳定和扩张。在保险公司业务经营的一般过程中，最主要是要把握好展业、承保和理赔三个主要环节。

（一）保险展业

保险展业是保险公司进行市场营销，向客户推销保险商品和服务的活动。其内容主要包括：认真调查分析保险市场，精心设计保险品种，以适应不同客户的投保要求；进行广泛有效的保险宣传，让更多的人了解保险商品和保险公司的服务内容，最大限度地挖掘潜在客户；对投保人提供周到、优质的售后服务，树立保险公司良好形象，巩固和扩大市场份额等。保险公司的展业活动，既可通过自身的业务人员去直接进行，也可通过保险代理人或保险经纪人进行。在代理人展业方式中，保险代理人与保险人订立代理合同，在合同规定的职权范围内为保险人招揽业务，以获取根据业务量计提的佣金。在保险市场中，有许多专门从事保险代理业务的专业代理人，也有许多取得保险代理资格的兼业代理人，如银行、旅行社、铁路运输公司、轮船公司等。在经纪人展业方式中，由经纪人作为投保人和保险人之间业务联系的中介，为投保人提供保险咨询服务，制订风险管理方案和选择适当的保险人，并承接办理投保手续、代交保险费、索取保险赔款等事宜，以及为保险人提供保险市场咨询服务、承接保险人委托的有关事宜等。各国的保险立法均对保险展业者及其活动有明确规定，主要内容包括：规定保险展业者范围，一般只允许保险公司职员、依法领取经营许可证的保险代理人和经纪人；规定保险公司委托他人为其展业的范围及保险展业者展业活动的范围；规定约束保险展业者行为的条件，如：不允许对投保人或被投保人隐瞒其必须知道的重要事项和阻碍投保人履行告知义务，不允许向保险人或被保险人提供虚假信息，不允许向投保人或被保险人承诺提供保险合同以外的其他利益等。

（二）核保和承保

核保是保险人对投保人或被保险人的投保要求进行审核、判断和决定是否接受投保的过程，是控制保险业务质量的最主要环节。核保是对被保险人与保险内容有关的所有情况进行调查核实。核保的重点在于排除两种危险：一种是道德危险，即被保险人故意导致损失发生的危险；另一种是心理危险或依赖危险，即参加保险后对保险标的产生心理松懈情绪而助长损失发生的危险。

经核保后，保险人认为投保人提出的保险请求符合条件，同意接受其投保并签发保险单，即为保险承保。保险人一旦承保，则按保险条款承担保险标的所发生的在保险合同责任范围内的经济损失的补偿或给付责任，而被保险人则获得了索赔的权利。保险人在承保过程中，需与被保险人明确保险标的、保险单位、保险费和保险费率、保险金额、保险责任、保险期限、保险赔偿等必要内容。这些内容的确定既要满足投保人的保险需求，又考虑保险人的保险供给能力或承保与偿付能力。

（三）保险理赔

保险理赔是保险人处理有关保险赔偿责任的程序及工作。当保险标的发生事故造成损失时，保险人即开始理赔过程，一般程序为：①受理损失通知，立案编号，现场勘查；②损失核赔，即通过整理分类，核实保险标的的实际损失程度和数额，明确赔偿责任准确计算应赔金额；③处理损余物资，核查施救费用，确定实际赔款金额；④处理纠纷和疑难案件，对应由第三者负赔偿责任的损失，由保险人享有代位求偿权，即以被保险人名义行使向第三责任人的追偿权；⑤保险人按理赔结果向被保险人给付赔偿金。保险理赔是保险的经济补偿功能和保险人信誉的体现，也是对承保工作质量的检验，若赔案增多，理赔数目增大，说明承保决策有误或在手续上存在疏漏。因此，通过保险理赔，可发现承保中存在的问题，也可积累防灾防损的经验。

第三节　证券机构

❖ **学习目标** ❖

通过教学，使学生掌握各类证券机构的主要业务。

证券机构是指为证券市场参与者，如发行人、投资者提供中介服务的机构。它包括证券交易所、证券公司、证券登记结算公司、证券投资咨询公司、基金管理公司等。

一、证券交易所

证券交易所是依据国家有关法律法规，经政府证券主管机关批准设立的集中进行证券交易的有形场所。证券交易所创造了公开、公平的市场环境，提供便利条件从而保证证券交易的正常运行。世界上最早的证券交易所是1613年成立的荷兰阿姆斯特丹证券交易所。1905年设立的"上海众业公所"是中国最早的证券交易所。新中国成立后，一度取消证券交易。1990年和1991年，上海和深圳相继设立证券交易所。

　　我国的股票交易是集中在证券交易所进行的，不允许在交易所之外进行股票交易。

（一）证券交易所的特征

1. 证券交易所是由若干会员组成的一种非营利性法人组织

证券交易所不同于证券经营机构，它专门组织和管理证券交易活动，但自身并不从事证券买卖业务，不以盈利为目的。世界上除少数以公司制形式存在的证券交易所，如日内瓦证券交易所、纽约证券交易所是营利性机构外，绝大多数证券交易所都是以会员制形式存在的非营利机构。交易所的会员主要由证券商组成。只有会员和享有特许权的经纪人，才有在交易所从事交易活动的资格。

2. 证券交易所的设立须经国家的批准

证券交易所的设立必须经国家有关部门批准，各国对此都有严格的规定。如我国，设立证券交易所，须由国务院证券管理委员会审核，报国务院批准。

3. 证券交易所的最高权力机构是会员大会

会员大会是证券交易所的最高权力机构，它决定证券交易所的基本方针；理事会是由理事长及若干名理事组成的协议机构，制订为执行会员大会决定的基本方针所必需的具体方法，制订各种规章制度。证券交易所的执行机构有理事长及常任理事。

（二）证券交易所的种类

证券交易所分为公司制和会员制两种。这两种证券交易所均可以是政府或公共团体出资经营的（称为公营制证券交易所），也可以是私人出资经营的（称为民营制证券交易所），还可以是政府与私人共同出资经营的（称为公私合营的证券交易所）。

1. 公司制证券交易所

公司制证券交易所是以营利为目的，提供交易场所和服务人员，以利证券商的交易与交割的证券交易所。从股票交易实践可以看出，这种证券交易所要收取发行公司的上市费与证券成交的佣金，其主要收入来自买卖成交额的一定比例，而且，经营这种交易所的人员不能参与证券买卖，从而在一定程度上可以保证交易的公平。

在公司制证券交易所中，总经理向董事会负责，负责证券交易所的日常事务。董事会的职责是：核定重要章程及业务、财务方针；拟定预算决算及盈余分配计划；核定投资；核定参加股票交易的证券商名单；核定证券商应缴纳营业保证金、买卖经手费及其他款项的数额；核议上市股票的登记、变更、撤销、停业及上市费的征收；审定向股东大会提出的议案及报告；决定经理人员和评价委员会成员的选聘、解聘及核定其他项目。监事会的职责包括审查年度决算报告及监察业务、检查一切账目等。

2. 会员制证券交易所

会员制证券交易所是不以营利为目的，由会员自治自律、互相约束，参与经营的会员可以参加股票交易中的股票买卖与交割的交易所。这种交易所的佣金和上市费用较低。但是，由于经营交易所的会员本身就是股票交易的参加者，因而在股票交易中难免出现交易的不公正性。同时，因为参与交易的买卖方只限于证券交易所的会员，新会员的加入一般要经过原会员的一致同意，这就形成了一种事实上的垄断，不利于提高服务质量和降低收费标准。

小贴士　设立会员制证券交易所的目的不是为了营利，而是为会员提供交易的场所，所以收取的费用较低。

在会员制证券交易所中，理事会的职责主要有：决定政策，并由总经理负责编制预算，送请成员大会审定；维持会员纪律，对违反规章的会员给予罚款、停止营业与除名处分；批准新会员进入；核定新股票上市；决定如何将上市股票分配到交易厅专柜等。

（三）证券交易所的成员

不论是公司制的交易所还是会员制的交易所，其参加者都是证券经纪人和自营商。

1. 会员

会员包括股票经纪人、证券自营商及专业会员。

股票经纪人主要是指佣金经纪人，即专门替客户买卖股票并收取佣金的经纪人。交易所规定只有会员才能进入大厅进行股票交易。因此，非会员投资者若想在交易所买卖股票，就必须通过经纪人。

股票自营商是指不为顾客买卖股票，而是为自己买卖股票的证券公司，根据其业务范围可以分为直接经营人和零售交易商。直接经营人是指在交易所注册的、可直接在交易所买卖股票的会员，这种会员不需支付佣金，其利润来源于短期股票价格的变动。零售交易商是指专门从事零售交易的交易商（零售交易是指不够一单位所包含的股数的交易），这种交易商不能收取佣金，其收入主要来源于以低于整份交易的价格从证券公司客户手中购入证券，然后以高于整份交易的价格卖给零售股票的购买者所赚取的差价。

专业会员是指在交易所大厅专门买卖一种或多种股票的交易所会员。专业会员的交易对象是其他经纪人，按规定不能直接同公众买卖证券。在股票交易实践中，专业会员既可以经纪人身份、也可以自营商身份参与股票的买卖业务，但他不能同时身兼二职参加股票买卖。

2. 交易人

交易人进入交易所后，就被分为特种经纪人和场内经纪人。

特种经纪人是交易所大厅的中心人物，每位特种经纪人都身兼数职，主要有：充当其他股票经纪人的代理人；直接参加交易，以轧平买卖双方的价格差距，促成交易；在大宗股票交易中扮演拍卖人的角色，负责对其他经纪人的出价和开价进行评估，确定一个公平的价格；负责本区域交易，促其成交；向其他经纪人提供各种信息。

场内经纪人主要有佣金经纪人和独立经纪人。佣金经纪人即为上述股票经纪人。独立经纪人主要是指一些独立的个体企业家。一个公司如果没有自己的经纪人，就可以成为独立经纪人的客户，每做一笔交易，公司须付一笔佣金。在实践中，独立经纪人都会竭力按公司要求进行股票买卖，以获取良好信誉和丰厚报酬。

小问号 "两美元经纪人"属上述哪一类经纪人？

3. 客户和经纪人之间的关系

在股票投资与交易活动中，客户与经纪人是相互依赖的关系，主要表现在下列四个方面：

（1）授权人与代理人的关系。客户作为授权人，经纪人作为代理人，经纪人必须为客户着想，为其利益提供帮助。经纪人所得收益为佣金。

（2）债务人与债权人的关系。这是在保证金信用交易中客户与经纪人之间关系的表现。客户在保证金交易方式下购买股票时，仅支付保证金若干，不足之数向经纪人借款。不管该项借款是由经纪人贷出或由商业银行垫付，这时的经纪人均为债权人，客户均为债务人。

（3）抵押关系。客户在需要款项时，须持股票向经纪人作抵押借款，客户为抵押人，经纪人为被抵押人，等以后股票售出时，经纪人可从其款项中扣除借款数目。在经纪人本身无力贷款的情况下，可以客户的股票向商业银行再抵押。

（4）信托关系。客户将金钱和证券交由经纪人保存，经纪人为客户的准信托人。经纪人在信托关系中不得使用客户的财产为自身谋利。客户若想从事股票买卖，须先在股票经纪人公司开立账户，以便获得各种必要资料，然后再行委托；而经纪人则不得违抗或变动客户的委托。

（四）证券交易所的职责

证券交易所的职责主要包括：提供股票交易的场所和设施；制定证券交易所的业务规则；审核批准股票的上市申请；组织、监督股票交易活动；提供和管理证券交易所的股票市场信息等。

[阅读资料6.12]　　　　纽约证券交易所

纽约证券交易所是世界规模最大的买卖有价证券的交易市场，创立于1792年，设在纽约的华尔街和威廉街的西北角，后几经搬迁，现定址于华尔街11号。交易所的交易市场是一个大厅，厅内设有19座马蹄形的交易台。其中12座平均每台交易10种以上的股票；6座平均每台交易70种以上的股票；另有一座专门经营200余种优先股股票，它以10股为一成交单位（一般的股票是以100股为单位）。交易时间每天 5 小时。该所规定，只有会员才可以在交易所内进行交易。其会员分为四类：佣金经纪人、次经纪人、专家经纪人和零股经纪人。

一个公司的股票要取得在纽约证券交易所进行交易的资格，必须向该所注册。在美国全国性的证券交易所中，纽约证券交易所的注册条件最为严格。它规定一个公司要具有相当规模才可以申请将其股票在纽约证券交易所挂牌上市，且年净利必须在 100 万美元以上，并且至少要有 1500 股，财产以普通股计，不得少于 800 万美元。

（资料来源：百度网站）

二、证券公司

证券公司是指依照公司法规定设立的并经国务院证券监督管理机构审查批准而成立的专门经营证券业务、具有独立法人地位的金融机构。通常，证券公司就是为投资人买卖股票提供通道的机构。作为普通投资者，都是在证券公司开户并通过证券公司中介买卖股票。证券公司分为证券经营公司和证券登记公司。

（一）证券经营公司

证券经营公司是狭义的证券公司，是经主管机关批准并到有关工商行政管理局领取营业执照后专门经营证券业务的机构。它具有证券交易所的会员资格，可以承销发行、自营买卖或自营兼代理买卖证券。普通投资人的证券投资都要通过证券商来进行。从证券经营公司的功能分，可分为证券经纪商、证券自营商和证券承销商。

小贴士　　证券公司在股市中的定位很象是一个百货商店，方便大众买卖股票。

证券经纪商，即证券经纪公司。它是代理买卖证券的证券机构，接受投资人委托、代为买卖证券，并收取一定手续费即佣金。

证券自营商，即综合型证券公司，除了证券经纪公司的权限外，还可以自行买卖证券的证券机构，它们资金雄厚，可直接进入交易所为自己买卖股票。

证券承销商，以包销或代销形式帮助发行人发售证券的机构。实际上，许多证券公司是兼营这三种业务的。按照各国现行的做法，证券交易所的会员公司均可在交易市场进行自营买卖，但专门以自营买卖为主的证券公司为数极少。

另外，一些经过认证的创新型证券公司，还具有创设权证的权限。

（二）证券登记公司

证券登记公司是证券集中登记过户的服务机构。它是证券交易不可缺少的部分，并兼有行政管理性质。它须经主管机关审核批准方可设立。

[阅读资料6.13]　　　证券交易所与证券公司

证券交易所和证券公司是两个完全不同的概念。

证券交易所是有组织的有价证券交易市场，证券交易所的主要业务是提供证券集中交易的场所和设施。在主管机关批准的范围内管理证券商和上市公司，提供证券市场的信息服务等。证券交易所本身并不参与证券交易，不能决定证券价格。证券交易所采用会员制组织形式，因此普通自然人和法人不能直接到证券交易所进行买卖交易，所有证券交易都必须通过证券商来进行，而证券公司便是这样的证券商。成为交易所会员的证券公司可以进入交易市场参与交易。从证券商的功能分，证券商可分为证券经纪商、证券自营商和证券承销商。在我国证券商可以兼营这三种业务。

（资料来源：百度网站）

（三）证券投资咨询服务机构

证券投资咨询服务机构是指在证券市场上专门为市场参与者提供信息和决策服务或进行证券信用等级评估的机构，可分为证券投资咨询机构和证券评级机构。前者的主要业务是为投资者提供各种对投资有价值的信息，进行信息分析和投资决策论证等，充当投资者的投资顾问，如帮助投资者获得并分析宏观经济运行的各种指标，有关产业发展的特点和结构变化的资料，有关发行公司的业绩及其证券的收益性、成长性、财务稳定性的情况等，使投资者了解市场、明确投资价值和投资方向。后者的主要业务是对参加证券投资活动的机构和证券的资信等级进行评定。

[阅读资料6.14]　　证券投资咨询机构面临"十六条红线"

据《第一财经日报》2008年2月26日报道：中国证监会将对证券投资咨询机构进行2007年年检。证监会为证券投资咨询机构划定了十六条红线，包括"不能持续符合证券投资咨询业务资格条件"、"参与向社会公众非法买卖或代理买卖未上市公司股票等非法证券活动"、"内部管理混乱，聘请无执业资格人员或其他机构执业人员代表本机构从事证券投资咨询业务，情节严重"等，触及任何一条，年检将不予通过。

（资料来源：第一财经日报.2008年2月26日；百度网站）

（四）证券结算登记机构

证券结算登记机构是专门办理证券登记、存管、过户和资金结算交收业务的证券服务机构。证券交易活动必然会引起证券所有权转移和资金流动，因此，结算登记业务是确保证券市场正常运行不可缺少的环节。一个健全和完善的证券市场必须具备有序和高效的证券结算登记系统，这种系统多以结算登记公司或中心的形式存在，如美国国家证券结算公司、日本证券托管中心、中国香港中央结算公司、中国内地的中国证券登记结算公司等。证券结算登记机构有些为单个证券交易所的结算系统，如香港中央结算公司，有些则为多个证券交易所或市场的结算系统，如美国国家证券结算公司就承担着纽约证券交易所、美国证券交易所、

NASDAQ 等市场的证券托管和结算业务，日本证券托管中心为日本的八大交易所承办证券结算业务。

（五）证券金融公司

证券金融公司是在信用交易制度下为从事证券信用交易的机构进行融资融券活动的机构，也称为证券融资公司。这种机构的主要活动方式是吸收证券公司、交易所或其他证券机构存进的资金和证券，转而向愿意以信用交易方式买卖证券的机构贷出资金和证券。证券金融公司进行融资融券活动的意义在于活跃证券市场的交易，但这种机构目前尚不普遍，大多数信用交易中的融资融券活动是通过交易者之间的借贷行为（如经纪人贷款）完成的。我国现行的证券法规尚不允许从事证券信用交易，因而也没有证券金融公司这种机构形式。

小　　结

（1）非银行类金融机构是指不通过吸收存款筹集资金的金融机构，主要包括信托机构、保险机构、证券机构、政策性金融机构等。目前我国的非银行金融机构也有了广泛地发展，构成了我国金融体系的重要方面。

（2）信托机构是指经营金融委托代理业务的非银行金融机构，其开展的业务种类很多，既有传统的委托业务，又有适合我国国情的代理业务、租赁业务和咨询业务。

（3）保险机构。保险公司也是属于非银行的金融机构，主要经办各种保险业务，并通过保险业务筹集资金开展金融业务。

（4）证券机构主要指严格分工意义上的各类证券机构，主要包括证券经营机构、证券投资咨询机构、证券结算登记机构、证券金融公司以及证券业务相关的各类事务所等。

练　习　题

一、名词解释

非银行金融机构　信托　租赁　委托　代理　保险公司　再保险　理赔保险合同　保险金　证券交易所　证券公司

二、判断题

1. 现代意义的信托业是一种财产管理制度。　　　　　　　　　　（　　）

2. 同一保险人不得兼营财产保险业务和人身保险业务这两类保险业务。

　　　　　　　　　　　　　　　　　　　　　　　　　　　　（　　）

3. 人身保险的保险标的是人的身体或者生命，完全可以用货币计量。

　　　　　　　　　　　　　　　　　　　　　　　　　　　　（　　）

4. 保险价值就是保险金额。　　　　　　　　　　　　　　　　（　　）

5. 受托人不能是信托的唯一受益人。 （　　）

6. 普通股民是在证券交易所开户、买卖股票的。 （　　）

7. 融资租赁业务中的租金应包含融资的本息。 （　　）

8. 证券公司是集中进行证券交易的场所。 （　　）

9. 代理业务中的受托人可以随意处置委托人的财产。 （　　）

三、简答题

1. 保险理赔应遵循哪些原则？理赔的基本程序如何？

2. 谈谈你对发展我国信托业的看法。

四、技能训练题

走访一家证券公司，了解股票开户、交易的程序。

第七章

中 央 银 行

知识点

1. 中央银行产生的原因、中央银行的建立和发展。
2. 中央银行的性质及主要职能。
3. 中央银行的主要业务。
4. 中央银行与金融稳定。

技能点

1. 中央银行的性质和主要职能。
2. 人民银行的主要业务。

引导阅读

　　中央银行是一国金融体系的核心，对整个国民经济发挥着宏观调控作用。我国的中央银行是中国人民银行。本章将对中央银行的产生和发展、中央银行的性质和职能、中央银行的主要业务进行具体分析。

第一节　中央银行的产生和发展

❖ 学习目标 ❖

　　中央银行是经济、社会发展的特定产物。本节主要阐述中央银行产生的原因、中央银行发展的历程，以及中国人民银行的形成与发展等问题。通过教学，学生能了解中央银行的产生与发展，认识中央银行产生与发展的必然性。

一、中央银行的建立和发展

　　中央银行的产生是经济、社会发展的特定产物，到现在为止已有 300 多年的历史。最早的中央银行产生于 17 世纪中后期，当时资本主义经济已经发生深刻变化，商品经济迅猛发展、出现了信用、银行券流通、票据交换以及金融监管等一系列问题，这些为中央银行的产生奠定了客观的经济基础。

　　中央银行的建立有两种方式：第一种是以欧洲具有悠久银行业历史的国家如瑞典、英国等为代表，政府通过赋予某家私人银行垄断货币发行的权力，使这家私人银行逐步改组演变为现代的中央银行；第二种是借鉴前者的历史经验，由政府直接设立，如美国联邦储备银行、中国人民银行，以及第二次世界大战后许多发展中国家建立的中央银行。世界上最早的中央银行是瑞典银行，它原是 1656 年由私人创办的银行，后于 1668 年由政府出面改组为国家银行，对国会负责，但直到 1897 年才独占发行权，开始履行中央银行职责，成为真正的中央银行；其次是 1694 年成立的英格兰银行，该行是最早的私人股份制银行，它在成立之初就在接受政府存款、向政府提供贷款以及发行银行券方面享有一定特权。1833 年，国会规定英格兰银行发行的银行券是全国唯一的无限法偿货币；1844 年英国首相皮尔主持通过《英格兰条例》（又称《皮尔条例》），限制其他商业银行发行银行券的数量，使英格兰银行基本垄断了货币发行权。再加上该行与政府及国库的密切关系使英格兰银行作为特殊银行的地位更加巩固。由于该行发行的纸币流通范围最广，信誉最高，因此其他商业银行需要银行券只有从英格兰银行提取，所以必须在英格兰银行存款，这样英格兰银行集中了其他商业银行的一部分准备金。其他商业银行可以利用这部分准备金来清算银行间的债权债务，英格兰银行就逐步取得了清算银行的地位，1854 年英格兰银行成为英国银行业的票据交换中心。到 1872 年，它又开始扮演起"最后贷款人"的角色，为处于困境的银行提供资金支持。此外，1844 年以后，英格兰银行机构分为发行部和业务部，将发行钞票与银行业务分开，这也就奠定了现代银行组织的模式。19 世纪中叶以后，该银行运用贴现率来调节货币和信贷量以及金本位下的资金转移，结果颇具成效。英格兰银行成立虽比瑞典银行晚，但至 19 世纪后期，英格兰银行已成为中央银行的典范。

整个 19 世纪到第一次世界大战爆发前这 100 多年里，出现了成立中央银行的第一次高潮。如成立于 1800 年的法兰西银行，到 1848 年垄断了全法国的货币发行权，并于 19 世纪 90 年代完成了向中央银行的过渡；德国于 1875 年把原来的普鲁士银行改为国家银行，于 20 世纪初基本独享货币发行权。先后成立中央银行的主要国家有法国、荷兰、奥地利、挪威、丹麦、比利时、西班牙、俄国、德国、日本、美国等。这期间，世界上约有 29 家中央银行成立，其中绝大部分在欧洲。它们的产生主要是本国经济、金融发展的产物，并且除个别外，都是由普通银行通过逐步集中货币发行权和对一般银行提供清算服务及资金支持而演变为中央银行的。

[阅读资料7.1]　　　　**美国的中央银行制度**

美国是西方主要国家中建立中央银行制度比较晚的一个国家。从 1833 年到 1863 年，美国曾出现了自由银行制度，各银行都可以自由发行银行券，以致币制紊乱，货币贬值。1863 年，美国政府为了结束货币紊乱的局面和为南北战争筹措经费，公布了《国民银行法》，规定凡向联邦政府注册的国民银行可以根据其持有的政府公债发行银行券。国民银行制度的主要弊端在于银行券的发行不具有弹性，它的发行以政府债券为基础，不能随着经济的发展调节货币供应量，同时存款准备金极端分散，因而不能应付经常出现的金融动乱，这给美国经济的发展和银行制度的稳定带来不利的影响。针对这一情况，1913 年美国国会通过了《联邦储备法》，正式建立中央银行制度，即联邦储备系统，其主要措施之一就是联邦储备系统统一发行联邦储备券，并把会员银行的存款准备金集中于 12 家联邦储备银行，使联邦储备系统执行中央银行的职能。

（资料来源：中国人民银行网站）

第一次世界大战以后，许多国家的金本位制在战争期间被破坏，出现了世界性的金融恐慌和严重的通货膨胀。为维护国际货币体系和经济稳定，1920 年在布鲁塞尔召开的国际金融会议要求尚未建立中央银行制度的国家尽快建立中央银行，掀起了建立中央银行的第二次高潮。新成立或新改组的中央银行许多是运用政府力量直接设计成为在法律上具有明确权责的特定机构。第二次世界大战以后，一批从殖民统治中独立出来的国家也纷纷建立了自己的中央银行。

当中央银行制度在世界各国日益普及的同时，中央银行的管理职能也日益加强。20 世纪 30 年代经济大危机以来，各资本主义国家越来越强调政府对经济的干预作用，货币政策和财政政策则是政府干预经济的主要武器，中央银行作为货币政策的制定者和实施者，其地位变得越来越重要。与此同时，政府对中央银行的控制也不断加强，法、英等国相继实行了中央银行的国有化。因此，中央银行越来越成为政府机构的一部分，而不再是一般意义上的银行。中央银行的三大职能——发行的银行、银行的银行、国家的银行在这段时期逐渐完善。

二、中国人民银行的形成与发展

中国人民银行是在革命根据地银行的基础上发展起来的。1948年12月1日，中国人民银行在原华北银行、西北农业银行、北海银行的基础上在石家庄成立了中国人民银行，并于1949年2月将总行迁至北京，中国人民银行在成立至今近60年的历史变迁中经历了四个不同的发展阶段。

第一阶段是新中国成立至1978年以前，全国只有一家银行，即中国人民银行。它同时履行中央银行和商业银行的职能，是一种"大一统"的复合性的中央银行制度。

这种"大一统"的"一身二职"的体制，适应并服务于指令性计划为主的高度集中的计划经济体制，在当时的历史条件下，有利于国家高度集中有限的资金用于国民经济建设，有力地支持了社会主义工业体系的建立，奠定了我国工业化的基础。

第二阶段是从1979年至1983年，"大一统"银行体系逐渐解体。1979年2月，中国农业银行恢复营业，中国人民银行和中国农业银行再度划分业务范围；同年3月，中国银行从中国人民银行中独立出来，成为国家指定的外汇专业银行；1979年4月，中国人民银行又扶持中国人民保险公司于次年1月1日恢复办理中断了20年之久的国内保险业务。同时，还巩固了农村信用合作制度和建立了一些城市信用合作社。中国人民银行的经营性业务逐步减少，开始向专司中央银行职能过渡。

第三阶段是从1983年到1997年。1984年1月1日，中国工商银行正式成立，中国人民银行正式开始专门行使中央银行职能。至此，一个以中国人民银行为领导，以国家专业银行为主体的多种金融机构并存、分工协作的具有中国特色的金融体系已基本形成，标志着我国二阶层式银行体制的建立和金融体系的初步形成，标志着单一制中央银行制度的建立。1995年3月18日，第八届全国人民代表大会第三次会议通过了《中华人民共和国中央人民银行法》，从法律上确立了中国人民银行的地位和基本职权，并确立了按社会主义市场经济体制的要求，建立规范化、现代化的中央银行组织体系和管理机构，标志着中国中央银行制度进入了法制化轨道，标志着中央银行制度的基本完善。

第四阶段是从1997年至今。1998年中国人民银行进行了组织机构体系的改革，中国人民银行在北京和重庆成立了营业管理部，在天津、沈阳、上海、南京、济南、武汉、广州、成都、西安等城市设立了9家分行，使中央银行制度更趋成熟，更有利于经济的发展。2003年，根据第十届全国人民代表大会审议通过的国务院机构改革方案的规定，将人民银行从银行、金融资产管理公司、信托投资公司及其他存款类金融机构的监管职能分离出来，并和中央金融工委的相关职能进行整合，成立了中国银行业监督管理委员会。人民银行不再承担上述监管职能后，将强化制定和执行货币政策的职能，更好地发挥货币政策在宏观调控和防范与化解金融风险中的作用，进一步改善金融服务。

第二节　中央银行的性质和职能

❖ **学习目标** ❖

中央银行是一国金融体系的核心，对整个国民经济发挥着宏观调控作用。本节主要阐释中央银行的性质和职能。通过教学，使学生了解中央银行的性质，掌握中央银行的主要职能。

一、中央银行的性质

中央银行是一国金融体系的核心，处于一国金融业的领导地位，其性质是由业务活动特点和所发挥的作用决定的。首先，从中央银行的业务活动特点来看，它是特殊的金融机构，不以盈利为目的。其业务服务对象是商业银行等金融机构，不与一般的工商客户和居民个人打交道。中央银行负责货币发行、管理货币流通、集中存款准备金、维护支付清算系统的正常运行、代理国库、管理国家黄金外汇储备等工作；其次，从中央银行发挥的作用看，它是宏观经济运行的调控中心，是保障金融稳健运行、调控宏观经济的国家行政机构。中央银行处于整个社会资金运动的中心环节，是国民经济运行的枢纽，是货币供给的提供者和信用活动的调节者，对金融业的监督管理和对货币、信用的调控及对宏观经济运行发挥着重要的影响；第三，中央银行是管理国家金融事业的机关，承担政府金融管理职能。从隶属关系看，中央银行大都隶属于政府或国家权力机关。

小问号 中央银行与商业银行有何区别？

二、中央银行的职能

（一）发行的银行

所谓发行的银行是指中央银行垄断了货币发行权，是该国唯一的货币发行机关，这是中央银行首要和基本的职能。中央银行发行货币的信用基础，在金本位制下，是其集中的黄金储备，在信用货币制度下，是其所代表的国家信用。中央银行根据货币政策目标要求，根据经济运行对货币的客观要求，在其与商业银行等金融机构的业务往来过程中，具体行使货币发行职能。中央银行发行货币的目的是为了执行货币政策，使得货币政策"保持货币币值稳定"的基本目标能得以实现，在发行货币的过程中必须遵循一些基本原则：垄断发行原则、信用保证原则和弹性发行原则。

（二）银行的银行

中央银行作为银行的银行，是指其与商业银行和其他金融机构的特殊业务关系，这种特殊业务关系主要体现在以下三个方面。

1. 集中存款准备金

现代的中央银行通常规定，商业银行和其他金融机构必须依法向中央银行缴存一部分存款准备金，也就是所谓的法定存款准备金制度。其主要目的是：一方面保证存款机构的清偿能力，以备客户提现，从而保证存款人的资金安全以及银行等金融机构的安全；另一方面有利于中央银行调节信用规模和控制货币供应量。由于存款准备金制度是现代中央银行——商业银行二级银行体制下信用货币创造的基础之一，中央银行通常掌握确定法定存款准备率和相关事项的权力，这就使存款准备金制度成为现代中央银行制度下货币政策的一项重要操作工具。

中央银行通过调高或调低存款准备金率达到调控宏观经济的目的。

2. 最终贷款人

最终贷款人，是指中央银行负有维护金融稳定的责任，可以根据情况向出现流动性问题的商业银行和金融机构提供资金援助，避免由于支付链条中断而引起的金融危机。中央银行向商业银行提供资金的主要方式是将其持有的票据向中央银行办理再贴现、再抵押，或直接取得贷款。当然，这种融资制度的作用也仅仅局限于中央银行向商业银行提供资金，因为再贴现、再抵押或直接贷款的条件都是由中央银行制定的，所以，中央银行可以主动地改变有关融资条件，提高或降低再贴现率、规定再贴现票据的种类等，以此来调节商业银行的信贷能力，以协助实现货币政策目标。从这一角度来看，最初为发挥最终贷款人作用而设计的融资制度就发展为中央银行的货币政策工具之一，即再贴现政策。

3. 组织全国清算

商业银行每天都要受理大量的票据，面对各银行间发生的债权债务关系，中央银行采取各银行每日清算差额的办法，大大提高了资金清算的效率。

（三）国家的银行

所谓国家的银行，是指中央银行代表国家贯彻执行财政政策，代理国库收支，以及为国家提供各种金融服务。中央银行作为国家银行的职能，主要体现在以下几个方面。

（1）代理国库。代理国库业务是指政府收入与支出均通过财政部在中央银行开立的各种账户进行，具体包括按国家预算要求协助财政、税务部门收缴库款，根据财政支付命令向经费单位划拨资金，随时反映经办预算收支上缴下拨过程中掌握的预算执行情况。

（2）代理国家债券发行。中央银行通常代理国家发行债券及债券到期时的还本付息事宜。

（3）对国家给予信贷支持。中央银行作为国家的银行，在国家财政出现收不抵支的情况下，一般有提供信贷支持的义务。这种信贷支持采取多种方式：一是直接给国家财政贷款，这主要用于解决财政先支后收等暂时性的问题，各国中央银行一般不能向财政提供长期贷款。二是购买国家公债。中央银行在一级市场上购进国家公债，资金直接形成财政收入，流入国库；如果在二级市场上购买，资金间接流向财政。无论直接还是间接，中央银行只要持有国债，就表明对国家进行了融资。

（4）保管和管理黄金、外汇储备。中央银行通过为国家管理黄金外汇储备，以及根据国内国际情况适时适量购进、卖出外汇和黄金储备，可以起到稳定货币和汇率、调节国际收支、保证国际收支平衡的作用。

（5）制定并监督执行有关金融管理法规。作为政府的金融业务管理部门，中央银行要制定一系列的法律、规章对商业银行等金融机构进行监督管理，包括对商业银行等金融机构的市场准入、市场运营、市场退出等各个方面进行管理监督，确保金融市场的稳健、安全，具体内容包括：金融机构的设立、业务范围的确定、风险管理的制度及其执行情况；与此同时，中央银行拥有对商业银行的经济和行政处罚权力，包括罚款、警告、通报、停业整顿、停办部分业务等，直到吊销金融业务许可证。

（6）代表政府参加国际金融组织，出席各种国际金融会议，在国内外经济金融活动中，充当政府的金融顾问，提供经济、金融情报和决策建议。

第三节　中央银行的主要业务

❖ **学习目标** ❖

通过教学，使学生掌握中央银行的主要业务，包括负债业务、资产业务和清算业务。

一、中央银行的负债业务

中央银行的负债业务是指中央银行以负债形式所形成的资金来源，是中央银行资产业务的基础。它主要包括货币发行业务、资本业务、存款业务等。

（一）货币发行业务

货币发行业务是中央银行最主要的负债业务，是中央银行与一般商业银行区别的重要标志。流通中的纸币都是由中央银行发行的。中央银行的纸币通过再贴现、贷款、购买证券、收购金银外汇等渠道投入市场，形成流通中的纸币，以满足经济发展对货币的需要。

1. 货币发行原则

（1）垄断发行的原则。即货币发行权应高度集中于中央银行，只有这样才能避免多头发行造成的货币流通混乱。保证一国国内流通统一的通货形式，也只有这样，才能使中央银行高效率地调节流通中的货币量，使货币政策的制定与执行得以落实。

（2）信用保证原则。它是指货币发行要有一定的外汇、黄金或有价证券等作保证，使得货币发行保持在适度的范围内，即保证国民经济发展的需要，又避免通货膨胀的威胁，确保国民对本国货币的信任。因此，中央银行不得在政治等压力下随意发行货币，要以可靠的准备金制度为基础，坚持经济发行，防止财政发行。所谓经济发行是指中央银行根据国民经济发展的需要适度地增加货币发行量，货币的投放必须适应流通中货币需求量增长的需要，即避免过多发行，又必须确保经济发展对货币的需要。所谓财政发行是指为弥补国家财政赤字而引起的货币发行。这种发行不是以经济增长为基础，会形成超经济需要的过多货币量，从而导致市场供求紧张，物价上涨。

（3）弹性发行原则。也就是说货币发行要具有一定的灵活性，使货币发行动态地适应经济发展的需要。这是由于货币容纳量弹性引起的，即货币资产、金融资产、实物资产之间具有高度的相互替代性和货币流通速度的自动调节作用，使货币供应量可以在一定程度上偏离货币需求量，而不至于引起货币贬值、物价上涨。

2. 人民币的发行

人民币的发行业务是通过发行库与业务库之间的调拨来实现的。人民银行保管发行基金的金库叫发行库。所谓发行基金就是人民银行代国家保管的人民币票券，它不是流通中货币，是调节货币流通的准备金。业务库是商业银行基层行（处、所）为了办理日常现金收付业务而建立的金库，它保留的现金是基层行（处、所）现金收付的周转金、营运资金的组成部分，经常处于有收有付的状态。发行库将发行基金调拨给业务库叫出库，是货币投放；业务库将现金交入发行库叫入库，是货币回笼。

具体的操作程序是：当商业银行基层行的现金不足以支付时，可到当地中国人民银行在其存款余额内提取现金，于是，人民币发行库转移到商业银行的业务库，经存款人提现后，业务库的部分人民币就进入流通领域。但是，市场上流通的人民币同时也会存入商业银行进入商业银行的业务库，当商业银行基层行的现金超过限额时，超过的部分应自动送交中国人民银行，该部分人民币返回发行库，意味着退出流通领域。这一过程如图7.1所示。

业务库与发行库的区别在于：

（1）机构的设置不同。发行库是各级中国人民银行的重要组成部分，实行垂

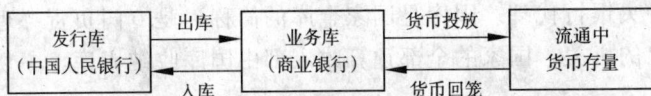

图 7.1 人民币的流通过程图

直领导，它是由中国人民银行根据自身结构情况和各地区经济发展的需要设立的；业务库是各家商业银行根据基层行（处、所）对外营业的需要而设立的。

（2）保管的货币性质不同。发行库保管的是发行基金，是待发行的货币；业务库保管的是现金，是已发行的货币。

（3）业务对象不同。发行库的业务对象是各商业银行和其他金融机构；业务库的对象是全社会，是与银行有业务关系的普通客户。

（4）收付款项的起点不同。发行库出入库的起点金额是以千元为单位，必须整捆出入库；而业务库收付的现金则不受起点金额的限制。

小贴士　中华人民共和国已发行五套人民币，形成纸币与金属币、普通纪念币与贵金属纪念币等多品种多系列的货币体系。

（二）资本业务

中央银行的资本业务实际上就是筹集、维持和补充自有资本的业务。中央银行与其他银行一样，为了保证正常的业务活动必须拥有一定数量的资本。目前世界上绝大多数国家的中央银行都由中央政府出资，也有一些国家的中央银行由地方政府、国有机构、私人银行和部门出资，但是，他们都无权参与中央银行管理，也不能转让所持股份。

（三）存款业务

1. 集中商业银行准备金存款

集中存款准备金，是指中央银行收存的商业银行的存款。商业银行准备金存款是中央银行作为"银行的银行"，集中商业银行的存款准备金形成的一项负债，由于一般不支付利息，形成了中央银行低成本、稳定的资金来源。

中央银行集中商业银行的存款准备金目的有两个：一是保证存款机构的清偿能力，一般以备客户提现，从而保障存款人资金的安全以及银行等金融机构本身的安全；二是有利于中央银行调节信用规模和控制货币供应量。中央银行集中的存款准备金由两部分组成：一部分是法定存款准备金，它等于商业银行吸收存款余额乘以中央银行规定的法定存款准备金比率；另一部分是商业银行的超额准备金，也称为一般性存款，是指商业银行为保持资金清算和同业资金往来而存入中央银行的存款。

2. 政府存款

中央银行作为政府的银行，一般都由政府赋予代理国库的职责，财政的收入和支出都由中央银行代理。国库是国家金库的简称，是专门负责办理国家预算资金收纳和支出的机关。国家的全部预算收入都由国库收纳入库，一切预算支出都由国库拨付。

国家财政预算收支保管一般有两种形式：一种是国库制，又分为独立国库制和委托国库制。独立国库制是指国家专门设立相应的机构办理国家财政预算收支的保管、出纳工作；委托国库制是指国家不单独设立机构而是委托银行代理国库业务。一种是银行制，指国家不专门设立金库机构，由财政部门在银行开户，将国家预算收入作为存款存入银行的管理体制。世界上经济发达的国家多采用委托国库制。

政府部门存款是指由于中央银行考虑国库在各级财政预算执行过程中因先收后支或收大于支，而使财政资金暂时停留在中央银行账面上所形成的一种存款。政府部门存款一般来说属于暂息形态的款项，形成中央银行的短期资金来源，但当财政收支出现结余时，则可作为中央银行的长期性资金来源。

当今时代，世界各国的财政收支流量十分巨大，因此政府财政部门常年在中央银行存有一笔存款，其数额仅次于商业银行在中央银行的准备金存款。

3. 特种存款

特种存款是中央银行直接控制方式之一。它是指中央银行按商业银行、专业银行和其他金融机构信贷资金的营运情况，根据银根松紧和资金调度的需要，以特定方式向这些金融机构集中一定数量的资金。

中央银行吸收特种存款具有以下几个方面的特点：一是中央银行为特殊资金需要而吸收的存款，中央银行的特种存款都是在特定的经济形势下，为调整信用规模和结构、支持国家重点建设或其他特殊资金需要，从金融机构存款中集中的一部分资金；二是特种存款来源对象具有特定性，一般来说特种存款很少面向所有的金融机构，不像存款准备金是面向所有吸收存款的金融机构而吸收的；三是特种存款期限较短，一般为一年；四是特种存款利率完全由中央银行确定，具有特殊的规定性，金融机构只能按规定利率及时足额地完成存款任务。

4. 其他存款

中央银行吸收的存款除了商业银行存款、财政性存款和特种存款外，还有邮政储蓄存款、非银行金融机构存款、外国政府或外国金融机构存款。邮政储蓄存款是指邮政机构在办理函、电、汇、发等邮政业务的同时，办理以个人为主要对象的储蓄存款业务，这项业务将伴随着邮政储蓄银行的出现而逐步减少。非银行金融机构在中央银行的存款同商业银行在中央银行存款的性质和范围内容基本相同。外国政府或外国中央银行的存款是属于外国政府的，他们持有这些债权构成本国的外汇，随时可以用于贸易结算和债务清偿。

[阅读资料7.2]　　　　**央行重启特种存款**

2007年10月，央行向部分存款类金融机构发出通知，拟吸收部分非公开市场一级交易商的资金作为特种存款，存款期限为3个月和1年，利率与当前同期限央票发行利率持平，分别为 2.91％和 3.44％，市场预计总规模在 1000 亿元左右。与 1987 年和 1988 年开办特种存款类似，本次该政策调控工具的重新启用，显示央行进一步扩大回收流动性范围，以达到调整信贷结构的目的。特种存款除了有效缓解流动性过剩，还将起到引导信贷资金合理增长的作用。

（资料来源：新华网）

二、中央银行的资产业务

中央银行的资产业务是指中央银行运用其负责资金来源的业务活动，主要包括贷款业务、再贴现业务、证券买卖和黄金、外汇储备。

（一）贷款业务

贷款业务是中央银行主要资产业务之一。在中央银行的资产负债表中，贷款是一个大项目，它充分体现了中央银行作为"最后贷款人"的职能作用。贷款业务是指中央银行对商业银行和其他金融机构发放贷款，主要解决其临时性资金不足，弥补头寸的临时性短缺，当然也包括在紧急情况下保证商业银行的最后清偿能力，防止出现金融恐慌，维护金融体系的安全。一般贷款利率比较优惠，贷款期限较短。

中央银行的贷款是商业银行基础货币的重要来源，它对于维护金融体系安全、抑制通货膨胀、调节经济具有非常重要的意义。该业务的对象主要是商业银行和国家财政，在特殊情况下，也对一些非银行金融机构发放小额贷款。中央银行的贷款种类主要有以下几类：

人民银行对贷款按照期限结构划分了三种贷款：①年度性贷款，是指用于解决国有商业银行或其他金融机构因经济合理增长引起的资金不足而发放的贷款。这项贷款期限最长不得超过一年。年度性贷款的资金来源渠道主要是货币发行、财政存款和法定存款准备金存款；②季节性贷款，是指主要用于解决一般金融机构，因信贷资金先支后收或存贷款季节性升降等因素引起的暂时资金不足而发放的贷款。这项贷款的期限为 2～4 个月；③日拆性贷款，是指主要用于解决一般金融机构，因汇划款项未达等因素，发生临时性头寸不足而发放的贷款。其期限一般为 1～10 个月。季节性贷款、日拆性贷款两种短期贷款的资金来源，主要是各商业银行及其他金融机构在中央银行的一般性存款，这部分资金来源具有流动性高、期限较短、波动性大等特点，因而对季节性和日拆性贷款，应保持同其资金来源的期限特点相适应。

（二）再贴现业务

再贴现是商业银行和其他金融机构持有已贴现的商业汇票，向中央银行进行票据再转让的一种行为。再贴现是一种特殊的放款形式，也是中央银行传统的货币政策工具之一。

再贴现主要用于解决一般金融机构由于办理贴现业务引起的暂时资金困难。

再贴现的实付金额等于再贴现承兑汇票面额扣除再贴现利息。再贴现的期限，从再贴现之日起至票据到期日止，一般为 3 个月，最长不超过 6 个月。

再贴现就是最终贴现，再贴现后的票据即退出流通转让过程。

（三）证券买卖

中央银行经营证券业务，即在金融市场买卖各种有价证券，主要是政府债券的活动，其目的不在于盈利。因为中央银行负有调节和管理宏观金融的职责，根据市场银根松紧，调节资金供应。中央银行通过买进或卖出证券就可以达到调剂市场资金供求的目的。可见，证券买卖是中央银行的调控手段之一，也是一项经常性的资产业务。

（四）黄金、外汇储备

黄金、外汇储备是各国进行国际支付和稳定国内货币币值的重要保证。中央银行为保证国际收支平衡、汇率稳定及本国货币币值的稳定，要统一掌握和负责管理国家的黄金、外汇储备。需要黄金、外汇者可向中央银行申请购买，中央银行也通过买卖黄金、外汇来集中储备，调节资金结构，保持汇率稳定。因此，中央银行将其一部分资产运用于黄金、外汇的储备，形成了这项特殊的资产业务。

储备资产一般包括黄金、外汇、特别提款权和在国际货币基金组织的储备头寸。中央银行通过持有和买卖储备资产达到促进国际收支平衡、稳定汇率及国内货币流通的目的。

三、中央银行的清算业务

中央银行的清算业务是指中央银行集中票据交换及办理全国资金清算的业务活动。中央银行的清算业务实现了银行之间债权债务的非现金结算，免除了现款支付的麻烦，便利了异地间的资金转移。中央银行的清算业务包括集中办理票据交换、集中清算票据交换差额和办理异地资金转移。

（一）集中办理票据交换

票据交换是指同一城市中各银行间支付的票据所进行的当日交换，通常在票据交换所进行。票据交换所是同城各银行之间清算其各自应收应付款项的集中场所。各银行持有本行应收应付票据在每日规定的时间内，在交换所将当日收进的其他银行的票据与其他银行收进的该行的票据进行交换，形成差额最终通过中央银行来轧差转账。

（二）集中清算票据交换的差额

通过各银行在中央银行开立的往来存款账户（独立与法定存款准备金账户，

且存有一定的备付金），各行之间票据交换后的债权债务差额得以划转。

（三）办理异地的资金转移

同城或以该城为中心的一个地区的债权债务可通过票据交换清算。但各城市、各地区之间的资金往来最终形成了异地之间的资金转移问题，这就需要中央银行建立全国的清算网络，统一办理异地资金转移。办理异地资金转移的方式一般有两种：一是先由各金融机构内部联行系统，盘后各金融机构的总行通过中央银行总行办理转账结算；二是将异地票据统一集中传递到中央银行总行办理轧差转账。目前中央银行清算的手段有自动化清算系统、手工操作的计算机处理等。

[阅读资料7.3]　　　**我国资金清算业务的发展**

近年来，由于科学技术的重大进步和电子设备、现代通信设施在金融业的充分运用，资金清算业务效率不断提高，中央银行作为一家资金汇划和清算中心的地位与作用也日益突出。

在我国，中国人民银行和各家商业银行是支付服务的主要提供者。银行体系包括四家大的国有商业银行，13家全国性股份制商业银行，112家城市商业银行、农村商业银行、农村合作银行、农村信用合作社，合资银行以及外国银行的分行和办事机构。3家政策性银行也提供某些支付服务。四大国有商业银行都已经建立起各自系统内的全国电子资金汇兑系统，大约三分之二异地支付交易是通过这些系统进行清算的。中国人民银行为各银行提供支付处理服务，大额和零售支付交易。人民银行运行的2000多家同城清算所对所有的同城跨行支付和大部分行内支付业务进行清算和结算处理。纸凭证异地跨行支付在过去曾通过同城清算所先进行跨行清算和结算，全国电子联行系统则处理异地跨行支付和行内大额异地支付交易。

（资料来源：周建松主编.2007.现代金融概论.杭州：浙江科技出版社）

第四节　中央银行与金融稳定

❖ **学习目标** ❖

通过教学，学生能掌握金融稳定的含义，掌握中央银行在金融稳定中的作用及原则，了解各国中央银行的金融稳定职能。

一、金融稳定的含义

（一）金融稳定的概念

对金融稳定的概念，目前在我国金融理论界、尚无严格的定义，西方学者对此也没有统一理解和概括。中外学者大多是从"金融不稳定"的特征，如金融机构发生大量挤兑、倒闭、金融资产价格剧烈波动、巨额金融资产缩水、社会融资环境发生重大变化等负面影响以及"金融体系的脆弱性"等方面来展开对金融稳定及其重要性的分析。

欧洲中央银行有关金融稳定的概念有一定的代表性，其表述为：金融稳定是指金融机构、金融市场和市场基础设施运行良好，抵御各种冲击而不会降低储蓄向投资转化的资源配置效率的一种状态。由此定义看出，金融稳定实际上是描述一种状态，包括金融机构、金融市场和金融基础设施三个方面的协调发展。美国经济学者米什金认为，金融稳定建立在稳固的基础上，能有效提供储蓄向投资转化的机会而不会产生大的动荡的金融体系。

目前国内学术讨论中一般引用的是中国人民银行"两法"起草工作小组对"金融稳定"的定义，即：金融稳定是指金融运行的一种状态。在该状态下，金融作为资金媒介的功能得以有效发挥，金融业本身也能保持稳定、有序、协调地发展，金融发展与经济增长之间保持协调关系。

综上所述，我们可以这样来定义金融稳定。金融稳定是对金融运行状态的一种描述。在该状态下，关键性的金融机构保持稳健运行，金融资产的价格在短期内不会发生剧烈波动，金融基础设施完备并运行良好，金融业自身保持稳定、有序、协调发展，金融发展与经济可持续发展之间能保持协调。

（二）金融稳定的特征

金融稳定是一个具有丰富内涵、动态的概念，它描述的是金融运行的一种状态，体现了资源不断优化配置的要求，服务于金融、经济发展的根本目标。具体来讲，金融稳定具有以下几个方面的特征。

1. 宏观性

中央银行作为一国金融机构的"最后贷款人"和支付清算体系的提供者与维护者，应立足于维护整个宏观金融体系的稳定，而不是仅仅维护某一个金融机构的稳定或某一类金融机构的稳定。在关注银行业金融机构稳定的同时，也要关注保险业、证券业的稳定，即关注关键性金融机构及市场的运营状况。同时注意监测和防范金融风险的跨市场、跨机构和跨国界的传递，及时采取有力措施处置有可能酿成全局性、系统性风险的金融机构，保持金融体系的整体稳定。

2. 动态性

金融稳定不是静态的，因为金融、经济总要发展，因而它是一个动态、不断发展的过程。金融业风险性高，各类金融机构经营的逐利动机使其伴随着一定的风险。因此，从长期看，稳健的金融机构、稳定的金融市场、充分有效的监管框架和高效的支付清算体系，会形成一种调控系统性金融风险的整体框架，以适应不断变化的金融形势。

3. 效益性

一国金融体系的稳定，要着眼于促进储蓄转化为投资的效率提升，改进和完

154

善资源在全社会范围内的优化配置。建立在效率不断提升、资源优化配置和抵御风险能力增强等基础上的金融稳定，将有助于构建具有可持续性、较强竞争能力和良好经济效益的金融体系。

4. 综合性

金融稳定作为金融运行的一种状态，在金融体系出现不稳定时，中央银行、金融监管部门和财政等部门需要采取不同的政策措施、方式影响金融机构、金融市场和实体经济才能实现。因而，在客观上要求对金融稳定的实现手段或政策工具具有综合性的考虑，多管齐下，以达到预期目标。

[阅读资料7.4]　　如何理解"金融稳定"？

人民银行在2005年《中国金融稳定报告》中，从七个方面详细讲述了如何正确理解"金融稳定"。

一要正确处理好改革、发展和稳定的关系。在判断金融稳定形势、处置金融风险的工作中，要坚决贯彻党中央、国务院关于一切服从稳定大局的方针政策，深入基层，体察民情，综合考虑金融风险对金融、经济、政治和广大人民群众的影响，落实科学发展观，构建和谐社会。

二要高度关注金融体系的系统性风险。应强调金融体系的整体稳定及其关键功能的正常发挥，注重防止金融风险跨行业、跨市场、跨地区传染，核心是防范系统性风险。

三要处理好维护金融稳定和防范道德风险的关系。金融稳定并不追求金融机构的"零倒闭"，而是要建立一个能使经营不善的金融机构被淘汰出局的机制，加强市场约束，防范道德风险。

四要处理好维护金融稳定和提高金融效率的关系。既要通过审慎监管降低金融体系的风险，又要避免出现因监管过度使市场主体承担过高成本、抑制金融创新、阻碍金融效率提高的状况。

五要动态地看待金融稳定。在金融体系相对稳定的时候，也要重视潜在风险，建立健全金融风险预警机制和金融安全网，及时处理风险苗头。

六要全面考察影响金融稳定的各个层面。不仅强调金融机构和金融市场的稳定，而且关注宏观经济、金融基础设施和金融生态环境对金融稳定的影响。

七要采用定性和定量相结合、理论和实践经验相结合的分析方法，综合评判金融稳定情况，既要注意金融稳健指标体系的建设，又要防止用单一、简单的量化标准来衡量金融稳定。

（资料来源：人民银行2005年．中国金融稳定报告）

二、中央银行在金融稳定中的作用及原则

中央银行在保持金融稳定上有两个方面的作用：一是对内的稳定，帮助银行和证券公司等金融机构渡过难关，避免金融机构发生危机，引发金融危机；二是对外的稳定，防止国外大量游资的冲击导致国内金融市场不稳定，防止国外的投

机活动对汇率稳定和金融体系稳定的负面影响。无论是成熟的市场经济国家还是新兴的市场经济体，金融不稳定因素都随时随地存在。中央银行在维护金融稳定时需要坚持"四项基本原则"。

1. 预防原则

中央银行作为最后贷款人的援助只有在不可预见的风险超出银行体系承受力时才能发生。因此，通过银行体制改革，完善治理机构和内控制度，是金融稳定的一项基础设施建设，由此才能建立金融稳定的两级预防机制：银行自主管理风险是第一道防线，中央银行监控支付系统稳定是第二道防线。

2. 市场原则

市场原则是在同等经济条件下，在同等竞争环境下，必须存在竞争机制，而不具备以上条件的情形是需要差别对待的。因此，金融稳定的竞争原则必须适用于同一市场内部，在相同地区，在相同业务领域，低效率机构必须被淘汰出局，以此消除金融不稳定因素。

3. 最低保护原则

一方面，对存款人的保护是"有差别的金额保护"，即应该通过显性的、有限度的存款保险机制解决，一定额度以下的储蓄账户可以得到全额保险，而大额储蓄只能部分保险。另一方面，对投资者的保护是"无差别的机制保护"，由于机构投资者、企业和中小投资者的不对等，投资者保护应提供良好的市场机制，并重点集中于消除不对等产生的不规范交易行为，避免欺诈、内幕交易等行为。

4. 权责对称原则

当前金融稳定的最大隐患来自于权责不对称。一旦出于私利而制造了金融动荡的责任机构或责任人不能承担相应责任，则必然形成可怕的示范效应。严格权责可以把金融稳定控制在一定范围之内。

三、各国中央银行的金融稳定职能

随着世界经济金融的发展，中央银行地位在不断稳固，其职能的日益完善，尤其是在 20 世纪末经历了数次大的金融危机之后，中央银行维护金融稳定的职能日益凸显，世界各国中央银行在维持金融稳定职能上的具体方式有所不同。

(一) 英格兰银行的金融稳定职能

英国于 1997 年金融监管局成立后不久就发布了《财政部、英格兰银行和金融监管局之间的谅解备忘录》（以下简称《备忘录》），为英国金融监管体制改革后财政部、英格兰银行和金融监管局之间的分工和合作建立了一个制度性框架。《备忘录》明确规定英国金融监管体制改革后英格兰银行、金融监管局和财政部共同负有维护金融稳定的责任，同时提出了三者之间分工协作的指导原则，即明确责任、充分透明、避免重复和共享信息。《备忘录》规定英格兰银行要对金融体系的整体稳定负责，具体包括：

（1）英格兰银行应通过市场操作来解决日常流动性波动，以维持货币体系的稳定。

（2）英格兰银行作为支付体系的核心，有责任维持金融体系基础设施的稳定，并致力于金融基础设施的发展和完善，以降低系统性风险。

（二）欧洲中央银行的金融稳定职能

欧洲中央银行维持金融稳定的职责包括如下几个方面。

（1）金融稳定的研究和分析。欧洲中央银行对区域内金融稳定的研究和分析，包括宏观经济运行状况、法规制定情况、监管和监测框架、各国中央银行和监管当局的报告；欧洲中央银行负责对欧盟各国金融稳定监测的报告进行分析。

（2）金融稳定的管理，在经济金融的许多领域建立协调指导金融稳定和金融监管的机制。金融稳定的管理范围包括对欧盟区域内所有金融机构，即银行机构、其他金融中介机构、金融市场和支付清算系统的监测。

（3）金融机构流动性管理和金融危机处置，要求各国信用机构必须在各国中央银行账户上强制性地保留一部分存款，称之为"最低"或"法定"准备金。

（三）日本银行的金融稳定职能

日本银行于1997年颁布的《新日本银行法》中的第1条规定，"日本银行作为中央银行发行货币，通过调节货币市场和金融市场维持市场的稳定；日本银行作为最终贷款人要保证银行和其他金融机构之间的资金清算顺利进行以维持信用的稳定。"

为了维护金融市场秩序、清算体系以及信用的稳定，日本银行在金融监管行政机构以外一直对与其有业务关系的金融机构进行检查。日本银行通过现场检查和非现场检查，督促和指导金融机构对其经营中存在的各种风险进行有效管理。

（四）中国人民银行的金融稳定职能

我国明确把"防范和化解系统性金融风险，维护国家金融稳定"列为中央银行的职能。

2003年4月28日中国银行业监督管理委员会成立后，我国的金融宏观调控与金融监管工作步入了一个新的历史时期。通过货币政策发挥对国民经济的宏观调控作用，以及防范和化解金融风险及维护金融稳定成为中国人民银行的首要职责。

监管职能分离后，中国人民银行对金融业宏观调控和维护金融体系稳定的方式从国家经济金融安全的高度，对金融业的整体风险、金融控股公司以及交叉性金融工业的风险进行监测和评估，履行好"最后贷款人"的职责，防范和化解系统性金融风险。

各国中央银行金融稳定的职能有哪些异同？

四、维护金融稳定的协调机制

金融稳定职能虽然主要由中央银行担任，但是中央银行在维护金融稳定时，仍然需要加强与政府和其他监管部门的合作。金融稳定的协调机制应包括以下内容：

第一，划分三方的职责。中央银行负责支付清算系统的稳定运行，监管当局从加强微观审慎监管的角度负责金融稳定，财政部负责大规模救助时财政资金的运用。

第二，金融稳定行动的告知和征询。由于中央银行有执行金融稳定职能的法律依据，并且支付清算职责和最后贷款人角色有利于履行金融稳定职责，但是在采取重大或极端金融稳定行动时，还应告知财政部并征询其意见。

第三，确定谁是协调主体。一般情况下，由于中央银行有最后贷款人决策权，它应作为金融稳定的协调方。但是在大规模的系统性金融风险发生时，只有政府才能最终决定如何处理、应该由谁承担损失，政府应作为金融稳定的协调方。

第四，建立三方的信息交流机制。在维持金融稳定中，中央银行、监管当局和财政部之间的信息交流非常重要。

小   结

（1）中央银行是经济、社会发展的特定产物，是适应统一银行券发行、统一全国票据清算、商业银行最后贷款人以及金融业监督管理的需要应运而生的。

（2）中央银行是一国金融体系的核心，其基本职能可以归纳为"发行的银行"、"银行的银行"和"国家的银行"。

（3）中央银行的主要业务反映在它的资产负债表上，包括负债业务、资产业务和清算业务三项。

（4）中央银行的负债业务是指中央银行以负债形式所形成的资金来源，主要包括货币发行业务、资本业务、存款业务等。货币发行是中央银行最主要的负债业务，中央银行的纸币是通过再贴现、贷款等渠道投入市场，形成流通中的货币，以满足经济发展对货币的需要。

（5）贷款业务是中央银行主要资产业务之一，充分体现了中央银行作为"最后贷款人"的职能作用。再贴现是商业银行和其他金融机构持有已贴现的商业汇票向中央银行进行票据再转让的一种行为，是中央银行传统的总量货币政策工具。

（6）中央银行的清算业务是指中央银行集中票据交换及办理全国资金清算的业务活动，包括集中办理票据转换、结清票据交换差额和办理异地资金转移。

（7）随着世界经济金融的发展，中央银行维护金融稳定的职能日益凸显。中央银行在维护金融稳定时，需要建立和加强与政府和其他监管部门的合作协调机制。

练 习 题

一、填空题

1. 中央银行是在一国金融体系中居于（　　）地位的金融中心机构，制定和执行（　　），是国家实施宏观调控的重要杠杆。

2. 我国的中央银行是（　　）。

3. （　　）年，将人民银行对银行、金融资产管理公司、信托投资公司及其他存款类金融机构的监管职能分离出来，并和中央金融工委的相关职能进行整合，成立了（　　）。

4. 一般认为中央银行有三项主要职能，它们是（　　）、（　　）和（　　），其中（　　）是中央银行最基本职能。

5. 中央银行的主要业务包括（　　）、（　　）和（　　）。

6. 中央银行在业务经营中，与商业银行有着不同的经营原则。它不以（　　）为经营目标，而是以（　　）为目标，也就是以维护币值稳定和金融业安全为出发点。

7. 中央银行的负债业务主要包括（　　）、（　　）和（　　）。

8. 中央银行集中的存款准备金由两部分组成：一部分是（　　），另一部分是（　　）。

9. 外汇储备属于中央银行的（　　）业务。

10. 中央银行的清算业务包括（　　）、（　　）和（　　）。

二、判断题

1. 中央银行从性质上看与其他商业银行无本质区别。　　　　　　　　（　　）

2. 中央银行是不以营利为目的的金融管理部门，按照自愿、有偿的原则吸收法定存款准备金。　　　　　　　　　　　　　　　　　　　　　　（　　）

3. 中央银行办理再贴现业务是已经到期的票据。　　　　　　　　　　（　　）

4. 中央银行的资产流动性比商业银行强。　　　　　　　　　　　　　（　　）

5. 中央银行清算业务源于其作为政府的银行的职能。　　　　　　　　（　　）

三、单项选择题

1. 中央银行的产生（　　）商业银行。

A. 早于　　　　　　　　B. 晚于　　　　　　　　C. 同时　　　　　　　　D. 不确定

2. （　　）在中央银行制度的发展史上是个重要的里程碑，世界上一般都公认它是中央银行的始祖。

A. 瑞典银行　　　　　　　　　　　　B. 英格兰银行

C. 法兰西银行　　　　　　　　　　　D. 德国国家银行

3. 下列不属于中央银行业务对象的是（　　）。

A. 政府　　　　　　　　　　　　　　B. 城市商业银行

C. 居民　　　　　　　　　　　　　　D. 国有商业银行

4. 中央银行是具有银行特征的(   )。

A. 特殊企业　　　　　　　　　　　B. 一般企业

C. 中介机构　　　　　　　　　　　D. 国家机关

5. 下列中央银行的业务和服务中，体现其"银行的银行"的职能的是(   )。

A. 发行货币　　　　　　　　　　　B. 对政府提供信贷

C. 代理国库　　　　　　　　　　　D. 集中保管商业银行存款准备金

6. 中央银行是国家的银行，它代理国库，集中(   )。

A. 企业存款　　　B. 国库存款　　　C. 个人存款　　　D. 团体存款

7. 再贴现是指(   )。

A. 商业银行对工商企业的贴现

B. 商业银行之间进行的贴现

C. 中央银行各分支机构之间的贴现

D. 中央银行对商业银行的贴现

8. 中央银行证券买卖业务的主要对象是(   )。

A. 国库券和国债　　　　　　　　　B. 股票

C. 公司债券　　　　　　　　　　　D. 金融债券

9. 从货币发行的渠道和程序看，(   )是货币发行和回笼的中间环节。

A. 发行库　　　　　　　　　　　　B. 业务库

C. 市场　　　　　　　　　　　　　D. 发行库和市场

10. 中央银行最重要的负债业务是(   )。

A. 货币发行　　　　　　　　　　　B. 存款业务

C. 政府存款　　　　　　　　　　　D. 发行中央银行债券

四、多项选择题

1. 中央银行在买卖证券过程中，有些基本原则需要注意。这些原则是(   )。

A. 可在二级市场购买有价证券

B. 不能购买市场性差的有价证券

C. 不能购买无上市资格的有价证券

D. 可买入国外的有价证券

E. 可在一级市场购买有价证券

2. 在下列中央银行业务中，属于负债业务的有(   )。

A. 货币发行　　　　　　　　　　　B. 贷款

C. 集中存款准备金　　　　　　　　D. 经理国库

E. 再贴现

3. 银行的存款准备金主要包括(   )。

A. 库存现金　　　　　　　　　　　B. 活期存款

C. 超额存款准备金　　　　　　　　D. 法定存款准备金

E. 定期存款

4. 在中央银行的下述业务中，属于资产业务的项目有（　　　）。

A. 货币发行　　　　　　　　　　B. 贷款

C. 金银储备　　　　　　　　　　D. 再贴现

E. 外汇储备

5. 人民银行为其他金融机构主要提供的清算业务是（　　　）。

A. 办理异地资金转移　　　　　　B. 为商业银行提供贷款

C. 集中办理票据交换　　　　　　D. 集中清算交换的差额

E. 集中商业银行存款准备金

五、问答题

1. 简述中央银行的性质和基本职能。

2. 简述中央银行的负债业务。

3. 什么是中央银行的贷款业务？分为哪几类？

4. 什么是中央银行的清算业务？主要包括哪些内容？

5. 金融稳定的含义是什么？中央银行在维护金融稳定时需要遵循的基本原则有哪些？

6. 中央银行在维护金融稳定时，应如何与其他部门进行合作和协调？

第八章

金融监管

知识点

1. 金融监管的产生与发展。
2. 金融监管的目标。
3. 金融监管的原则。
4. 金融监管的方法。
5. 金融监管的内容。

技能点

1. 金融监管的方法。
2. 我国金融监管的现状。

现代信息技术在金融领域的广泛应用，金融混业经营趋势的增强，银行业的竞争越发激烈，金融机构为了开展创新业务、谋取利润，纷纷想方设法绕过金融管制，拓展业务领域。许多国家的金融监管结构发生了或正在发生着明显的变化——金融监管从分业监管向统一监管转变、从机构监管向功能监管转变。我国的银行监管业也随着国内经济、金融体制的改革不断发展。金融监管问题不论在理论研究层面，还是在实践操作层面，都发生着巨大的变化。本章将对金融监管的基本内涵、金融监管理论、金融监管体制进行具体地分析。

第一节 金融监管概述

❖ **学习目标** ❖

本节主要阐释金融监管的基本内涵、金融监管的目标与原则、金融监管的方法和内容等问题。通过教学，学生能了解金融监管的产生与发展，认识金融监管的目标与原则，掌握金融监管的方法和内容。

一、金融监管的产生与发展

金融监管的产生和发展，大致经历了以下三个阶段。

第一阶段，20世纪30年代之前。现代意义上的金融管理始于19世纪中央银行制度的建立。中央银行制度建立初期，金融监管的重点主要是货币发行和流通。中央银行致力于集中货币发行、建立银行准备金制度，并解决商业银行过度发行而导致的货币混乱、兑现困难和破产倒闭的问题。这一阶段，各国金融监管是粗线条和宽松式的，监管主体、职能、作用均有限，监管目标不明确、内容不全、措施不力、方法原始、手段单一，监管的有效性不高。

第二阶段，20世纪30年代初至20世纪70年代初。第一次世界性经济大危机之后，以凯恩斯为代表的管理经济、国家干预主义在经济学领域占主流地位。各国政府也开始注重监督、管理、干预经济，并把稳定金融业作为发展经济、稳定社会的必要条件，对金融业进行全面而严格的管制与监督，很快形成了较为完善的监管体系。这一阶段金融监管的主要特征是加强立法、增加限制性政策，加强对利率和金融机构业务活动的限制。

第三阶段，20世纪70年代初至现在。20世纪70年代，在金融创新的高潮中，世界金融业的发展有着鲜明的自由化和国际化倾向，客观上要求金融监管的内容与措施必须调整。20世纪80年代，欧美大多数国家都重新修订了银行法和监管条例，在放宽那些与新情况不相符的限制的同时，强化和扩充了对金融安全化管理的措施。与此同时，各国监管逐步向统一化和国际化方向发展，各国开始联手进行金融监管，一方面统一并规范现有的监管目标、内容和手段；另一方面设立国际监管机构，共同制定新的国际管理规则。这一阶段金融监管的主要特点是加强与放松相结合，注重防范风险，措施趋于统一。

二、金融监管的目标和原则

（一）金融监管的目标

金融监管的目标主要是实现安全性、平等性、一致性和稳定性。

安全性，即保证金融业经营的安全性。具体地说，就是保证整个银行体系存、贷款的安全可靠，从而维护广大存款人及社会公众的合法权益，保障金融业的稳定。

平等性，即保证金融业竞争的平等性。具体地说，就是通过对金融活动的监管管理，创造一个平等竞争的环境，防止垄断，鼓励商业银行在合理竞争的基础上提供高效率、多样化的金融服务，为经济的稳定发展创造一个良好的金融环境。

一致性，即保证货币金融政策的一致性。具体地说，就是通过监管机构的外部监管管理，使商业银行的经营活动与货币政策目标和社会规范保持一致性。

稳定性，即保持金融市场的稳定性。金融市场是沟通社会资金供需的场所，是把社会闲置资金引导到生产建设中去的媒介体。同时，健全的金融市场也是货币政策有效发挥作用的基础，中央银行参与金融市场的重要任务就是稳定金融市场，为社会经济的发展创造一个相对稳定的融通资金的场所和良好的货币金融环境。因此，中央银行和金融监管机构必须通过金融监管活动，保持金融市场的稳定性，进而实现国民经济长期、持续、健康和协调地发展。

（二）金融监管的原则

1. 依法监督原则

世界各国金融监管体制和风格虽各有不同，但在依法监管这一点上是共同的。依法监管有两方面的含义：一是所有金融机构都必须接受国家金融监管当局的监管，不能有例外；二是金融监管必须依法进行，以确保金融监管的权威性、严肃性、强制性和贯彻性，从而确保金融监管的有效性。因此，金融法规的完善和依法监管是有效监管的基本前提。

2. 适度竞争原则

在市场经济体制下，竞争是必然规律，但竞争必须适度，才能提高效率，才能克服市场经济的负面效应。适度竞争原则要求中央银行金融监督管理的重心应放在创造适度竞争的环境上；放在形成和保持适度竞争的格局和程度监测上；放在避免造成金融高度垄断，失去竞争从而失去活力和生机上；放在防止出现过度竞争、破坏性竞争，从而危及金融业的安全和稳定上，要求中央银行金融监管做到"管而不死，活而不乱，限制过度竞争，而又不消灭竞争"。

3. 不干涉金融业内部管理原则

各国中央银行对金融业进行监督管理时，普遍奉行不干涉金融业内部管理的原则。按照这一原则要求，只要金融业的经营活动符合金融法律、法规规定的范围、种类和可承担的风险程度，并依法经营，中央银行就不应该做过多的干涉。

4. 综合管理原则、社会经济效益原则和机构一元化原则

它着眼于管理的系统化、最优化，将行政的、经济的、法律的各种不同管理方式和管理技术手段结合起来，综合配套使用。

三、金融监管的方法与内容

(一) 金融监管的方法

1. 事先检查筛选法

这种方法主要是指对金融机构建立前的严格审查和注册登记。在各类金融机构建立前，金融管理当局一般都要对拟建机构的地址、规模、股东人数、最低资产额、资本结构情况、经营管理机构的组成和管理水平、是否妨碍竞争、是否有利于公众及银行的未来收益等问题，进行严格地审查。

2. 定期报告分析法

这种方法主要是规定金融机构定期报告制度，对其呈报的定期报告进行认真分析，从而决策是否深入检查或采取其他制裁措施，这是监督检查的关键方法。对报告的分析，通常采用趋势分析和对比分析两种方法。

3. 现场检查法

这种方法主要是由中央银行或其他金融监管当局派员到银行和金融机构进行实地检查，以了解银行和金融机构的资本充足状况、资产质量、管理质量、收入和盈利状况、清偿能力等，在此基础上做出全面的综合估价。使用现场检查方法最早和最为充分的国家是美国。

小贴士　现场检查法是金融监管制度的核心。

4. 自我监督管理法

这种方法主要是指中央银行要求银行和金融机构根据法律规范自我约束、自我管理，强调银行和金融机构在自觉自愿的基础上进行自我纪律约束。

5. 内部审计与外部检查结合法

内部审计是企业或银行自己进行的审查与核对，向股东大会负责，审查重点是银行的盈利，而不是银行监督当局关注的风险与安全。目前，各国一般采用外部检查和内部审计相结合，以及国家金融监管当局稽核部门对各类金融机构施行

的强制性稽核和社会独立的稽核机构施行的非强制性稽核相结合的办法。

6. 发现问题及时处理法

当银行或其他金融机构的业务经营活动违反或不符合金融法规规定，经营或财务状况不良或有危害公众利益的行为时，中央银行通过采取相应的措施，督促金融机构纠正偏差，改变现状。

（二）金融监管的主要内容

监管内容和措施，是金融监管手段的主体，是中央银行或金融管理当局最经常、业务量最大的工作，是金融监督管理体制的安全防线。

1. 对新设金融机构进行审批

设立一家金融机构，金融监管部门要对该机构的股东资格、资本金、法人代表和高级管理人员的任职资格等进行审查。在很多国家，这项工作以注册登记管理方式进行。严把市场准入关，防止不合格成员进入金融体系，从而保证金融业的安全与稳定。

2. 对金融机构的业务范围及管理进行审定

许多国家在金融机构设立之初，都由监管部门审定并核准其业务范围。在金融机构正式运营之后，监管部门还要对其日常经营进行常规业务监管，主要包括对资本充足性、清偿能力、业务与经营、贷款集中程度、外汇业务风险、报表分析等方面。

3. 对金融机构实施市场检查

这种检查带有抽查性质，主要是针对金融机构的日常经营活动进行金融稽核与检查监督，有时也是有针对性的。

4. 对有问题金融机构进行挽救与保护

金融监管部门在监管过程中，一般会尽量避免单个金融机构因经营不善而给社会带来的震动。出现这种情况，监管部门会尽力采取挽救和保护措施，主要包括以下几种方式。

（1）存款保险制度。为了维护存款者的利益，维护金融体系的安全和稳定，监管当局往往规定，金融机构必须按其存款金额到存款保险公司投保，以便在非常情况下由存款保险公司对金融机构支付必要的保险金，此即为存款保险制度。

（2）最后援助手段。中央银行或当局对发生清偿困难的银行，往往提供紧急援助，视为金融体系的最后一道防线。最后援助措施有：一是直接贷款；二是组织大银行救助小银行，或者安排大银行兼并小银行；三是由存款保险机构出面提供资金，解决困难；四是购买银行资产；五是银行收归政府经营，全部债务由政府清偿。

（3）最后制裁手段。对商业银行违背政策等问题，中央银行往往采取最后制裁手段。一是经济惩罚，如实行惩罚性利率、罚款等；二是停止对其贷款和贴现；三是建议撤换高级管理人员；四是撤销该行在存款保险公司的保险权，降低其社会信誉；五是提出诉讼，迫使其倒闭。

[阅读资料8.1]　　　存款保险制度呼之欲出

在我国金融业中，有关建立存款保险制度的讨论已有10余年的时间，不过因为出台时机及条件等问题一直存在争议，所以至今未能建立起来。近年来，社会上呼吁建立存款保险制度的声音日益高涨。作为一个国家金融安全网的重要组成部分之一，我国建立存款保险制度已迫在眉睫。从有关部门获悉，这项制度的建立有望在近期迈出实质性步伐。

这项制度的核心在于通过建立市场化的风险补偿机制，合理分摊因金融机构倒闭而产生的财务损失。这有利于保护中小存款人的利益和提升社会公众对银行业体系的信心，有利于维护整个金融体系的稳定。

美国在20世纪30年代最早建立了存款保险制度。此后，不少国家纷纷引入这一制度。尤其是在20世纪80年代至90年代世界上许多国家在出现较严重的银行危机或金融危机以后，存款保险制度进入快速发展阶段。到2006年6月，全球共有95个国家和地区建立了这一制度，此外还有20多个国家正在研究、计划或准备实施之中。

长期以来，我国实际上实行的是隐性存款保险制度。在经营不善的金融机构退出市场的过程中，往往是由中央银行和地方政府承担个人债务清偿的责任。但随着经济的快速发展和金融体制改革的深化，由各级政府或中央银行"买单"的缺陷和弊端也日益显现出来，这种模式不仅给各级财政带来沉重负担，而且导致中央银行货币政策目标的严重扭曲。

近年来，我国尽管没有经历金融风险的集中和大规模爆发，但中小金融机构的经营危机乃至存款挤兑事件仍时有发生。诸如几年前的"海南发展银行"、"广东国际信托"、"中农信"等事件，就直接威胁着银行体系的稳健运行和社会的稳定。

（资料来源：新浪网）

第二节　金融监管理论与模式

❖ **学习目标** ❖

通过教学，学生能认识金融监管的理论基础，了解金融监管在世界主要国家的运行情况，掌握我国金融监管模式。

一、金融监管的理论基础

金融监管的理论基础是金融市场的不完全性，金融市场的失灵导致政府有必要对金融机构和市场体系进行外部监管。现代经济学的发展，尤其是"市场失灵理论"和"信息经济学"的发展为金融监管奠定了理论基础。其主要内容为：

第一，金融体系的负外部性效应。金融体系的负外部性效应是指：金融机构的破产倒闭及其连锁反应，将通过货币信用紧缩破坏经济增长的基础。按照福利经济学的观点，外部性可以通过征收"庇古税"来进行补偿，但是金融活动巨大的杠杆效应——个别金融机构的利益与整个社会的利益之间严重的不对称性显然使这种办法显得苍白无力。另外，科斯定理从交易成本的角度说明，外部性也无法通过市场机制的自由交换得以消除。因此，需要一种市场以外的力量介入来限制金融体系的负外部性影响。

第二，金融体系的公共产品特性。一个稳定、公平和有效的金融体系带来的利益为社会公众所共同享受，无法排斥某一部分人享受此利益，而且增加一个人享用这种利益也并不影响生活成本。因此，金融体系对整个社会经济具有明显的公共产品特性。在西方市场经济条件下，私人部门构成金融体系的主体，政府主要通过外部监管来保持金融体系的健康稳定。

第三，金融机构自由竞争的悖论。金融机构是经营货币的特殊企业，它所提供的产品和服务的特性，决定其不完全适用于一般工商业的自由竞争原则。一方面，金融机构规模经济的特点使金融机构的自由竞争很容易发展成为高度的集中垄断，而金融业的高度集中垄断不仅在效率和消费者福利方面带来损失，而且也将产生其他经济和政治上的不利影响；另一方面，自由竞争的结果是优胜劣汰，而金融机构激烈的同业竞争将导致整个金融体系的不稳定，进而危及整个经济体系的稳定。因此，自从自由银行制度崩溃之后，金融监管的一个主要使命就是如何在维持金融体系效率的同时，保证整个体系的相对稳定和安全。

第四，不确定性、信息不完备和信息不对称。在不确定性研究基础上发展起来的信息经济学表明，信息的不完备和不对称式市场经济是不能像古典和新古典经济学所描述的那样完美运转的重要原因之一。金融体系中更加突出的信息不完备和不对称现象，导致即使主观上愿意稳健经营的金融机构也有可能随时因信息问题而陷入困境。然而，搜集和处理信息的高昂成本使金融机构往往难以承受，因此，政府及金融监管当局就有责任采取必要的措施减少金融体系中的信息不完备和信息不对称。

二、金融监管模式划分

各国金融监管体制按不同的标准来划分，可以分为不同的类型。

（1）金融监管按照政府主导的程度，可分为两大类：一是立法型政府监管模式，即通过法律的形式由政府成立专门监管机构进行集中统一的监管；另一类是自律型监管模式，即主要由行业协会自律组织进行证券监管，具有灵活、及时、准确等特点。

（2）按照金融监管对象来划分，可以分为功能监管和机构监管。功能监管主要指金融监管通常针对特定类型的金融机构（银行、证券公司、保险公司）分别加以监管，而对"边界性"金融业务也明确监管主体，同时强化不同监管主体间合作的监管法律体系。机构监管是指针对特定金融机构所进行的各方面监管。

（3）从金融监管的主体来划分，金融监管框架有以下几种模式。

一元多头式。全国的金融监管权集中于中央，地方没有独立的权力，在中央一级由两家或两家以上机构共同负责的一种监管模式。

二元多头式。中央和各地方都对金融机构有监管权。同时，每一级又有若干机构共同行使监管的职能。

统一监管模式。它是对不同的金融行业、金融机构和金融业务均由一个统一的监管机构负责监管，这个监管主体可以是中央银行或其他机构。

分业监管模式。它是在银行、证券和保险三个业务领域内分别设立一个专职的监管机构，负责各行业的审慎监管和业务监管。

牵头监管模式。它在实行分业监管的同时，特指定一个监管机构为牵头监管机构，负责不同监管主体之间的协调工作。

"双峰"式监管模式。这种监管模式一般设置两类监管机构：一类负责对所有金融机构进行审慎监管，控制金融体系的系统性风险；另一类负责对不同金融业务进行监管。

三、世界主要国家的金融监管模式

（一）美国的金融监管模式

美国实行分层的金融监管模式。美国在 1999 年之前实行个别立法、分业监管的体系。《现代金融服务法案》颁布之后实行横向综合性监管。美国的金融监管错综复杂，既包括基于联邦法设立的监管机构，也包括基于州法设立的州政府监管机构，而且对银行、证券和保险又分别设立监管机构，这样美国的监管体系包含联邦政府、州政府与专门机构三个层次。对银行的监管有四个独立的机构：美联储（FRB）主要负责监管州注册的联储会员银行（1999 年之后美联储拥有对金融控股公司进行全面监管的职能）；联邦存款保险公司（FDIC）负责监管所有州注册的非联储会员银行；货币监理署（OCC）负责监管所有在联邦注册的国民银行和外国银行分支机构；储贷监理署（OTS）负责监管所有属于储蓄机构保险基金的联邦和州注册的储贷机构；国家信用社管理局（NCUA）负责监管所有参加联邦保险的信用社。除货币监理署和储贷监理署在行政上隶属财政部外，其余三家则为独立的联邦政府机构。

由于美国政治上实行联邦制，因而金融监管也采用联邦法和州法双轨制度。对银行监管除了以上提到的联邦政府监管机构外，每个州又都设有自己的监管部门，通常称之为 DFI，主要负责对本州注册的银行，尤其是对本州注册的非联储会员银行进行监管。这样，美国的银行同时处于联邦和州两级政府的双重监管之下。

与此同时，证券交易委员会（SEC）是基于证券交易法设立的美国证券监管机构，对证券经营机构、证券信息披露、证券交易所和证券业协会等履行监管职能。保险领域有州保险法规定的州保险理事会对保险业务实施监管。由于《格拉斯-斯蒂格尔法案》被废除，美国确立金融持股公司为美国金融混业经营的制度框架，在存款机构、证券和保险三者的监管关系上，根据 1999 年《金融服务现代化法》，美联储拥有对金融控股公司进行全面监管的权力，必要时也对证券、保险等子公司拥有仲裁权，因此美联储成了能同时监管银行、证券和保险行业的唯一一家联邦机构，其职能在一定程度上凌驾于其他监管机构之上。另一方面，当各领域监管机构断定美联储的监管制度不恰当时，可优先执行各领域监管机构的制度。美国的新监管体系将存款机构、证券、保险融为一体，体现了功能性监管的特色。

美联储是美国联邦储备体系的最高权力机构，它由三个部分组成：联邦储备委员会、联邦公开市场委员会和各联邦储备银行。

（二）英国的金融监管模式

1998 年 6 月 1 日之前英国实行的是"分业监管"，共有 9 家金融监管机构，分别是英格兰银行的审慎监管司（SSBE）、证券与投资管理局（SIB）、私人投资监管局（PIA）、投资监管局（IMRO）、证券和期货管理局（SFA）、房屋协会委员会（BSC）、财政部保险业董事会（IDT）、互助会委员会（FSC）和友好协会注册局（RFS）。分业监管虽然表面上无所不包，但一个金融机构同时受几个监管机构政出多门的"混合监管"，使金融监管的成本增加，效率降低。英国国内对金融监管改革的呼声日益强烈。2000 年 6 月英国女王正式批准了《2000 年金融服务和市场法》。根据《2000 年金融服务和市场法》的规定，英国成立了最强有力的金融监管机构——金融服务监督局（FSA）。FSA 是英国整个金融行业唯一的监管局，其职能部门设置分为金融监管专门机构和授权与执行机构两大块，前者包括银行与建筑协会部、投资业务部、综合部、市场与外汇交易部、退休基金检审部、保险与友好协会部，后者有授权部、执行部、消费者关系协调部、行业教育部、金融罪行调查部、特别法庭秘书处。FSA 根据英国《2000 年金融服务和市场法》的授权，制定并公布了一系列金融监管规则，确立了全新的金融监管理念。同时为确保 FSA 能够正确地行使《2000 年金融服务和市场法》所赋予的权力，全面履行其负有的监管职责，避免冤、假、错案的发生，也为了制止 FSA 在金融监管中可能发生的以权谋私、渎职行为，英国成立了专门的金融监管制约机构"金融服务和市场特别法庭"，并于 2001 年 12 月 1 日与 FSA 同时开始运作。

（三）日本的金融监管模式

日本在银行监管方面，由财政部和中央银行——日本银行共同进行银行监管。其中，财政部的监管权由银行法、长期信贷银行法、外汇外贸管制法等多项法律赋予，而中央银行的监管权来自于中央银行与各开户行之间的协议。财政部的监管对象包括商业银行、专业金融机构、互助银行、信用合作社、政府金融机构、保险公司和证券公司。所有银行必须定期向财政部呈送报表和其他资料，财政部也有依法对银行进行常规检查的权力。中央银行的监管权力限制在其开户银行范围内。

日本的证券监管工作主要由金融部和其顾问机构——金融制度研究委员会，以及证券交易委员会主持。在对银行从事证券业务的管制方面，1948 年日本的证券交易法就受到美国《格拉斯-斯蒂格尔法》的影响，规定任何银行不得从事证券业务。到 20 世纪 80 年代末，日本开始对其散乱的金融制度进行根本性的改革。1989 年 3 月，金融制度研究委员会的第二金融制度研究委员会发表了《关于新的日本金融制度》的临时报告，允许银行业和证券业进行更大幅度的合并。1990 年 6 月该委员会又发布第二份临时报告，强调了银行业和证券业自由化经营的紧迫性。同时，证券交易委员会的一个专门小组委员会也就重新组织日本的资本市场发表报告，赞成银行可通过独立的附属机构从事某些证券业务。1992 年 6 月通过的《金融制度改革法》对证券交易法、银行法和其他法规进行了修正。商业银行、信托银行和证券公司可通过建立独立的附属机构开展对方领域的业务。对于银行与其附属证券机构间的关系，金融部通过同年 12 月实施的"防火墙"制度进行管理。其目的在于防止银行利用他们在证券业务上的竞争优势。但是，该金融部并未对银行的证券业务实施"融资防火墙"，即银行仍然可以自由利用他们吸收的存款为其证券业务融资，这将使银行母机构及其存款人直接面临银行附属证券机构带来的风险。这是日本证券监管制度中的一大漏洞。

在资本充足性方面，20 世纪 90 年代改革之前，日本金融部队证券公司实行简单的责任细则。该细则规定一家证券公司的负债总额不得超出该公司净资产的 10 倍。到 1990 年 4 月，日本开始正式实行以维持证券公司的持续经营为基本目标的新资本规定。该规定要求证券公司的净流动资产必须高于有关风险（包括市场风险、违约风险、基本经营风险等）的总扣减要求。一旦净流动资产与符合规定的风险总扣减之间的比率低于 100%，证券公司必须立即通知金融部并提交一份关于提高该比率的详细计划书，然后立即执行该计划，同时金融部可要求证券公司缩减其业务。

四、中国的金融监管模式

我国的整体金融监管系统包括金融监管的组织监管系统、金融机构自律监管系统、行业自律监管系统、市场监督系统、行政法制监督系统等五个方面的监管系统，形成了对于金融机构的自我约束与外部约束、行政手段监管与法律手段监管相结合的基本框架。

1. 金融监管的组织监管系统

目前，我国已形成了由中国人民银行、中国银行业监督管理委员会、中国证券监督管理委员会、中国保险监督管理委员会分别对不同领域金融活动进行监管的金融监管组织系统，并以立法的形式授予这些机构法定的监管权限，对金融机构依法进行监管，通常把这些机构依法进行的监管叫做采用法律手段进行监管。

这些机构的职责就是对金融机构及其活动进行监管，其监管具有法制性、规范性、连续性、强制性等特点，因而是五个监管系统中最主要、最重要的监管系统。

中国银行业监督管理委员会（简称中国银监会）主要负责对银行业的监管。中国银监会根据国务院授权，统一监督管理银行、金融资产管理公司、信托投资公司及其他存款类金融机构，维护银行的合法、稳健运行。中国银监会于 2003年 4 月 28 日正式成立，内设 15 个部门。

1992 年 10 月，国务院证券委员会（简称国务院证券委）和中国证券监督管理委员会（简称中国证监会）宣告成立，标志着中国证券市场统一监管体制开始形成。国务院证券委实国家对证券市场进行统一宏观管理的主管机构。中国证监会是国务院证券委的监管执行机构，依照法律法规对证券市场进行监管。

中国保险业监督管理委员会（简称中国保监会）于 1998 年 11 月 18 日成立，是全国商业保险的主管部门，它根据国务院授权履行行政管理职能，依照法律、法规统一监督管理全国保险市场。中国保监会按行政区域设置派出机构，对派出机构实行垂直领导。目前，中国保监会设有 31 个派出机构。

2. 金融机构自律监管系统

在完善的金融监管中，各金融机构既是被监管的对象，也是基础性监管的自律主体。目前，各银行机构内部都设立了稽核、监察等部门，以加强内部控制，并按照央行的监管要求，以国家的经济、金融法规及内部控制制度为基础，发挥其自我约束、自我监察、防微杜渐的基础性作用，增强其自律能力。

3. 行业自律监管系统

为避免金融机构之间的不正当竞争，规范和矫正金融行为，以促进其协作运行和共同繁荣，金融行业内自律监管不可或缺。2000 年 5 月成立的中国银行业协会作为银行业利益的代言人，以及行业纠纷的调节人，并且作为一种民间金融监管组织，从平等协商、互助互惠的原则出发，可以制定同业公约，加强行业管理，协调各方面关系，从而有效地沟通监管机构与金融机构之间的信息，有利于金融监管当局实施宏观金融管理。

4. 市场监督系统

市场的监督主要包括客户和社会舆论的监督，要发挥市场的监督作用，则要求银行业增加透明度，包括业务制度方面的规范、经营过程及财务信息方面的透明度，这样才能通过客户的选择与社会舆论监督系统来协助监管机构对银行业进行监管。目前，一方面，各银行通过建立社会举报制度和问题查处程序形成了强大的社会监督威慑力，督促各金融机构依法经营和规范行事；另一方面，还利用社会结构协助进行监督管理，如会计师事务所、律师事务所等。

5. 行政法制监管系统

行政法制监督系统包括工商行政管理、财政、税务、审计等政府部门的各种专项审计和专项检查，以及政府对特种金融工具如债券、股票等的直接或间接监管。

目前我国金融机构采取分业经营、分业监管的模式。

小问号 我国的金融监管模式与哪个国家的比较相似？

[阅读资料8.2]　金融监管——从分业监管到功能监管

在金融全球化、金融创新和金融混业经营趋势的"合力"推动下，许多国家的金融监管结构发生了或正在发生着明显的变化，而"功能监管"这一预示着金融监管格局未来发展趋势的全新理念也正在被越来越多的监管机构援引和认可。

2000年9月，中国人民银行、中国证券监督管理委员会、中国保险监督管理委员会决定建立三方监管联席会议制度；2003年9月18日，银监会、证监会、保监会召开了第一次监管联席会议；2004年6月，这三家监管机构依据"分业监管、规则透明、讲求实效"的指导原则签署了"三大金融监管机构金融监管分工合作备忘录"，在明确各自职责分工的基础上，建立了定期信息交流制度、经常联系机制及联席会议机制。金融监管部门同时加强了国际合作，陆续建立了双边及多边合作机制。2003年以来，中国金融监管部门已同美国货币监理署、英国金融服务局等分别签署了"监管信息交换协议"和"双边监管谅解备忘录"，为实施有效金融监管创造了条件。

与此同时，对业务交叉领域和从事混业经营的金融机构实施功能监管的理念也在逐步清晰。例如，对债券市场，针对国债、企业债和金融债分归不同监管部门进行多头监管的问题，人民银行呼吁应转变理念、实现功能监管；对商业银行设立基金管理公司，人民银行提出了"法人分业、集团综合、功能监管"的监管原则。此外，对金融服务集团和企业年金设立的功能监管方式也在进行积极探讨。

从国际趋势来看，金融监管从分业监管走向统一监管、从机构监管走向功能监管的确正在形成一种潮流。

1993年，当默顿和博迪首次提出"基于功能观点的金融体系改革理论"时，西方国家的传统银行业务正遭受来自证券业、保险和基金组织的侵蚀，修改《格拉斯-斯蒂格尔法》的呼声日高。此时，功能观点的提出正好为金融混业经营提供了最为有力的理论依据，并由此而产生了功能监管的概念。

1995年，巴塞尔委员会在为银行设置全球性的证券资产组合的资本标准时采纳了功能观点。1999年，美国国会通过《金融服务现代化法案》以取代《格拉斯-斯蒂格尔法》，并将"功能监管"以专章加以规定，预示着功能监管的理念将为更多的国家所接受。

然而，对于我们这样一个长期以"分业监管、机构监管"为监管分工基本思路的国家而言，顺应这一潮流究竟是出于何种考虑呢？客观地说，建立有效的金融监管体系是维护一国金融安全的必要前提。

从世界范围来看，迄今为止，一个国家究竟选择何种金融监管体系模式或金融监管体系变迁的路径，没有一个统一的模式，完全取决于其经济、金融运行的内外部环境。因此，原则上，如果一个国家选择某种金融监管模式能够尽可能防止或遏制系统性金融风险、提高金融监管的效力，那么这一金融监管模式对其而言就可以被认为是合理而有效的。

从我国的具体国情来看，以分业为主导的、由"一行三会"所构建的机构监管格局，保证了在经济体制转型期内我国金融系统的稳定，为金融业的稳健发展和金融风险的有效防范起到了积极作用。但与此同时，这一监管格局也导致了几个市场的相互分割，切断了它们之间的有机联系和沟通渠道，因此难以形成高效、一体的金融市场体系。尤其是随着金融全球化和金融混业经营趋势的不断发展，金融监管的难度逐渐加大，解决这一问题的迫切性日益凸现。在此形势下，对现行以机构监管为主的监管模式进行改革、逐步过渡到功能监管条件下的统一监管成为必然选择。

从我国金融业发展的现状和趋势来看，走向功能性监管已成为改革的方向，而目前"一行三会"的监管体系可以说为下一步的金融功能性监管的实施准备了一个基本的平台。在建立了证券业监督管理委员会、银行业监督管理委员会、保险业监督管理委员会之后，我国已经基本形成了功能监管的格局，为金融业的稳健发展和金融风险的有效防范发挥了重要作用。

因此，当前的重点是，协调好银监会、证监会和保监会的关系，共同负责金融机构从市场准入到退出的全过程监管，妥善处理好各个层次上的监管冲突，既防止监管不足，又避免监管过度，切实监测和防范我国金融部门的整体风险，真正发挥人民银行与金融监管"三驾马车"的协力，推动我国金融监管水平再上一个新台阶。

（资料来源：新浪网）

小　结

（1）金融监管的目标主要是实现安全性、平等性、一致性和稳定性。这些原则规定了金融监管应保持金融业经营的安全性；努力创造一个平等竞争的环境，防止垄断；保证货币金融政策的一致性；保持金融市场的稳定性。

（2）金融监管需遵循依法监督原则、适度竞争原则、不干涉金融业内部管理原则以及综合管理原则、社会经济效益原则和机构一元化原则。

（3）金融监管的方法包括事先检查筛选法、定期报告分析法、现场检查法、自我监督管理法、内部审计与外部检查结合法等。

（4）金融监管的主要内容包括对新设金融机构的审批、审定金融机构的业务范围及业务管理、对金融机构经常实施市场检查和对有问题金融机构的最后挽救。

（5）金融监管的基本模式包括统一监管、分业监管、牵头监管等模式。世界主要国家的金融监管模式各不相同，美、英、日等国监管模式的成功之处值得借鉴。

（6）目前，我国已形成了由中国人民银行、中国银行业监督管理委员会、中国证券监督管理委员会、中国保险监督管理委员会构成的金融监管组织系统，并以立法的形式授予这些机构法定的监管权限，对金融机构依法进行监管。

练 习 题

一、填空题

1. 金融监管的目标主要是：安全性，即保证（　　）的安全性；平等性，即保证（　　）的平等性；一致性，即保证（　　）的一致性。稳定性，即保持（　　）的稳定性。

2. 在对定期报告进行分析来实施金融监管时，通常采用（　　）和（　　）两种方法。

3. 在金融机构正式运营之后，监管部门还要对其日常经营进行常规业务监管，主要包括以下几个方面：（　　）管制、（　　）管制、（　　）管制、贷款集中程度管制和外汇业务风险管制。对有问题金融机构的最后挽救和保护措施，主要包括以下几种方式：（　　）、（　　）、（　　）。

4. 世界上主要国家的银行评级制度基本是源于美国的（　　）。

二、判断题

1. 在进行金融监管时，对金融机构的业务领域干涉的越多越好。　　（　　）

2. 既然有外部的金融监管，金融机构就没有必要再进行自我约束和自我监管。　　（　　）

3. 美国的金融监管模式是分工合作式。　　（　　）

4. 金融监管体系中政府监管是根本，是市场经济有序、健康、繁荣与发展的关键。　　（　　）

5. 银监会对金融机构的监管，主要是对金融机构市场准入的监管。（　　）

三、单项选择题

1. 金融风险是由于各种（　　）因素的影响，从而发生损失的可能性。

A. 确定性　　　　B. 不确定性　　　C. 稳定性　　　　D. 不稳定性

2. 在市场准入过程中，监管当局应对银行机构（　　）的任职资格进行审查。

A. 董事会　　　　B. 理事会　　　　C. 高级管理人员　D. 监事会

3. 现场检查是指通过监管当局的（　　）来评估银行机构经营稳健性和安全性的一种方式。

A. 查阅报表　　　B. 经验判断　　　C. 实地作业　　　D. 窗口指导

4. 非现场监督是监管当局针对单个银行在（　　）的基础上收集、分析银行机构经营稳健性和安全性的一种方式。

A. 经营设施　　　B. 单一报表　　　C. 实地作业　　　D. 合并报表

5. 银行机构的流动性应保持在（　　）。

A. 最高水平　　　　B. 最低水平　　　　C. 规定水平　　　　D. 适度水平

6. 1988 年 7 月巴塞尔银行监管委员会发布的《巴塞尔报告》，其内容就是确认了监管银行（　　）的可行的统一标准。

A. 存款　　　　　　B. 贷款　　　　　　C. 资产　　　　　　D. 资本

7. 《巴塞尔报告》的资本标准规定，核心资本占整个风险资产的比例最少为（　　）。

A. 最高水平　　　　B. 最低水平　　　　C. 规定水平　　　　D. 适度水平

8. 国际通行的贷款五级分类，即正常、关注、次级、可疑、损失贷款，其中（　　）为不良贷款。

A. 后三类　　　　　B. 后二类　　　　　C. 前三类　　　　　D. 前三类

9. 下列（　　）采用的是主要负责式金融监管模式。

A. 英国　　　　　　B. 美国　　　　　　C. 中国　　　　　　D. 日本

10. 我国于 2003 年 4 月 28 日正式成立（　　），对银行业实施监管。

A. 证监会　　　　　B. 银监会　　　　　C. 保监会　　　　　D. 银行业协会

四、多项选择题

1. 金融监管的目标有（　　）。

A. 安全性　　　　　B. 平等性　　　　　C. 一致性　　　　　D. 竞争性

E. 稳定性

2. 金融监管的方法有（　　）。

A. 事先检查筛选　　　　　　　　　　B. 定期报告分析

C. 现场检查分析　　　　　　　　　　D. 自我监督管理

E. 内、外部稽核相结合

3. 设立一家金融机构，金融监管部门要对该机构的（　　）进行审查。

A. 股东资格　　　　B. 资本金　　　　　C. 法人代表　　　　D. 公司地址

E. 高级管理人员的任职资格

4. 金融监管模式主要有（　　）。

A. 主要负责式　　　B. 分工合作式　　　C. 参与配合式　　　D. 共用式

E. 混业式

5. 为避免单个金融机构因经营不善而给社会带来的震动，金融监管部门会对有问题的金融机构尽力采取挽救和保护措施，其中最后援助措施具体包括（　　）。

A. 直接贷款　　　　　　　　　　　　B. 安排大银行兼并小银行

C. 存款保险机构出资解决困难　　　　D. 购买银行资产

E. 银行收归政府经营

6. 我国金融体系中的金融监管机构是（　　）。

A. 中国保监会　　　　　　　　　　　B. 中国人民银行

C. 金融资产管理公司　　　　　　　　D. 国家开发银行

E. 中国证监会

7. 我国商业银行核心资本包括（　　）。

A. 实收资本　　　　　B. 资本公积金　　　C. 盈余公积金　　　D. 未分配利润

E. 贷款呆账准备

8. 金融监管的意义表现为（　　）。

A. 维护信用、支付体系稳定　　　　　　B. 稳定商品价格

C. 确保市场信息公开化　　　　　　　　D. 约束金融机构依法经营

E. 调节国家、企业和个人三方关系

9. 银行监管的内容包括（　　）。

A. 市场准则监管　　　　　　　　　　　B. 市场竞争监管

C. 市场准入监管　　　　　　　　　　　D. 市场运营监管

E. 市场退出监管

10. 国际上通行的"骆驼评级制度"内容包括（　　）。

A. 资本适宜度　　　　B. 资产质量　　　C. 银行设施　　　D. 盈利水平

E. 流动性

五、问答题

1. 简述金融监管的目标和原则。

2. 简述金融监管的方法和主要内容。

3. 金融监管有哪些主要的模式？各有什么特点？

第九章

通货膨胀与通货紧缩

知识点

1. 通货膨胀与通货紧缩的定义。

2. 通货膨胀与通货紧缩的类型及度量。

3. 形成通货膨胀与通货紧缩的原因。

4. 通货膨胀与通货紧缩对社会经济的影响。

技能点

结合实际分析通货膨胀与通货紧缩的治理对策。

2007 年 9 月，小王为购买新婚住房而向朋友小张筹资 20 万元，筹资利率 6%，双方约定一年后将本息一并偿还。如果一年后，政府公布通货膨胀率为 8%，则小王因通货膨胀而从这笔交易中获益，不仅实现了实物资产的保值，而且规避了通货膨胀可能带来的货币贬值和房价上涨的影响，而小张却因所贷出的名义利率低于通货膨胀率而使自己的利益受到了损害。可见，学习通货膨胀（通货紧缩）的相关经济知识具有重要意义。

一般物价水平的变动规律问题是货币经济学最古老的命题之一，通货膨胀和通货紧缩是一对伴随经济周期性变化的货币现象，但无论是通货膨胀还是通货紧缩都是宏观经济的两种失衡状态，始终困扰着世界各国的经济发展。因此，需要分析其产生的原因，对症下药，加以治理。本章对通货膨胀和通货紧缩的定义、产生的原因和治理对策等问题进行了介绍和阐述。

第一节　通货膨胀与通货紧缩概述

❖ **学习目标** ❖

本节主要阐述通货膨胀和通货紧缩的含义、类型以及衡量方法，通过教学，学生能了解通货膨胀和通货紧缩的主要表现及其测量方法。

一、通货膨胀

通货膨胀是当今世界上普遍存在的一种社会经济现象，特别是近半个多世纪以来通货膨胀问题日益成为人们所关注的焦点和热点。

（一）通货膨胀的含义

"通货膨胀"是当代经济学和日常生活中使用频率很高的词汇。普通人理解也许就是"又涨价了"、"钱又不值钱了"。通货膨胀一般是指一定时期货币过多而引发商品和劳务的货币价格总水平的持续上涨的现象。对该定义的正确理解，要注意以下几方面。

1. 通货膨胀意为通货过多

一定时期货币量过多，是通货膨胀最直接、最表面化的促成因素。无论引发物价上涨的具体因素有哪些，只要物价上升了，就肯定有增加的货币供给支撑着。只有过多的货币存在，才会有货币价格总水平的持续上涨。

2. 考察对象为商品和劳务

通货膨胀以商品和劳务的价格作为考察对象，目的在于与股票、债券等金融资产价格区别开来。现代经济高度发达，由于收益的资本化，使得一切产品或非商品都可以用货币价格来表现。一些虚拟资本，如金融资产中的股票、债券、商业票据等，都有其价格，而它们价格的涨跌，每时每刻都在改变。再如资金的价格利率，也会因各种人为或客观的因素而不断变化，这些虚拟资产的价格变动，并不是我们所要考察和说明的对象。

3. 强调总水平

通货膨胀最显著的特征表现为物价上涨，但物价上涨并不一定都是通货膨胀，这里强调的是商品和劳务的货币价格总水平。区域性或结构上某几种商品的价格上涨，并不一定就是通货膨胀。如果某一商品价格上涨被其他商品的价格下跌所抵消，而使得一般物价总水平没有改变，这时只能称个别商品价格上涨，而非通货膨胀。

4. 强调持续上涨

通货膨胀并非偶然的价格上升，而是一个过程，在这个过程中价格有上涨的趋势。同样，也不能把经济周期性的萧条，价格下跌以后出现的周期性复苏阶段的价格上升，以及季节性、暂时性或偶然性的物价上涨贴上通货膨胀的标签。只有当价格持续上涨的趋势不可逆转时，才可称为通货膨胀。

小问号 我国非典时期的板蓝根、白醋、口罩价格上涨，属通货膨胀吗？

（二）通货膨胀的类型

在经济分析中，我们可以按照不同标准对通货膨胀进行分类。

1. 按照通货膨胀的表现形式分类，可分为开放型通货膨胀和隐蔽型通货膨胀

（1）开放型通货膨胀，是指通货膨胀状况可以灵敏地通过物价变动反映出来的通货膨胀。在市场经济条件下，或对物价的管制比较少的国家，市场商品供求对比关系的变动必然引起物价水平的波动。这时通货膨胀状况可以灵敏地通过物价变动反映出来。市场经济属于开放型经济。这种通货膨胀称为开放型通货膨胀，它一般用物价指数的变动来衡量（图9.1）。

（2）隐蔽型通货膨胀，又称为抑制性通货膨胀。它是指在市场商品的价格受到管制的情况下，通货膨胀状况不能通过市场物价的变动而灵敏地反映出来的通货膨胀。在管制物价的前提下，市场机制作用不完全，物价由国家限定在一定的水平，这时职工工资或收入水平一般难以下降，社会需求压力过大，市场商品的供求关系一般表现为供不应求，其结果是商品的黑市价格与官方价格有较大差异，货币流通速度可能减慢，居民的实际消费水平也明显下降。这种通货膨胀一般发生在实行计划经济的国家。

小贴士 开放型通货膨胀一般产生于市场机制充分运行的国家，隐蔽型通货膨胀一般发生在实行计划经济的国家。

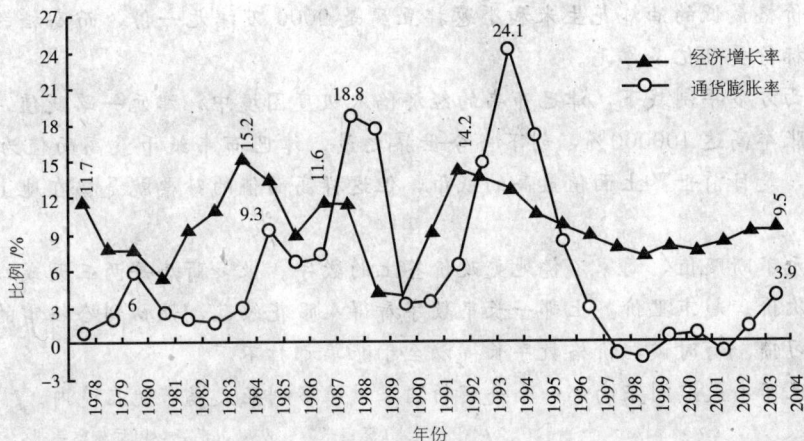

图 9.1　1978 年以来我国经济增长与通货膨胀走势图

注：通货膨胀率在 1985 年以前用商品零售价格指数变动率表示，1985 年以后

采用居民消费价格指数变动率表示；经济增长率用 GDP 增长率表示

2. 按照通货膨胀的程度和物价上涨的速度分类，可分为温和型、奔腾
   式和恶性通货膨胀

（1）温和型通货膨胀，又称"适度的"或"爬行的"通货膨胀。它是指上涨
速度比较缓慢，短期内不易察觉，虽有不同的评判标准，但物价上涨率都在一位
数之内。

（2）奔腾式通货膨胀，又称跑马式或较严重的通货膨胀。它是指人们对物价
上涨有明显感觉，不愿保存货币，而抢购商品或寻找其他保值方式，物价上涨率
可达两位数字。

（3）恶性通货膨胀，又称极度通货膨胀。此时价格飞速上涨，货币贬值达
到天文数字，正常的经济活动遭到破坏，最后导致整个货币信用制度的崩溃。
例如，1920～1923 年德国发生了恶性通货膨胀，如果 1922 年 1 月的物价指数
为 1，那么 1923 年 11 月的物价指数则为 100 亿。如果一个人在 1922 年初持有
3 亿马克债券，两年后，这些债券的票面价值早就买不到一片口香糖了。恶性
通货膨胀一般是社会处在战争或政治变革的特殊时期，政府不得已大量印制钞
票弥补开支时才会发生。中国在 1948～1949 年期间国民党政府滥发钞票曾形
成过恶性通货膨胀，货币贬值达到无法统计的程度，许多商品物价 1 天之内能
翻一倍。

[阅读资料 9.1]　　鱼香肉丝，津巴布韦最"贵"

在津巴布韦的哈拉雷一家名叫"华园饭店"的中餐馆，售价 1.2 亿元的鱼香
肉丝，堪称是世界上最"贵"的鱼香肉丝了。不过这个"元"既不是美元，也不
是人民币，而是津元。官方公布的汇率是 1 美元兑 3 万津元，但是在黑市上 1 美
元可兑 4000 万津元。

按黑市兑换价，华园饭店的鱼香肉丝每份 3 美元，是很公道的价格。在华园

饭店，价格最低的油炸花生米和小葱拌豆腐是 9000 万津元一份，而高档的海鲜类菜品标价要 3 亿多津元。

在西方多年制裁下，津巴布韦的经济陷入极度困境中，津元一路贬值，实际通货膨胀率高达 100000%，创下当今世界之最。津巴布韦纸币最高面值为 1000 万津元，是目前世界上面值最高的纸币，但这样高面值的钞票就是扔在地上都没人捡。

津元不断贬值，商家不停地更改价签上的数字。很多商店每两三天或四五天就调一次价。超市里价签上那一长串数字看得人眼花缭乱，让初到哈拉雷的人感到很不习惯。有时候，价格数字长得以至于账单都打不下。

津巴布韦是非洲东南部一个美丽的国家，维多利亚大瀑布就在境内。

（资料来源：欧飒，李努．国际先驱导报，有删节）

3. 按通货膨胀能否预期分类，可分为预期型和非预期型通货膨胀

（1）预期型通货膨胀。预期型通货膨胀是指人们在通货膨胀预期的心理作用下，对通货膨胀进行预期，并采取各种措施以保护自己免遭损失。在经济生活中，人们预计将要发生通货膨胀，为避免经济损失，在各种交易、合同、投资中将未来的通货膨胀率预先计算进去。对通货膨胀的预期是因物价上涨而产生的。无论预期准确与否，这种心理恐慌都会进一步导致市场恐慌，对物价发展起推波助澜的作用，并引起新一轮的物价上涨，加剧通货膨胀压力。这种类型的通货膨胀不是现实经济运行的结果，而是心理作用的产物。

（2）非预期型通货膨胀。非预期型通货膨胀是指在没有心理预期作用的情况下现实经济运行中所产生的通货膨胀。只有这种类型的通货膨胀才会影响到就业、产量等，它对经济具有真实的负效应。

4. 按照通货膨胀产生的原因分类，可分为需求拉动型、成本推进型、混合型、结构型通货膨胀

这种通货膨胀类型的划分实际上是按照对通货膨胀成因解释的不同而划分的。对通货膨胀成因的分析是通货膨胀理论的一大重要内容。在第二节我们将重点介绍以上几种类型通货膨胀的成因。

二、通货紧缩

（一）通货紧缩的含义

1. 通货紧缩的定义

通货紧缩是与通货膨胀相对立的一个概念，一般是指社会价格总水平即商品和劳务价格持续下降，货币不断升值的过程。准确理解通货紧缩的定义，应注意把握以下几个方面的内容：

（1）通货紧缩从本质上说是一种货币现象，它在实体经济中的根源是总需求对总供给的偏离，或现实经济增长率对潜在经济增长率的偏离。当总需求持续小于总供给，或现实经济增长率持续地低于潜在经济增长率时，则会出现通货紧缩现象。

（2）通货紧缩的特征表现为一般物价水平持续与普遍地下跌。物价水平严格说来应以包括资产价格如股票、债券和房地产及商品和服务在内的广义价格指数来表述，但碍于统计上的局限，一般在国内用全国零售物价上涨率、在国外用消费物价指数来描述。这种物价持续下跌不是由于技术进步和劳动生产率的提高而引起，不是存在于个别部门和部分产品，也不是存在于相对较短的时间，而是在较长时间内，商品与劳务价格普遍地、不断地下降，是物价总水平连续下降的动态过程，另外，物价下降的幅度为多少时就可以判断通货紧缩已经出现，目前仍有争论。如果全国零售物价上涨率在零值以下，且持续时间超过 6 个月，就可以界定为典型的通货紧缩。

（3）通货紧缩往往伴随着生产下降，经济衰退。在通货紧缩时期，消费需求疲软，投资意愿低迷，企业开工不足。随着市场的萎缩，产品价格下降，企业订单减少，利润降低甚至发生亏损，企业不愿扩大再生产，不愿再追加投资，失业人数增加，工资收入下降，进一步制约了对商品的有效需求，使总需求更加小于总供给。

（4）通货紧缩使货币流通速度趋缓。货币流通速度，从短期看，它是一个较稳定的量；但从长期看，它的变化又比较明显。当经济中出现通货紧缩时，货币流通速度就会趋缓，导致增加的货币供应量部分被抵销，从而加剧通货紧缩。

2. 通货紧缩的类型

总体而言，产生通货紧缩应该是由需求不足或供给过剩引起的，为此，我们可将通货紧缩划分为需求不足型通货紧缩和供给过剩型通货紧缩。

（1）需求不足型通货紧缩。由于总需求不足，使得正常的供给显得相对过剩，由此而引发的通货紧缩，称为需求不足型通货紧缩。总需求 $D=C+I+G+(X-M)$，其中 C 为消费；I 为投资；G 为政府购买；$X-M$ 为净出口。因此，需求不足可以由多个原因所引起，如消费抑制、投资抑制、出口下降等。考虑到政府购买不像其他变量那样具有较强的"内生性"，因此，需求不足型通货紧缩可细分为消费抑制型通货紧缩、投资抑制型通货紧缩和国外需求不足型通货紧缩。

（2）供给过剩型通货紧缩。供给过剩，在这里是指由于技术发展和生产效率的提高，产品绝对数量的过剩。如当前，人类社会飞速发展，原有的一些物资产品，诸如钢铁和一些简单的日用品，由于生产能力的极大提高，供给能力过剩，人们在尽可能多地消费这些物资产品的同时，又悄悄地向更高的消费层次迈进，这实际是一件好事情，但这个过程同样可能造成通货紧缩的局面。

另外，按通货紧缩的程度不同，可将其分为轻度通货紧缩、中度通货紧缩和严重通货紧缩。轻度通货紧缩是指通货膨胀率持续下降，由正值变为负值的情况；通货膨胀率负增长超过一年且未出现转机的情况视为中度通货紧缩；中度通货紧缩继续发展，持续时间达到两年左右，或物价降幅达到两位数，这种情况就是严重通货紧缩。严重的通货紧缩往往伴随着经济衰退，20 世纪 30 年代美国经济大萧条就是最典型的例子。

[阅读资料9.2]　　　　通货紧缩困扰日本经济

自20世纪90年代初日本经济泡沫破灭后，通货紧缩是困扰日本经济的最大难题之一。

从1999年到2002年8月，日本的消费物价指数已经连续35个月下降，持续的通货紧缩已严重威胁日本经济系统。实际上，自20世纪90年代初以来，日本经济就因物价不断下降而深受其苦，首先是股票价格下跌，然后土地价格也跟着下降，到后来商品和服务价格也持续下降，日本出现了典型的通货紧缩。

从1989年以来，日本的消费物价指数（CPI）的变化率呈逐年下降趋势，其中1994年和1995年出现负增长，1999年到2002年再度出现长时间的负增长。日本长期通货紧缩严重打击了日本经济，20世纪90年代，美国和欧洲经济经历了一个长时期的经济持续高速增长时期，而日本经济却在这十年中长期陷入衰退之中。

（资料来源：江瑞平．人民时报・华南新闻．2001年8月6日，有删节）

三、通货膨胀和通货紧缩的衡量

（一）通货膨胀的衡量

通货膨胀的衡量，实际上就是讲如何来测量通货膨胀。既然通货膨胀是物价总水平的持续明显上涨，那么通货膨胀的程度也就可以用物价上涨的幅度来衡量。如何测量物价水平，从世界各国的实际做法来看，通常都采用以下一种或几种物价指数。

1. 消费物价指数

消费物价指数（CPI）也称为零售物价指数或生活费用指数，它反映消费者为购买消费品而付出的价格的变动情况。这种指数是由各国政府根据各国若干主要食品、衣服和其他日用消费品的零售价格，以及水、电、住房、交通、医疗、娱乐等服务费用而编制计算出来的。有些国家进一步根据不同收入阶层的消费支出结构的不同，编制不同的消费物价指数。

消费物价指数的优点是能及时反映消费品供给与需求的对比关系，资料容易搜集，公布次数较为频繁，能够迅速、直接地反映影响居民生活的价格趋势。缺点是范围较窄，只包括社会最终产品中的居民消费品这一部分，不包括公共部门的消费、生产资料和资本产品以及进出口商品，从而不足以说明全面的情况。一部分消费品价格的提高，可能是由于品质的改善，消费物价指数不能准确地表明这一点，因而有夸大物价上涨幅度的可能。

[阅读资料9.3]　　　　我国CPI的计算方法

我国从1953年就开始编制价格指数，目前，我国CPI的调查内容分为食品、烟酒及用品、衣着、家庭设备用品及服务、医疗保健及个人用品、交通和通信、娱乐教育文化用品及服务、居住等八大类，共263个基本分类（国际分类标准），约 700 种商品和服务项目。主要是根据我国城乡居民消费模式、消费习惯，参照抽样调查原理选中的近 12 万户城乡居民家庭（城市近 5 万户，农村近 7 万户）的消费支出数据，并结合其他相关资料确定的。

价格调查范围涉及全国 31 个省（自治区、直辖市）的 500 多个市县、50 000 多个调查网点。国家统计局直属的全国调查系统采取定人、定时、定点的直接调查方式，由近 3000 名专职物价调查员到不同类型、不同规模的农贸市场和商店现场采集价格资料。对于与居民生活密切相关、价格变动比较频繁的商品，至少每五天调查一次价格，从而保证了 CPI 能够及时、准确地反映市场价格的变动情况。

编制 CPI 所用权数是依据全国 12 万户城乡居民家庭调查资料中的消费支出构成确定的。随着人民生活水平的提高，消费结构在不断变化。为此，我国的 CPI 权数每年都做一些小调整，每五年做一次大调整。因此，可以说经过 20 多年实践的检验，我国 CPI 的编制方法是科学可靠的，数据反映了我国居民消费价格变动的实际情况，为我国价格体制改革、宏观经济调控、国民经济核算提供了科学可靠的依据（图 9.2 和图 9.3）。

（资料来源：国家统计局城市社会经济调查司的负责人答记者问（有删节）. 国家统计局网站）

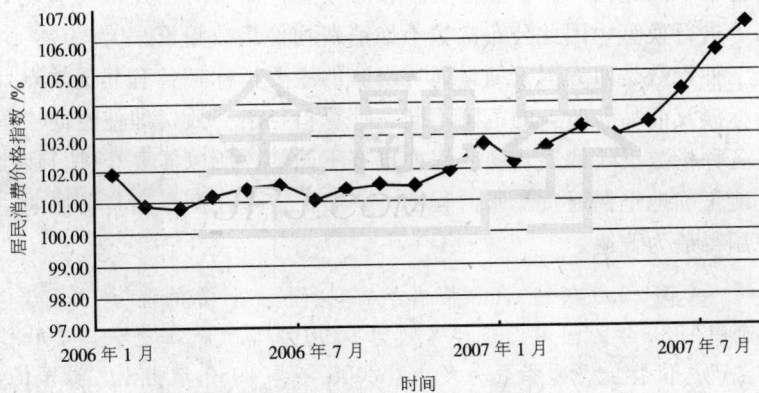

图 9.2　我国居民消费价格指数曲线图

（资料来源：2007 年 8 月经济运行数据）

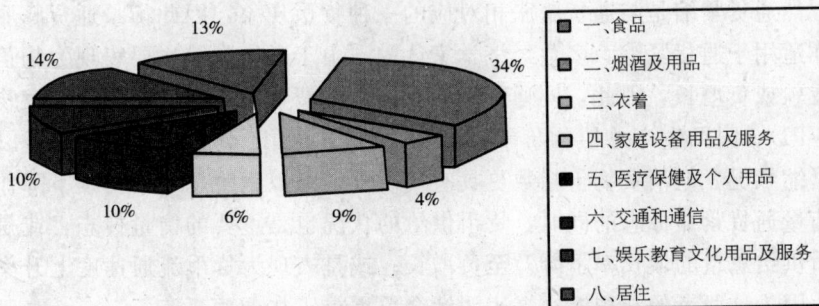

图 9.3　中国 CPI 各类产品和服务比重

（资料来源：2007 年 8 月经济运行数据，中国人民银行网站）

2. 批发物价指数

批发物价指数（WPI）是根据制成品和原材料的批发价格编制的指数。这一指数的优点是对商业周期反应敏感，缺点是不包括劳务产品在内，同时它只计算了商业周期中生产环节和批发环节上的价格变动，没有包括商品最终销售时的价格变动，其波动幅度常常小于零售商品的价格波动幅度。因而，在用该指数判断总供给与总需求的对比关系时，可能会出现信号失真的现象。

3. 国民生产总值物价平减指数

国民生产总值物价平减指数（GNP Deflator）是按现行价格计算的国民生产总值与按不变价格计算的国民生产总值的比率。所谓按不变价格计算，实际上是按照某一基期年份的价格进行计算。如某国 2000 年的国民生产总值按当年价格计算为 18 000 亿美元，而按 1980 年的不变价格计算则为 10 000 亿美元，1980 年基期指数为 100，则 2000 年的国民生产总值物价平减指数为 180（18 000 ÷ 10 000×100＝180），表示和 1980 年相比 2000 年物价上涨了 80%。

国民生产总值物价平减指数的优点是范围广泛，除了居民消费品外，还包括公共部门的消费品、生产资料和资本产品，以及进出口商品，因此能较准确地反映一般物价水平的趋向。其缺点是资料较难搜集，需要对不在市场上发生交易的商品和劳务进行换算，因此公布次数不如消费物价指数频繁。

以上三种指数是西方国家衡量通货膨胀的主要指标，各有其优缺点，而且由于三种指标涉及商品和劳务的范围不同，计算口径不一致，即使在同一国家、同一时期，各种指数反映的通货膨胀程度也有不同的，所以需要合理、适当地选择指数，才能正确地把握通货膨胀的程度。一般而言，在衡量通货膨胀时，消费物价指数使用得最为普遍。

A 国 2005 年的 GDP 按当年的现行价格计算的值为 11 300 亿美元，而按 1980 年的固定价格计算则为 6890 亿美元，那么该国 2005 年国民生产总值物价平减指数为多少？2005 年与 1980 年相比，该国的物价总水平上涨了多少？

（二）通货紧缩的衡量

既然通货紧缩是与通货膨胀相对应的一种货币现象，因此衡量通货膨胀的指标同样适用于通货紧缩。多数经济学家认为，由于通货紧缩主要表现为物价水平持续疲软或负增长，因此，同通货膨胀一样，消费物价指数（CPI）、批发物价指数（WPI）、国民生产总值物价平减指数（GNP Deflator）的变动，也可以说明通货紧缩状况，但消费物价指数更具有代表性。在以物价总水平持续下降作为判断和衡量通货紧缩标志的同时，货币供给的状况也是重要的衡量标志，或是表现为货币供给总量的增长率下降乃至负增长；或是表现为货币流通速度上升率明显减慢。因为这两者的乘积缩小，表明社会总需求正在萎缩。

第二节　通货膨胀和通货紧缩产生的原因及影响

❖ **学习目标** ❖

本节着重对通货膨胀和通货紧缩产生的原因及其影响进行分析。通过教学，学生能了解通货膨胀和通货紧缩产生的主要原因，分析通货膨胀和通货紧缩对经济、社会等方面的重要影响。

一、通货膨胀产生的原因

在众多解释通货膨胀成因的理论中，较为流行的有四种，即需求拉上说、成本推动说、供求混合推进论和结构性通货膨胀论。通货膨胀也据此被分为四类，即需求拉上型、成本推动型、供求混合推进型和结构失衡型通货膨胀。

（一）需求拉上说

需求拉上说，是西方经济学界出现较早的理论。它主要从需求的角度寻求通货膨胀的根源。该理论认为通货膨胀是由于总需求的不断增长超过总供给的增加所导致。由于"过多的货币追求过少的商品"，使包括物资与劳务在内的总需求超过了按现行价格可得到的总供给，因而引起货币贬值、物价总水平上涨。这一理论又有两种形态。

1. 过度需求论

以凯恩斯为代表的经济学家认为，在经济尚未达到充分就业时，社会的生产设备、劳动力等资源未被充分利用，如果货币数量增加，从而社会总需求增加，则能促使就业增加和产量的增加，而不会导致一般物价水平的显著上升；但当经济达到充分就业时，货币数量增加，带动社会总需求增加，并不能引起就业和产量的增加，而只能导致一般物价水平的上升。即当社会总需求超过了由劳动力、资本和资源所形成的生产能力的界限时，社会总供给无法再增加，从而形成总需求大于总供给的膨胀性缺口，这个缺口通常由商品缺口或生产要素缺口组成。只要存在通货膨胀缺口，物价就必然上涨，直至膨胀缺口得以弥补。

2. 货币数量论

这一理论视货币数量的增加为一般物价水平上涨的唯一因素，且认为货币数量的任何增加都会导致一般物价水平的同比例上升，强调货币量是独立的外生变量，货币量的变动必先于物价变动而发生，因此，通货膨胀是一种纯粹的货币现象。在"古典"经济学与新古典经济学中，解释一般物价水平上升的理论主要是货币数量论。

进一步分析，能对物价产生需求拉上作用的因素有两个：实际因素与货币因素。

实际因素，在西方经济学中主要分析其中的投资。如果由于经济体系中存在有利于投资的因素，比如，利率、投资效益等有利于投资，则投资需求增加，由于投资需求的增加，原有的总供给和总需求的均衡被打破，物价水平就会上升。这与货币过多造成的供不应求的价格水平上涨的效果是相同的，而且往往结合在一起为：过旺的投资需求需要相应增多的货币支撑；反之，过多的货币供给往往会刺激投资。

从货币因素考察，需求拉上说的通货膨胀可能通过两个途径产生：一是经济体系中，对货币需求减少，货币供给量不变，从而导致货币存量的相对过多，过多的货币追求过少的商品，拉上了价格水平；二是货币需求量不变，货币供给量增加过快，或者说，货币需求的增加赶不上货币供给的增加速度，从而也导致货币过多，造成通货膨胀。

由于"过多的货币追求过少的商品"，使总需求超过了总供给，引起货币贬值、物价总水平上涨。

（二）成本推进说

成本推进说是一种侧重从供给或成本方面分析通货膨胀形成机理的假说。该理论认为，通货膨胀的根源不是在于总需求的过度增长，而是在于产品成本的上升。成本推进型通货膨胀就是指在商品和劳务的需求不变的情况下，因产品成本的提高而推动物价的上涨所导致的通货膨胀。导致产品成本上升的原因主要有两种情况。

1. 工资推进

在一些发达国家中，工会的力量日益强大，工会提高了工人的谈判能力，使工资的增长速度超过劳动生产率的增长，工资提高使生产成本提高，导致物价上涨，物价上涨后，工人再要求提高工资，再次引起物价上涨，形成"工资-物价-工资"的螺旋式上升，最终导致通货膨胀。这种通货膨胀被称为工资推进型通货膨胀。20世纪六七十年代欧洲的一些国家最为典型，如前联邦德国工人的工时报酬增长率从1968年的7.5%跃居至70年代的17.5%。需要指出的是，尽管货币工资率的提高有可能成为物价水平上涨的原因，但决不能由此认为，任何货币工资率的提高都会导致工资推进型通货膨胀。如果货币工资率的增长没有超过边际劳动生产率的增长，那么，工资推进通货膨胀就不会发生。而且，即使货币工资率的增长超过了劳动生产率的增长，如果这种结果并不是由于工会发挥作用，而是由于市场对劳动力的过度需求，那么，它也不是通货膨胀的推进原因，原因是需求的拉上。

2. 利润推进

在不完全竞争市场上，一些垄断性的企业控制了某些重要的原材料的生产和销售，他们为了获得高额垄断利润而提高产品价格，最终引起物价总水平的上涨。这种通货膨胀被称为利润推进型通货膨胀。最典型的是 1973～1974 年间石油输出国组织将石油价格提高了四倍，1979 年又再一次提高，这两次石油提价导致了当时西方国家的通货膨胀。

小贴士 在商品和劳务需求不变的情况下，产品成本提高推动物价上涨。

（三）供求混合推进论

供求混合推进论认为，尽管理论上可将通货膨胀的成因分为需求拉上和成本推进，但现实经济中需求因素和供给因素往往是混合在一起共同发生作用的。这种观点认为，在现实经济社会中，通货膨胀的原因究竟是需求拉上还是成本推进很难分清，既有来自需求方面的因素，又有来自供给方面的因素，即所谓"拉中有推，推中有拉"。例如，通货膨胀可能从过度需求开始，但由于需求过度所引起的物价上涨会促使工会要求提高工资，因而转化为成本（工资）推进的因素。另一方面，通货膨胀也可能从成本方面开始，如迫于工会的压力而提高工资等。但如果不存在需求和货币收入的增加，这种通货膨胀过程是不可能持续下去的。因为工资上升会使失业增加或产量减少，结果将会使"成本推进"的通货膨胀过程终止。可见，"成本推进"只有加上"需求拉上"才有可能产生一个持续性的通货膨胀。现实经济中，这样的论点也得到论证：当非充分就业严重时，则往往会引出政府的需求扩张政策，以期缓解矛盾。这样，成本推进与需求拉上并存的混合型通货膨胀就会成为经济生活的现实。

（四）结构型通货膨胀论

结构型通货膨胀理论属西方经济学中第二代通货膨胀理论。它的理论基点是从经济结构、部门结构来分析物价总水平持续上涨的机理，认为部门间发展的差异和不平衡是导致通货膨胀的根源。

二、通货紧缩产生的原因

形成通货紧缩的原因是多种多样的，从近 200 年来世界各国发生通货紧缩的原因来看，它与紧缩性货币政策、生产能力过剩、有效需求不足、政府支出缩减、技术进步和放松管制、汇率制度僵硬、金融体系效率低下等因素有关。

（一）紧缩性货币政策导致通货紧缩

紧缩性货币政策执行到一定阶段就要防止紧缩货币政策掌握不当而走向通货膨胀的反面——通货紧缩。过度紧缩的货币政策会导致货币供应量急剧减少，使大量的商品追逐较少的货币，致使单位商品的货币数量减少，可能会产生物价的持续下跌。20 世纪 30 年代美国的通货紧缩是典型的紧缩性货币政策引起的通货紧缩。

（二）生产能力过剩引起通货紧缩

社会总供给大于社会总需求是导致一国出现通货紧缩的主要原因。当生产能力出现过剩，便会产生商品供过于求的现象，并出现物价的持续下跌。此外，较低的融资成本和上扬资产价格，使资本形成的成本趋于下降导致过量的资本设备投资，也会加剧生产能力的进一步过剩，形成通货紧缩的压力。例如，新兴的市场经济国家在过去的 20 年当中，经济高速增长，出现了规模生产能力过剩；世界上的主要产品包括钢铁、汽车、纺织、造船、化工等均出现生产能力过剩。

（三）投资和消费预期变化引起通货紧缩

当企业对经济发展前景失去信心、认为经营效益难以保证、预期实际利率进一步下降时，或当消费者预期未来消费趋于便宜、投资者预期未来投资更具效率时，消费和投资会出现大幅下降，消费和投资的有效需求不足会导致物价的持续下跌，产生通货紧缩。

（四）政府削减支出引起通货紧缩

如果政府打算紧缩财政预算、降低财政赤字，政府部门会大力削减公共开支，这会使总需求趋于减少，可能导致商品和劳务市场出现供求失衡，导致通货紧缩形成。

（五）技术进步和放松管制引起的通货紧缩

技术进步使生产力有所提高，放松管制使生产成本出现下降，按照产品价格"成本加成"法则，产品价格出现下跌，并可能导致物价普遍出现下跌。19 世纪最后 30 年，随着铁路的延伸和工业技术进步，产品的生产成本剧烈下降，消费物价也随之下降，如当时美国的消费物价下降近 50%，而同期经济增长率年均 4% 以上，出现通货紧缩与经济增长并存的局面。再比如，近几年计算机技术发展很快，1997 年需要花 25 000 元人民币买一台个人电脑，到 2003 年初，只花费不到 7000 元人民币就可买到。如果价格大幅下降，导致一般价格水平的下跌，便会出现通货紧缩。

（六）僵硬的汇率制度引起通货紧缩

如果一国采取钉住强势货币的汇率制度时，一般会出现本币币值高估现象，导致出口下降，削弱国内企业在国际市场上的竞争力。企业开工不足，个人收入下降，消费需求随之趋减，导致物价持续下跌。1997 年 7 月东南亚金融危机使得这些国家货币贬值 35% 左右，致使一些货币保持相对稳定的国家或地区出现了通货紧缩现象，如中国香港地区等。

（七）金融体系效率低下引起通货紧缩

如果金融机构不能对贷款项目进行风险识别，那么就可能造成滥放贷款，不良贷款比重增加。如果金融机构以不愿意贷款或片面提高贷款利率的方式作为承担风险的补偿，就会形成信贷萎缩，进而导致通货紧缩。

[阅读资料9.4]　　　日本缘何继续通货紧缩

2006年的大部分时间，日本消费者物价指数（CPI）几乎一直处于"零"的边缘。就在日本央行公布下调利率决定几天后，最新公布的数据显示，2006年12月份CPI又出现下滑。

有专家指出，由于日本将生鲜食品和能源这两项价格波动较大的商品纳入CPI的计算公式，年底油价下跌直接导致CPI出现下滑。不过，有数据表明，即便剔除上述因素，2006年日本物价仍下跌了0.3%。

关于日本物价一直处于低位的原因，日本经济学家的看法不一。一些经济学家认为，日本企业的薪资增长未能与企业盈利齐头并进，因此挫伤了居民的消费积极性，导致了消费不足。而且，近年来日本企业现金充足导致银行借贷市场萧条也是原因之一。还有一些专家指出，从亚洲其他地区进口的低成本原材料降低了日本国内的生产成本，从而拉低了物价。不过，这个理由显然不够充分，因为同样进口低成本原材料的欧洲或美国却没有发生通货紧缩。也有观点认为，最具说服力的解释是，由于担心日本经济再次卷入经济泡沫的旋涡，日本政府近年来采取了谨慎的经济政策，包括减少房地产投资及反对提高工人收入。

（资料来源：聂晶.经济参考报，有删节.2007年2月26日）

三、通货膨胀的影响

通货膨胀的社会经济效应，在理论界存在着不同的观点，大体可分为三类，即"促进"、"促退"和"中性"论。

"促进论"的基本观点是：资本主义经济长期处于有效需求不足，未能达到劳动力充分就业和资源充分利用，使得实际的经济增长率低于潜在的经济增长率，因此，国家应该干预经济生活，实施通货膨胀政策，实行财政赤字预算，增加货币供给量。他们认为，通货膨胀有三个效应能增加强制储蓄：一是国家通过增发货币获得额外的新增收入，可以直接用于增加投资；二是在高通货膨胀时期，由于社会公众对高通货膨胀预期调整较慢，正常的工资变化总是滞后于物价变化，企业的利润相应提高，这会鼓励私人投资的积极性；三是通货膨胀引起国民收入的再分配，这种再分配有利于高收入阶层，而高收入阶层的边际储备率较高，因此通货膨胀能提高社会储蓄率，刺激投资，促进经济增长。

"促退论"者认为：持续的通货膨胀不仅会增加生产性投资的风险和经营成本，从而打乱正常的资金分配流向，使资金流向非急需部门，或者是从事投机经营活动，造成经济畸形发展，而且造成对资金的过度需求，迫使金融机构加强信贷的配额管理，从而产生各种低效率运转现象。同时，随着社会公众对通货膨胀预期的加剧，政府为了保持社会稳定，往往会加强全面的物价管理，从而使经济运行更加缺乏有序的竞争和生机与活力，这些都不利于生产性投资和经济增长。

中性论者则认为，人们对通货膨胀的预期最终会中和它对经济的各种效应，因此，通货膨胀对经济既无正效应，也无负效应，它是中性的。

尽管理论界对通货膨胀的经济效应有不同的看法，但总体上来讲，通货膨胀对经济会产生严重的破坏作用。

（一）通货膨胀对生产的效应

（1）通货膨胀影响企业的技术进步。通货膨胀一方面使企业的技术改造成本增加，另一方面企业由于产品热销而不重视技术改造，结果导致技术进步缓慢，降低了劳动生产率和产品的升级换代能力。

（2）通货膨胀导致生产衰退。在通货膨胀下，由于原材料等产品的价格上涨往往快于产成品，从而会增加生产性投资的风险和经营成本，使投资不如投机、生产不如囤积的现象普遍出现。其结果，一方面使生产领域的资金大量流向流通领域，导致生产萎缩；另一方面造成原材料越短缺、越囤积，出现短缺和积压并存的恶果。

（3）通货膨胀加大了经济核算的困难。通货膨胀期间币值不稳定，企业的经济核算缺乏稳定的价值尺度和核算工具。

（4）通货膨胀导致不合理的产业结构，使国民经济畸形发展。

（二）通货膨胀对流通的效应

（1）通货膨胀使市场价格信号失真，导致商品价格升降并不能真正反映商品供求关系的变化。失真的价格导向会使社会资源盲目流动和组合，从而引起社会资源的巨大浪费。

（2）通货膨胀使人们对商品产生过度需求。在通货膨胀时期，为了保值和防止物价进一步上升，人们都要尽快把手中的货币换成商品，而较少考虑这种商品对自己是否必需。这种需求变态和抢购行为使货币流通加快，商品供应更加短缺，进而又会进一步加剧通货膨胀。

（三）通货膨胀对分配的效应

在通货膨胀时期，虽然人们的名义货币收入可能提高，但由于社会各阶层收入的来源不同，各种所得来源受通货膨胀的影响各不相同，因此，有些人的实际收入会提高，有些人反而会下降。具体表现在以下四个方面：

（1）国家得利，居民受损。国家通过通货膨胀会占有一部分实际资源。货币是以政府信用发行的，可看成政府对国民的负债；同时，政府通过发行公债，已经造成对国民的大量债务，而通货膨胀是将其债务的实际价值缩减了。另外，由于累进税制，通货膨胀能提高税基，纳税等级上升，使政府税收收入增加。

小贴士　列宁曾断言，捣毁资本主义制度的最有效办法是破坏它的货币。不断地借助通货膨胀，政府可以秘而不宣地没收其公民的大部分财富。——约翰·梅纳德·凯恩斯

（2）固定收入者吃亏，浮动收入者得利。对固定收入阶层来说，实际收入因通货膨胀而减少，生活水平必然降低。最为明显的是那些领救济金或退休金的人、白领阶层、公共雇员以及靠福利和其他转移支付维持生活的人，因为他们在相当长的时期内所获得的收入是固定不变的。对于浮动收入者，收入上涨如果发生在企业价格水平和生活费用上涨之前，则会从通货膨胀中得到好处。如果产品价格上升速度比工资和原材料上升速度快，企业主也会由于利润增加而从通货膨胀中获得好处。

（3）实际财富持有者得利，货币财富持有者受损。实际财富包括不动产、珠宝、古董、艺术品等。股票则代表实际财富的所有权，有时和实际财富一样，在通货膨胀时期价格上涨；而包括现金、银行存款、债券等金融资产的货币财富，其实际价值会因物价上涨而下降。因此，通货膨胀有降低储蓄的倾向。

（4）债务人得利，债权人吃亏。一般地，债务人获得货币便会马上使用，待其偿还时，由于通货膨胀的作用，等量货币的实际购买力已经下降，使债权人受损，债务人获利。但如果通货膨胀被预期到，在借贷合同中附加通货膨胀条款，则这种再分配效应就不存在了。

[阅读资料9.5]　　通货膨胀对家庭净资产的影响

在通货膨胀情况下，每个家庭的财产净值，往往会发生很大的变化。假设一个家庭有：

（1）存款30 000元；

（2）债务90 000元；

（3）货币值随物价变动而相应变动的资产36 000元。

当没有发生通货膨胀时，其资产净值为30 000＋36 000－90 000＝－24 000（元）（负债为负值），这时的资产净值既是名义值，也是实际值。

当出现通货膨胀时，设定通货膨胀率为100%。为简化分析，暂不考虑利息因素：

（1）存款仍为30 000元；

（2）债务仍为90 000元；

（3）货币值可变的资产则变为36 000×（1＋100%）＝72 000（元）。

总名义资产净值为30 000＋72 000－90 000＝12 000元，而实际值是：

（1）存款30 000÷（1＋100%）＝15 000（元）；

（2）债务90 000÷（1＋100%）＝45 000（元）；

（3）货币值随物价变动的资产其实际值仍为36 000元，所以实际资产净值为15 000＋36 000－45 000＝6000（元）。

（资料来源：胡小兵.新华网.2008年3月22日.有删节）

（四）通货膨胀对金融的效应

（1）通货膨胀会降低借款成本，从而诱发过度的资金需求，迫使金融机构不得不加强信贷配额管理，进而削弱了金融机构的运营效率。

（2）通货膨胀破坏正常的信用活动。由于通货膨胀有利于债务人，有损于债权人，从而使商品交易中的现金交易量增加，商业信用萎缩，各种债券发行受阻，影响集资活动。

（3）通货膨胀影响了货币职能的正常发挥。通货膨胀使货币符号的价值储藏职能丧失，价值尺度和价格标准混乱，一旦人们的货币幻觉消亡，必将使挤兑盛行，有可能引起银行的破产和倒闭，甚至引发更大的政治经济危机等。

小问号 结合现阶段国际国内宏观经济，谈谈通货膨胀对经济社会的影响。

四、通货紧缩的影响

通货紧缩可对经济发展和社会稳定造成严重危害。严重的通货紧缩会使可利用资源闲置浪费，经济萎缩，失业增加，人民生活水平下降，引发社会和政治问题。下面我们从几个方面看一看通货紧缩的影响。

（一）通货紧缩抑制投资需求

在通货紧缩时期，物价的下跌会提高实际利率水平，使企业投资成本增加，使投资项目变得越来越没有吸引力。同时，社会消费总量下降，使企业出现利润下降甚至亏损的情况，因此企业不愿意扩大再生产，投资意愿下降。

（二）通货紧缩抑制消费需求

对消费者来说，通货紧缩意味着以同样数量的货币可以购买到更多数量的商品。即货币的购买力增强，这将促使人们更多地增加储蓄、削减消费。同时，消费者常常"买涨不买跌"，在预期价格水平进一步下跌，失业率可能上升，收入水平可能下降的情况下，消费者会因此缩减支出，增加储蓄。这样，通货紧缩就会抑制个人消费支出，使消费总量趋于下降。

（三）通货紧缩会引起银行业的危机

通货紧缩可能导致银行业的危机。这是因为：

（1）通货紧缩加重了贷款者的实际负担，而且产品价格出现非预期下降，收益率也随之下降，使贷款者归还银行贷款的能力有所减弱，银行贷款面临的风险也随之增大。

（2）资产价格的持续下跌也会产生负面的财富效应，降低资产的抵押或担保价值，银行被迫要求客户尽快偿还贷款余额。这又导致资产价格进一步下跌，贷款者的净资产进一步减少，从而加速破产过程，最终致使银行遭受损失，甚至破产。银行经营环境的恶化会使人们对银行产生一种不信任感，为了保护自己资金的安全，他们一方面将钱放在手边，不存入银行，另一方面会把钱从银行提出，而这又会增加银行的流动性危机。

（3）如果人们预期通货紧缩还将继续，在任何名义利率下他们都不会愿意借款，否则他们最终偿还贷款的价值要高于现在的价格。同时，考虑到逆向选择的风险，如果银行预期资产或商品价格会下降，它们就会惜贷。这就容易造成信贷供给和需求的萎缩。

（四）通货紧缩会造成经济衰退、失业增加

持续地、普遍地物价下跌，使生产者的利润减少甚至出现亏损，这会严重挫伤生产者的积极性，使他们缩减产量或不愿生产，从而放慢经济增长的速度。另外，为了降低成本，他们会大量裁员从而使失业率增加，而失业率的上升又会使消费需求进一步萎缩，物价继续下跌，企业破产率上升，失业率上升，会形成恶性循环，同时商家会降低在职员工的工资水平，使其收入下降，而这又进一步加重了社会总需求不足的状况，使整个宏观经济陷入衰退的泥潭中。

（五）通货紧缩对国际经济的影响

通货紧缩具有一定的传导性，一些国家或地区发生通货紧缩和经济衰退，导致了该国或地区的货币贬值，进而又会引起另一些国家货币贬值，继而又将通货紧缩扩展到世界范围，导致世界性经济衰退。

小问号 通货紧缩使人们的实际购买力提高，是否意味着有利于经济发展？

第三节　通货膨胀和通货紧缩的治理对策

❖ **学习目标** ❖

本节着重阐述治理通货膨胀与通货紧缩的对策方案。通过教学，使学生能结合实际，探索治理通货膨胀和通货紧缩的相关对策。

一、通货膨胀的治理对策

通货膨胀特别是恶性的通货膨胀，对经济社会具有巨大的破坏作用，各国政府为减轻或消除通货膨胀的压力做出了不懈的努力，采取各种对策治理通货膨胀。现介绍几种较为常见的通货膨胀治理对策。

（一）宏观紧缩政策

宏观紧缩政策是比较传统的抑制和治理通货膨胀的手段。它的基本精神就是

收缩通货减少需求。即紧缩消费支出、投资支出和政府支出，促使总需求接近总供给，以稳定物价。主要有紧缩的货币政策和紧缩的财政政策两种。

1. 紧缩的货币政策

紧缩的货币政策即当局通过限制商业银行信贷规模，减少货币供给量，实现宏观紧缩的目的。我国习惯上称为抽紧银根。具体措施包括：

（1）公开市场业务操作时卖出有价证券以收缩流通中的货币供应量，如出售政府债券，这是最重要而且经常被采用的一种政策工具。

（2）通过提高再贴现率来影响市场利率，以期提高借款成本，控制商业银行的信贷规模，减少对信贷的需求。

（3）提高法定存款准备金率，用以缩小货币乘数。

（4）在利率管制的国家直接提高利率、紧缩信贷规模。无论是通过收缩货币供应量间接提高利率，还是直接提高利率水平，利率的上升会使人们减少消费需求而增加储蓄；同时，利率水平的提高也意味着投资成本的上升，这会起到抑制投资需求的作用。

[阅读资料9.6]　央行：实施从紧货币政策　促进经济又好又快发展

中国人民银行有关负责人提出，2008 年央行将认真执行从紧的货币政策，防止经济增长由偏快转为过热和物价由结构性上涨演变为明显通货膨胀。这位负责人表示，实行从紧的货币政策不是不要发展，而是为了经济又好又快发展。

这位负责人在此间召开的 2008 年中国人民银行工作会议上指出，从 2003 年以来持续多年的稳健的货币政策和 2007 年 7 月提出的稳中适度从紧货币政策向从紧的货币政策的转变，是中央为促进经济又好又快发展，审时度势做出的重大决策，更加明确地向全社会展示了未来宏观经济调控的政策导向，有利于防止经济增长由偏快转为过热、防止物价由结构性上涨演变为明显的通货膨胀，有利于深化各方面对结构改革紧迫性的认识。

这位负责人表示，今年在实行从紧的货币政策的同时，要充分发挥信贷政策促进经济结构调整的积极作用，引导金融机构优化贷款结构，加强对中小企业、自主创新、节能环保以及扩大就业等方面的信贷支持，加大对"三农"的信贷投入，促进经济发展方式转变。

会议透露了 2008 年央行工作的六大重点：贯彻落实科学发展观，执行从紧的货币政策，防止经济增长由偏快转为过热和物价由结构性上涨演变为明显通货膨胀；推进金融体制改革，巩固和扩大改革成果；加快构建金融稳定长效机制，维护金融体系稳健运行；加大创新力度，推动金融市场发展；进一步深化外汇管理体制改革，稳步推进资本项目可兑换；抓好金融基础建设，提高中央银行金融服务水平。

（资料来源：王宇，姚均芳.新华网.2008 年 1 月 4 日）

2. 紧缩性的财政政策

紧缩性的财政政策即政府通过增收减支的办法来抑制总需求的增长，实现宏观紧缩。具体措施包括：

（1）增加税收，使企业和个人的利润和收入减少，从而抑制投资需求和消费需求，同时可以增加政府的收入，减少财政赤字，达到减少货币发行量的目的。

（2）削减政府财政开支，以消除财政赤字，从而减少货币发行；同时政府开支的减少，也直接地减少了总需求，消除通货膨胀的隐患。

（3）降低政府转移支付，减少社会福利费用，从而减少个人收入，抑制个人消费需求。

值得一提的是，宏观紧缩政策作用的发挥具有一定条件，可能会产生一些不利的消极后果，如果通货膨胀不是由于需求方面原因，而是其他因素造成的，采用紧缩政策，非但不能从根本上医治通货膨胀，反而会造成失业增加和经济衰退等副作用。例如，英国的撒切尔政府、美国的里根政府，都分别实施过宏观紧缩性财政和货币政策，虽然通货膨胀有了显著下降，但两个国家都经历了严重的衰退、失业和财政困境。由此可见，紧缩性的货币财政政策虽可暂时将通货膨胀率压低，但付出的代价也是惨重的。

（二）物价与所得政策

物价与所得政策也是比较惯用的对付通货膨胀的举措之一。它的含义即政府当局拟订一套关于物价和工资的行为准则，由价格的决定者（即劳资双方）共同遵守。这些准则的实施，可以是自愿性的，也有可能是强制性的。具体地来看这些政策准则，它包含两个方面的内容，即价格政策和收入政策。

1. 价格政策

（1）政府与企业订立反涨价合同。政府与企业界达成协议，订立合同，直接地限定价格（包括商品和劳务）或规定其波动的幅度和范围。比如，英国政府对国有企业的产品和劳务的价格就有直接的管理法，对非国有企业部门，也有相应的法律、规章，禁止乱涨价。

（2）立法限制垄断高价。许多国家都制定有反托拉斯法。垄断高价是通货膨胀的诱发和推动因素之一。对于垄断行业、部门或企业的产品价格实行限制，有助于物价的全面稳定。

（3）非常时期，政府往往采用管制和冻结物价的强制性措施。当经济运行出现非常情况或通货膨胀达到一定程度，政府当局有时会采取比较激进的冻结物价措施来阻止迅速上涨的价格水平。

2. 收入政策

收入政策就是政府为了降低一般物价水平上涨而采取的强制性或非强制性的限制货币工资价格的政策，目的在于在控制通货膨胀的同时又不会引起大规模的失业。收入政策可以采取的方式有三种。

（1）以指导性为主的限制。对特定的工资或物价进行"权威性劝说"或施加政府压力，迫使工会或雇主协会让步；对一般性的工资或物价，政府根据劳动生产率的提高等因素，制定一个增长标准，作为工会或雇主协会双方协商的指导线，要求他们自觉遵守。

（2）以税收为手段的限制。政府以税收作为奖励和惩罚的手段来限制工资和物价的增长。如果增长率保持在政府规定的幅度之内，政府就以减少个人所得税和企业所得税作为奖励；如果超过界限，就增加税收作为惩罚。

（3）强制性限制。政府颁布法令对工资和物价实行管制，甚至实行暂时冻结。

从历史经验上看，自愿性的物价与所得政策，因当事人（政府、资方、劳方）之间的利益冲突而难以实现，且无法律保障，不易推行。强制性的物价与所得政策，在民主政体下不易施行，而且长期性的工资和物价管制，势必歪曲市场的调节机能，引起供应短缺、黑市猖獗，所以并不为大多数的经济学家赞同。所以，用物价与所得政策来对付通货膨胀，虽有一定成效，但也宜审慎从事。

（三）收入指数化政策

鉴于通货膨胀的现象如此普遍，而遏制通货膨胀又是如此困难，弗里德曼提出了一种旨在与通货膨胀"和平共处"的适应性政策，也就是各种名义收入（如工资、利息等）部分或全部地与物价指数相联系，自动随物价指数的升降而升降，从而避免或减少通货膨胀所带来的损失，并减弱由通货膨胀所带来的分配不均问题，即所谓的收入指数化政策。

实行收入指数化政策可以缓解通货膨胀造成的不公平的收入再分配，从而消除许多不必要的扭曲。但是，指数化强调的是工资和物价交替上升的机制，从而往往是使物价越发不稳定，而不是有利于通货膨胀率的下降。因此，收入指数化是一种消极的对付通货膨胀的政策，并不能对通货膨胀起到多大的抑制作用。历史的经验也证明了这一点：以色列采用了全面指数化，而它的通货膨胀率在20世纪80年代却剧烈上升到了3位数字。

（四）反通货膨胀的其他对策

各国在长期的反通货膨胀斗争中，总结了许多宝贵经验，提出了许多有针对性的反通货膨胀的其他对策，主要有供应政策、改革市场结构、国际合作等措施和政策。

1. 供应政策

供应政策主要是针对过去一直注重对需求方面来制定的一系列反通货膨胀对策，而忽视了供应方面因素，即忽视了运用刺激生产力的方法，即通过增加有效供给，降低通货膨胀。1981年美国里根政府的新经济政策就属于供应政策。供应政策具体包括：①改善产业结构，通过消除产业部门的"瓶颈"来增加有效供给；②减税，即降低边际税率。这种办法被认为是解决"滞胀"的最佳办法；③取消政府对工商界不必要的管制。政府给企业等微观经济主体松绑，减少对企业活动的限制，让企业在市场经济原则下更好地扩大商品供给。增加有效供给应该说是治理通货膨胀的最根本的手段，但它要受到生产力发展水平和供给弹性的限制。

2. 改革市场结构

改革市场结构主要是针对市场结构的不合理可能造成的诱发物价上扬的影响。这里的市场结构，主要指的是劳动力市场和商品市场的结构。在劳动力市场方面，除应取缔或减少对就业和转业的限制外，政府当局也应设法改善有关就业的信息，对失业者提供转业训练，否则，易引起劳动力的部门不平衡，增加劳动力成本，从而引发成本推动的通货膨胀；在商品市场上，应打破垄断，减低关税，鼓励消费者成立保障消费者权益的团体，以便增加对物价任意上涨的抵抗力。不过，这些措施奏效的时间周期较长，且易引起既得权益集团的反对。

3. 国际间通力合作

国际间通力合作主要是针对通货膨胀可能在国际间传递，因此，单靠一国的力量，很难在根本上杜绝它的产生，需国际上的通力合作。按结构论中北欧模型分析，通货膨胀不仅受国内因素影响，还可以在国际间传递。现实经历也告诉我们，通货膨胀已成为了一种世界性现象，因此，单靠一个或几个国家对付通货膨胀，很难办到，要彻底减轻或消除通货膨胀的压力，则需要世界各国货币金融当局通力合作。例如，认为世界通货膨胀的根源在于过快的货币增长率，则需要各国货币当局共同来紧缩本国通货；如认为根源在于垄断组织的操纵（如石油输出国组织），则应由各国联合起来，共同抵制和打击这些垄断价格。当然，世界局势风云变幻，各国的国情和利益千差万别，总的说来，国际性反通货膨胀政策计划很难实施。

二、通货紧缩的治理对策

一些国家认为通货紧缩是因为市场货币供应量小于需求量，总需求小于总供给引起的，应采取措施扩张总需求，也就是要扩大消费支出、投资支出和政府支出，促使总需求接近于总供给，以稳定物价。从各国的普遍经验看，经济出现通货紧缩时，采取的主要对策如下。

（一）增加国内有效需求或称"拉动内需"

国内有效需求包括两个方面，一是投资需求，二是消费需求。投资需求的增加有两条渠道，一是政府增加公共投资，主要用于基础设施建设，以此拉动投资品市场需求，增加就业；二是刺激私人部门或民间投资，主要通过降低税收、降低利率、增加信贷等措施，提高企业经营者的投资收益率，增强其投资的信心和增加投资机会。私人部门或企业是国民经济的微观基础，激活企业是救治整个市场和整个经济的关键。消费需求的增加包括增加政府采购、提高公共消费水平和刺激家庭个人消费。就后者而言，由于在通货紧缩的情况下，就业预期、工资预期等趋于下降，消费者普遍缩减支出，增加储蓄，因此，需要通过各种途径，如增加工资、增加社会福利、提供消费信贷、降低利率等，使消费者提高支付能力，提升消费等级。

（二）增加外部需求，促进出口

将外部需求引入国内市场，消化相对过剩的供给能力，是被许多国家的经验所证明了的一条治理通货紧缩的重要途径。在通货紧缩的情况下，一般应采取本币贬值的策略，在国际贸易中要尽可能争取有利于出口、限制进口的条件。

（三）改善供给结构，增加有效供给

通货紧缩表现为总供给水平大于总需求水平，导致物价总水平下降。除了总需求不足的原因外，在供给方面的原因主要就是供给结构不合理，由于产业结构和产品结构与需求结构不对称，从而造成供给相对过剩。实际上，真正导致市场供过于求、物价水平下降的，是那些重复生产、简单复制，没有消费亮点的产品。因此，治理通货紧缩，在供给方面的任务更为艰巨，它要求加快技术进步、提高产品质量、改善企业经营管理水平、适时调整产业结构和产品结构等一系列旨在提高经济内在素质的治理措施。

[阅读资料9.7]　　全球通货膨胀压力加大　主要央行收紧货币政策

2004年以来，世界经济稳步增长，国际原油价格和金属原材料价格持续攀升，全球通货膨胀压力不断增大，为应对潜在的通货膨胀风险、保持经济持续稳定增长，各主要经济体央行纷纷收紧货币政策，新的一轮全球性加息周期逐步形成。

本轮加息周期始自英国，2003年11月英格兰银行加息25个基点，把目标利率升至3.75%，之后连续4次加息，1次减息，并于2006年8月再次加息，目前利率水平维持在4.75%；美联储于2004年6月开始连续17次加息，再次加息25个基点，目前目标利率水平为5.25%；欧洲中央银行从2005年12月开始连续4次加息，目前目标利率水平为3%；2006年7月，日本银行将隔夜拆借利率目标由零调高至0.25%，结束了为期长达6年的零利率时代。此外，加拿大、瑞典、澳大利亚、韩国、印度、阿根廷、匈牙利等央行也都不同程度地提高了中央银行目标利率。

（资料来源：中国人民银行货币政策分析小组.中国货币政策执行报告.2006年第二季度）

小　　结

（1）通货膨胀是指一定时期货币过多而引发商品和劳务的货币价格总水平的持续上涨的现象。

（2）通货膨胀按照不同的分类方法可以分为开放型通货膨胀、隐蔽型通货膨胀；温和型、奔腾式和恶性通货膨胀；预期型、非预期型通货膨胀；需求拉动型、成本推进型、混合型、结构型通货膨胀。

（3）衡量通货膨胀的常用指标有消费物价指数、批发物价指数、国民生产总

值物价平减指数，三者各有优缺点，各国选择其中的一种或几种来衡量通货膨胀。

（4）通货膨胀按产生原因分析有需求拉上型、成本推动型、供求混合推进型和结构失衡型。

（5）通货膨胀对经济的影响包括对生产、流通、分配、金融等方面的影响。对通货膨胀的治理对策包括：宏观紧缩政策、物价与所得政策、收入指数化政策和反通货膨胀的其他对策。

（6）通货紧缩是与通货膨胀相对立的一个概念，通货紧缩从本质上上说是一种货币现象，经常伴随着生产下降、经济衰退，特征表现为一般物价水平持续与普遍地下跌。

（7）通货紧缩会产生降低就业和经济增长，乃至经济衰退的负面影响，还有可能导致银行业的危机。对通货紧缩的治理对策包括：增加国内有效需求；增加外部需求、促进出口；改善供给结构，增加有效供给。

练 习 题

一、名词解释

通货膨胀　通货紧缩　需求拉上型通货膨胀　成本推进型通货膨胀
消费物价指数　国民生产总值物价平减指数　开放型通货膨胀
隐蔽型通货膨胀

二、选择题

1. 通货膨胀是（　　）流通条件下的货币现象。

A. 纸币　　　　　　　B. 金属货币　　　　C. 银行券　　　　　D. 金银铸币

2. 在市场商品的价格受到管制的情况下，不能通过市场物价的变动而灵敏地反映出来的通货膨胀是（　　）型通货膨胀。

A. 公开　　　　　　　B. 奔腾　　　　　　C. 隐蔽　　　　　　D. 温和

3. 通货膨胀期间，如果某收益固定的债券的名义价值没变，但实际价值随物价上涨而下跌，则（　　）是通货膨胀的受害人。

A. 债权人　　　　　　B. 债务人　　　　　C. A 和 B 都是　　　D. A 和 B 都不

4. 由通货紧缩定义可知，通货紧缩的判断标准应当是（　　）

A. 物价水平的持续下降　　　　　　　B. 别部门或部分产品的价格下降

C. 经济衰退　　　　　　　　　　　　D. 供给能力相对过剩

5. 通货膨胀引起的物价上涨是（　　）

A. 个别商品物价上涨　　　　　　　　B. 短期性物价上涨价

C. 季节性物价上涨价　　　　　　　　D. 物价总水平的持续上升

三、简答题

1. 衡量通货膨胀的消费物价指数、批发物价指数、国民生产总值物价平减指数各有什么优缺点？

2. 通货膨胀有哪些类型？

3. 试分析通货膨胀形成的原因。

4. 通货膨胀的经济效应有哪些？

5. 试分析治理通货膨胀的主要对策。

6. 查阅资料，分析我国现阶段的通货现象及形成的原因。

第十章

货 币 政 策

知识点

1. 货币政策的概念。

2. 货币政策的最终目标，货币政策各目标之间的关系。

3. 货币政策的中介目标及其目标选择。

4. 货币政策的传导机制及其效应问题。

技能点

1. 各货币政策工具的优缺点。

2. 根据经济现状，尝试选择运用货币政策工具进行调控。

小李在 2008 年初入市购买股票，却因为股指的大幅调整而使本金出现亏损；王先生准备加大房产投资力度，而从紧的货币政策使他不得不观望斟酌；在通货膨胀压力下，老孙为自己如何投资和储蓄，实现资产保值增值犯了愁。现实的种种问题，与中央银行的货币政策息息相关，我们如果对货币政策有更多地了解，就能更好地解决生活中的现实问题。因为，一国的货币政策对一国的经济形势产生着重大的影响，了解货币政策，理解货币政策的作用和原理，熟悉它的变化规律，对一个善于理财的现代人来说是一项重要的内容。

货币政策是指中央银行为实现特定的经济目标，运用各种政策工具调节货币供应量和利率，进而影响宏观经济的方针和措施的总和。它是国家经济政策的一个重要组成部分，通常由一国中央银行来制定和实施。中央银行是国家最高的金融管理机构，制定货币政策时，首先按照国家的宏观经济状况，确定货币政策的最终目标，然后根据经济条件和信用制度选取一定的中介指标，最后按一定的标准和经济条件选择适宜的货币政策工具。货币政策一经实施，还要涉及货币政策如何发生作用、如何有效影响经济活动等问题。因此货币政策要研究的问题一般包括五个方面，即货币政策目标、货币政策工具、货币政策传导机制、货币政策中介指标和货币政策效果，各要素相互联系，形成一个完整的货币政策系统。

第一节　货币政策的最终目标

❖ **学习目标** ❖

本节主要阐述了货币政策四大最终目标：稳定物价、充分就业、经济增长、国际收支平衡的定义，并阐明了四大目标之间的关系，介绍了我国货币政策最终目标的选择。通过学习，学生能理解最终目标的含义及关系。

一、货币政策最终目标的内容

货币政策的最终目标，是中央银行组织和调节货币流通的出发点和归宿点，它必须服务于国家宏观经济政策的总体目标。因而，货币政策的最终目标与整个国家的宏观经济目标是一致的。就大多数国家来说，主要包括稳定物价、充分就业、经济增长和国际收支平衡。

（一）稳定物价

所谓稳定物价，是指设法使一般物价水平在短期内不发生急剧的波动，实际上就是使物价在短期内保持一种相对稳定状态。这里所指的物价是一般物价水平，而不是某种商品的价格。稳定物价的前提或实质是币值的稳定。通货膨胀的表现形式是物价总水平的普遍持续上涨，而货币政策的目标就是要把物价水平控制在一定的幅度内。

[阅读资料 10.1]　　　　　**稳定物价目标区**

　　许多国家的中央银行不把稳定物价目标确定为某一具体的数值，而是确定为某一区间，各国对物价上涨的承受能力不同。

　　20世纪60年代，美国经济学家认为3%～4%的物价上涨可以接受，在70年代这个比例上升为5%～6%。进入20世纪90年代，大多数西方国家的物价水平维持在一个较低的水平，美国物价也进一步下跌，美联储从格林斯潘时代开始将物价上涨率的目标界定为3%以下，一旦有超出这一水平的迹象就利用各种政策工具调整或发出通货膨胀的警报，欧洲中央银行将物价上涨率控制在2%以内。综合来看，市场经济发达的国家将物价涨幅的目标区域界定在1%～3%之间，大多数发展中国家认为3%～5%较为合适。

（资料来源：根据相关资料整理）

　　在纸币流通的信用货币制度下，由于货币流通的数量不能自发调节，任何数量的货币一旦投入流通，就不会自动退出流通领域。因此，货币流通量的多少将直接决定着货币的价值，决定着币值的稳定。币值的稳定与否是以单位货币的购买力来衡量的，而单位货币购买力通常是以物价指数来表示的，所以稳定物价就是稳定币值。

　　稳定物价并非通货膨胀率越低越好。价格总水平的普遍持续下降，单位货币购买力的提高，就会带来通货紧缩，这也将严重地影响经济的发展。因此，抑制通货膨胀和避免通货紧缩是保持币值稳定的货币政策目标不可分割的两个方面。

　　小贴士　　稳定物价是把物价水平控制在一定的幅度内，并非通货膨胀率越低越好。

（二）充分就业

　　充分就业是指凡有能力并自愿参加工作者，都能在较合理的条件下，随时找到适当的工作。充分就业是针对所有能够被利用的资源的利用程度而言的，现在各国政府与经济学家都把失业率作为衡量劳动力就业程度的指标。所谓失业率，就是社会的失业人数与愿意就业的劳动力的比率。失业率越小，表明社会的充分就业程度越高。

　　充分就业并不是指社会劳动力100%的就业，或者说人人都有工作。充分就业要排除摩擦性失业和自愿性失业两种情况。摩擦性失业是指由于劳动力市场上的供求结构矛盾而造成的失业，它包括劳动力供给与需求的种类失衡、地区失衡、季节失衡等，也包括劳动力转换和流动过程中所出现的失业状态。自愿失业是指在现有的工资水平条件下，人们愿意选择闲暇，而不愿选择工作的结果。由于存在着摩擦性失业和自愿性失业等因素，失业率为零是不可能的事。

一般来说，高失业率将导致巨大的负面影响。其体现在：一是对社会的影响。大量失业的存在，将使人们收入减少，出现生活困难，而且打击了人们的自尊心和自信心，最终引发一系列的社会问题，危及社会的稳定。二是对经济的影响。高失业率表明整个社会大量闲置的资源未被充分利用，形成社会资源的浪费。因此，要求各国政府利用货币政策来维持较高的就业水平。

从经济效率的角度来看，保持一定的失业水平是适当的，充分就业并不意味着失业率等于零。但由于各国的社会经济情况不同，民族文化和传统习惯的差别，适当水平的失业率应为多少并没有确定的标准。有的认为，失业率为3％是充分就业；有的认为，失业率长期维持在4％～5％也算充分就业；一些较为保守的学者则认为，失业率压低至2％～3％以下才能算充分就业。失业，实际上是生产资源的一种浪费，失业率越高，对社会经济增长越不利。因此，各国都力图将失业率降到最低水平。

小问号 充分就业是指没有失业吗？

（三）经济增长

经济增长是指国民生产总值的增长必须保持合理、较高的速度。经济增长是提高社会生活水平的物质保障，也是国家经济实力的综合反映。

较高的经济增长率能够提高人们的生活水平和生活质量，更重要的是可以缩小同发达国家间的差距，还可以解决财政困难，缓解资金压力、就业压力等多方面的问题。另外，它也是保护国家安全的必要条件。因此，只要能保证经济的顺利运行，追求较高的经济发展速度就没有错。当然，作为宏观经济目标的经济增长应是长期稳定的增长。过度地追求短期的高速甚至超高速增长可能导致经济比例的严重失调，造成经济的剧烈波动。

经济增长的指标一般采用人均实际国民生产总值的年增长率来衡量。即用人均名义国民生产总值年增长率剔除物价上涨率后的人均实际国民生产总值的年增长率来衡量（图10.1）。

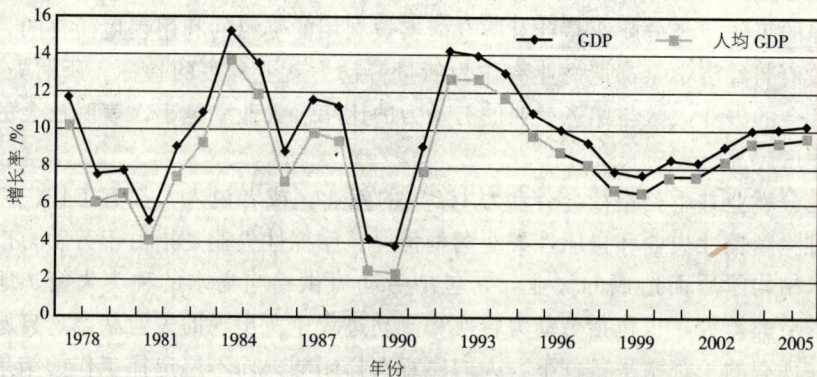

图 10.1　1978～2005 年我国 GDP 增长情况

（四）国际收支平衡

国际收支平衡是指一个国家在一定时期内对其他国家全部货币收入和全部货币支出相抵后基本平衡，即略有顺差或略有逆差。

保持国际收支平衡是保证国民经济持续稳定增长和经济安全甚至政治稳定的重要条件。一个国家国际收支失衡，无论是逆差还是顺差，都会给该国经济带来不利影响。巨额的国际收支逆差可能导致外汇市场对本币信心的急剧下降，资本的大量外流，外汇储备的急剧下降，本币的大幅度贬值，并导致严重的货币和金融危机。20世纪90年代亚洲金融危机的爆发就是这方面的最新例证，而长期的巨额国际收支顺差，可能导致或加剧国内通货膨胀。为此，各国都利用货币政策保持国际收支平衡。

小贴士 国际收支平衡指一个国家在一定时期内，略有顺差或略有逆差。

二、货币政策最终目标之间的关系

各国货币当局都希望能够同时实现以上四个目标，但是，理论分析和政策实践都表明，这些目标有的可以兼容协调，如充分就业与经济增长；有的相对独立，如充分就业与国际收支平衡；但大多数的目标之间则存在着一定的矛盾，常常不能同时兼顾。作为中央银行货币政策目标，必须在这种制约中找到协调统一的目标。具体分析如下。

（一）稳定物价与充分就业之间的矛盾

当经济不景气时，失业人数过多，为了增加就业，就要刺激需求，增加投资，扩大生产规模。这时，西方通常采用的办法是增加货币供给，放松信贷条件。结果，失业率的确降低，但是信用扩大，货币供给增加，必然会导致通货膨胀率上升，物价也随之上涨。澳大利亚籍的英国经济学家菲利普斯，1958年根据英国1861～1957年失业率和货币工资变动率的经验统计资料，提出了一条用以表示失业率和物价上涨率之间交替关系的曲线，即著名的菲利普斯曲线（图10.2）。

这条曲线表明，当失业率较低时，物价上涨率较高；反之，当失业率较高时，物价上涨率就较低。可见，降低失业率与稳定物价不能并行。因此，为了实际充分就业目标，必须牺牲若干程度的物价稳定；为了维持物价稳定，又必须以提高若干程度的失业率为代价。

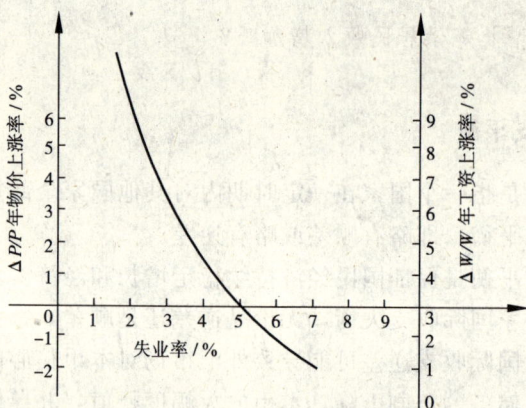

图 10.2　菲利普斯曲线

[阅读资料 10.2]　美联储新主席伯南克的难题

美联储新主席伯南克上任前在接受国会听证时，涉及两个关键问题——稳定物价和充分就业，并且必须保持二者的平衡；他必须说服金融市场对其予以信任。

在参议院银行事务委员会上作证时，伯南克将必须表现出平衡的手法，而这是他成为美联储新主席所面临的众多事务当中的第一件事。作为前美联储理事和白宫经济顾问的伯南克，他必须赢得参议院的认可，而多数人也预计他能够达成这一目标。

民主党人士有望从伯南克的听证中寻求保证，即美联储将从不会忘记国会给其订下的两个目标——价格稳定和充分就业，而这两者之间是相互平衡的，不能牺牲一方而成就另一方。

伯南克在 2003 年就对打击通货紧缩持强硬的立场，因此人们认为，在目前能源价格高企的情况之下，他将对物价上涨持柔软心态。

（资料来源：李昌鸿.证券时报，2005 年 11 月 15 日.有删节）

（二）稳定物价与经济增长之间的矛盾

就现代社会而言，经济的增长总是伴随着物价的上涨，没有哪一个国家在经济增长时期，物价水平不是呈上涨趋势的。20 世纪 70 年代资本主义经济进入滞胀阶段后，有的国家甚至在经济衰退或停滞阶段，物价水平也呈现上涨的趋势。这说明稳定物价与经济增长之间存在着矛盾。不少国家的中央银行在同时追求经济增长与物价稳定目标的过程中，往往顾此失彼。但是，日本、德国等国的中央银行始终把货币政策目标的重点放在稳定物价上，为经济增长提供了良好的金融环境。在稳定物价与经济增长之间是否存在矛盾，理论界有不同的看法。有人认为，稳定物价与经济增长之间并不矛盾，两者的关系是统一的。只有稳定物价，才能为经济的健康发展提供良好的社会经济环境；只有经济增长，物价稳定才有雄厚的物质基础。

（三）稳定物价与平衡国际收支之间的矛盾

当一国出现通货膨胀时，由于本国物价水平上涨而使外国商品价格低廉，使得本国商品出口减少而进口增加，必然会增加本国的贸易逆差，使国际收支恶化。但是，本国物价稳定也绝不意味着国际收支的平衡。在本国物价稳定而他国发生通货膨胀的情况下，由于本国商品价格相对低于他国商品价格，使得本国商品出口增加而进口减少，必然会造成本国贸易顺差，从而影响本国国际收支平衡。大量的国际收支顺差或逆差，都会给国内货币流通的稳定带来不利的影响，从而影响到物价的稳定。如果全世界都维持相同的物价稳定程度，贸易状况不发生大的变动，则稳定物价与平衡国际收支这两个目标就能保持一致。

（四）经济增长与平衡国际收支之间的矛盾

就国际收支的经常项目而言，经济增长会导致国民收入的增加和支付能力的提高，从而增加对进口商品的需求，同时国内本来用于出口的一部分商品也因此而转为国内需求，如果出口贸易的增长不足以抵消这部分需求，必然导致经常项目的收支恶化。从资本项目来看，经济增长刺激投资需求增加，在国内资金来源不足的情况下，借助于外资流入，从而使资本项目有顺差的趋势。虽然两个项目的收支在一定程度上可以相互弥补，但要想同时使两个目标达到最佳状态，并不是很容易的。

由于最终目标之间存在一定的矛盾，货币政策在进行目标选择时不能不有所侧重，具体的目标选择不但有赖于具体的国情和经济发展的特定阶段，同时也反映一个国家对货币经济和货币政策的不同认识。就世界各国的情况来看，中央银行货币政策目标的选择大体上有三种类型。一是单一目标，即稳定物价，如德国；二是多重目标，即四大目标，如美国；三是优先选择一个目标，同时兼顾某一个目标，如中国。

> **小贴士**　四大最终目标之间存在一定矛盾，故货币政策进行目标选择时不能不有所侧重。

三、我国对货币政策目标的选择

中国人民银行专门行使中央银行职能之后，我国开始讨论货币政策目标的问题。20 世纪 80 年代末 90 年代初，理论界对此问题的讨论进入高潮。根据我国的具体国情，我国货币政策的目标讨论，大致分为三种观点。第一种观点认为，我国货币政策的目标只有一个即"单一目标论"，其中，一种观点认为，以稳定物价作为我国的唯一目标，可称为"单一稳定目标论"；另一种观点主张以经济增长作为我国货币政策的唯一目标，可称为"单一增长目标论"。第二种观点认为我国货币政策的目标应有两个：一个是稳定物价；另一个是发展经济，这种观点可称为"双重目标论"。随着对这一问题讨论的深入，理论界还提出了第三种观点，即认为我国货币政策目标应与市场经济国家一致，为多重目标。这种观点可称为"多重目标论"。通过争论，人们逐渐认识到，作为货币政策的最终目标，币值稳定与经济增长是相辅相成、缺一不可的。1995 年 3 月 18 日，第八届全国人民代表大会第三次会议通过了《中华人民共和国中国人民银行法》，以法律的形式将我国中央银行货币政策的最终目标确定为"保持币值稳定，并以此促进经济增长"。这就说明，我国中央银行货币政策的首要目标是保持币值稳定，但币值稳定的最终目的是促进经济增长。

小问号 我国中央银行货币政策的最终目标是什么？

第二节　货币政策工具

❖ **学习目标** ❖

本节主要介绍了一般性货币政策工具、选择性货币政策工具和其他货币政策工具等三大类货币政策工具。特别阐述了一般性货币政策工具的作用过程、优缺点。介绍了我国货币政策工具的选择。通过教学，学生能结合国际国内经济形势，趋利避害，能选择运用货币政策工具进行调节。

货币政策工具是指中央银行为实现货币政策目标，进行金融调控所运用的手段。通常，人们按照货币政策工具的影响范围或调控方式的分类，把货币政策工具划分为一般性货币政策工具、选择性货币政策工具和其他货币政策工具三大类。

一、一般性货币政策工具

一般性货币政策工具也叫总量调控工具、常规性货币政策工具或传统的货币政策工具。它是中央银行调控货币供给量的最主要的常规手段，主要是调节货币供给总量。总量调控工具一般包括法定存款准备金政策、再贴现政策、公开市场业务三大工具，通常被人们称为三大传统法宝。

小贴士 三大传统法宝：法定存款准备金政策、再贴现政策、公开市场业务。

（一）法定存款准备金政策

所谓法定存款准备金政策，是指中央银行在法律所赋予的权力范围内，通过规定或调整商业银行交存中央银行的存款准备金比率，控制商业银行的信用创造能力，间接地控制社会货币供应量的一种手段。法定存款准备金政策最先是为了保障客户存款以及银行自身的安全而设立的，但由于法定存款准备金率的大小可以改变货币乘数，从而影响商业银行的货币创造能力，所以，现在这个制度逐渐演化为中央银行调节银行体系信用规模和货币供应量的政策工具。

中央银行通过存款准备金政策控制货币供应量，主要是通过规定和调整存款准备金率来进行的。存款准备金率的变动对货币供应量的影响是非常有效的。当中央银行实行紧缩性货币政策，提高法定准备率时，一方面，商业银行上缴中央银行的法定准备金量相应增加，从而就减少了商业银行的超额准备金量，同时，由于存款准备金率提高，使货币乘数变小，从而降低了整个商业银行体系创造信用、扩大信用规模的能力。另一方面，存款准备金率提高，也影响利率提高。这两方面的结果都使银根抽紧，货币供应量减少。反之，当中央银行实行扩张性货币政策，则会放松银根，使货币供应量增加。中央银行就是运用这一机制，根据货币政策的要求，通过变动法定存款准备金率来调节货币供应量规模的。

作为货币政策工具，存款准备金政策具有两个特点：一是在现代经济条件下，法定准备金率是通过货币乘数影响货币供给，准备金率的任何调整，都会产生十分强烈的效果。即使中央银行把存款准备金率调整很小的幅度，都会引起货币供应量的巨大波动。二是在法定存款准备金率维持不变的情况下，它仍然是中央银行控制信贷规模和货币供应量的一个重要工具。因为它在很大程度上限制了商业银行体系创造信用的能力。并且，中央银行其他所有货币政策工具，都是以法定存款准备金政策为基础的，它是其他货币政策工具发挥作用的基本依据。

存款准备金政策虽然十分重要和有效，但也存在着一定的局限性。一方面，法定存款准备金率影响面大，没有针对性，作用又过于猛烈，还会引起大众心理预期的强烈变化，不宜随时进行调整，不能作为中央银行的日常操作工具。另一方面，法定存款准备金率频繁调整会扰乱存款机构正常的财务计划和管理，同时也破坏了准备金需求的稳定性和可测性，不利于中央银行公开市场操作和短期利率的控制。因此，不仅不宜经常使用，也不宜大幅度调整。

[阅读资料 10.3]　　美国目前的存款准备金制度

从 1980 年的《货币控制法》至今，美国的存款准备金制度并没有实质性改变，其中个别条款经历了一些修改。如 1990 年 12 月将非交易账户和欧洲货币负债的准备金率由原来的 3% 降为 0%，1992 年将交易账户的准备金率由原来的 12% 降为 10%。

以 1998 年 1 月 1 日起美国实行的存款准备金制度为例来进行大体说明。交易账户类存款的准备金率分为三个档次：440 万美元以下的存款准备金率为 0%，440 万至 4930 万美元为 3%，4930 万美元以上为 10%。由于 1980 年的《货币控制法》规定，服从 3% 法定存款准备金率要求的金额，每年以当年 6 月 30 日所有存款机构交易账户新增额的 80% 进行调整，以及 1982 年的《加恩-圣杰曼存款机构法》规定，服从 0% 法定存款准备金率要求的金额，每年以当年 6 月 30 日所有存款机构总负债额增长率的 80% 进行调整，因而 440 万美元和 4930 万美元这两个金额均是不断调整的；对于"非个人定期存款和储蓄存款"以及"欧洲货币负债"不要求存款准备金；对"附属公司不合格的承兑与债务"要求提取 3%～10% 的准备金。其他准备金制度的相关规定，在联邦储备当局的 D 条例中有详细阐述。

（资料来源：节选自侯建强，黄兰.美国存款准备金制度的变革，金融时报，2004 年 5 月 11 日）

（二）再贴现政策

再贴现政策，是指中央银行通过调整再贴现率和规定再贴现票据的资格等方法，影响商业银行等存款机构从中央银行获得再贴现贷款的能力，进而达到调节货币供应量和利率水平、实现货币政策目标的政策措施。

当中央银行提高再贴现率并高于市场利率时，商业银行向中央银行借款或贴现的资金成本上升，利润减少，就抑制了商业银行向中央银行借款或贴现，使其收缩对客户的贷款和投资规模，从而也就缩减了市场的货币供给量。同时，再贴现率的提高，也影响市场利率相应地上升，社会对货币的需求也相应减少。反之，当中央银行降低再贴现率并低于市场利率时，商业银行向中央银行借款或贴现的资金成本降低，使商业银行有利可图，就会促使商业银行增加向中央银行的借款和贴现，必然会扩大对客户的贷款和投资规模，从而导致货币供给量增加。同时，随着再贴现率降低，银根松动，市场利率也会相应降低，社会对货币的需求，也会相应增加。中央银行就是利用这一作用过程来影响和干预市场货币供应量和信用规模的。

（三）公开市场业务

公开市场业务是指中央银行通过在金融市场上买卖有价证券，以调节商业银行的准备金，从而调节货币供应量的一种业务活动。它是货币政策最重要和最有效的工具。目前，在西方发达国家中，公开市场业务已成为中央银行执行货币政策的主要工具。

公开市场业务对金融和货币供应量的调节作用，就是通过在公开市场上买进和卖出有价证券来完成的。当金融市场上资金缺乏，生产衰退时，中央银行就通过公开市场业务买进有价证券，向社会投入一笔基础货币。这笔基础货币如果流入公众手中，则会直接增加社会货币供应量；如果流入商业银行，则会引起信用的扩张和货币量的多倍增加。反之，当金融市场上资金过多，投资过度时，中央银行就卖出有价证券。无论这些证券是由公众还是商业银行购买，都会有相应数量的基础货币的流回，引起信用规模收缩和货币供应量减少。中央银行就是通过公开市场上的证券买卖活动，以达到扩张或收缩信用、调节货币供应量的目的。

利用公开市场业务干预经济具有明显的优越性，这是因为公开市场业务具有以下优点。

（1）公开市场业务可以通过买卖有价证券把商业银行的准备金控制在中央银行希望的规模以内，这方面的作用比其他工具更为有效。

（2）公开市场业务是由中央银行主动采取的，使其效果无论在质或量上均达到中央银行的预期目标，而不像再贴现政策那样，处于被动地位。

（3）公开市场业务可以进行经常性、连续性地操作，具有较强的伸缩性，因而是中央银行日常调整货币供应量的理想工具。

（4）公开市场业务的规模和方向可以灵活安排，用其微调货币供应量，不会像存款准备金政策那样，产生过于猛烈的影响。

（5）公开市场业务是易于逆转的。根据市场情况的突然变化，中央银行可以迅速做反方向的操作。

尽管公开市场业务具有上述优点，但是，公开市场业务的实行需要一定的条件。首先，要有发达与完善的金融市场，以保证各种金融工具的流通；其次，必须有足够数量的有价证券，而且种类应该多样，以便有选择地操作。例如美国，由于国内证券市场发达，而且公开市场委员会拥有大量的联邦政府债券，有足够的力量根据需要来运用这一工具。因此，公开市场业务已成为联邦储备银行最主要的货币政策工具，而绝大多数发展中国家，由于条件不足，实施公开市场业务则比较困难。

二、选择性货币政策工具

选择性货币政策工具是指中央银行针对某些特殊领域的信用加以调节和影响的措施。中央银行可以运用选择性货币政策工具对某些特殊领域的信用加以调节。它主要包括消费者信用控制、证券市场信用控制、不动产信用控制、优惠利率以及进出口保证金制度。

（一）证券市场信用控制

证券市场信用控制，是指中央银行对有关证券交易的贷款，规定贷款额占证券交易额的百分率，目的在于控制证券市场的放款规模。如中央银行根据经济形势和金融市场的情况，随时调整保证金比率，即证券购买者在购买证券时必须支付现款的比率，从而可以控制证券市场的信贷。比如，中央银行规定保证金比率为 60%，则买方要缴纳购进证券价格 60% 的现款，只能向银行贷款其余的 40%。保证金比率越高，商业银行用于证券抵押的贷款就越少。

（二）消费信用控制

消费信用控制，是指中央银行对不动产以外的各种耐用消费品的销售融资所给予的控制。消费信用增长过大，一方面会引起企业商品销售大量增加，刺激经济发展，另一方面也会导致银行贷款增加，货币供应量扩大，当货币供应量增加超过一定限度，不仅反过来刺激消费需求，还会引起通货膨胀。因此，中央银行有必要对消费信用进行控制。

（三）不动产信用控制

不动产信用控制，是指中央银行对商业银行办理不动产抵押贷款的管理措施。它主要是规定贷款的最高限额、贷款的最长期限，以及首次付款和分摊还款的最低金额等。采取这些措施的目的主要在于限制房地产投机，抑制房地产泡沫。不动产信用控制是美国在朝鲜战争期间率先采用的，它不仅适用于会员银行，而且适用于一切放款机构。1952年，美国取消了对不动产信用的管理措施。除美国外，许多国家也普遍实行过此项政策工具。

三、其他货币政策工具

除了以上两类货币政策工具外，中央银行还可以根据本国的具体情况和不同时期的具体要求，运用一些其他的政策工具。这类政策工具很多，其中即有直接信用控制，也有间接信用控制。

间接信用控制是指中央银行利用各种间接的措施对商业银行的信用活动进行影响，具有非限制性的特点，它主要包括道义劝告、窗口指导等。

（一）直接信用控制

直接信用控制，是指中央银行对金融机构扩大信贷活动进行直接干预，主要包括直接干预、信用分配、流动性比率、利率最高限额。

1. 直接干预

直接干预也称为直接行动。它是指中央银行直接对商业银行的信贷业务范围、放款政策等施以合理地干预。中央银行的直接干预通常有直接限定贷款额度、直接干涉银行对活期存款的吸收、规定各家银行的放款或投资的范围以及放款的方针等。

2. 信用分配

信用分配是指中央银行根据金融市场的状况及客观经济的需要，权衡客观需要的轻重缓急之后，对商业银行的信用创造加以合理分配和限制的措施。在需求旺盛和资金短缺时期，中央银行对商业银行的贷款分配提出规定，并规定在各部门或地区的资金分配数量或比例。大多数发展中国家，由于资金需求迫切而资金供给不足，广泛地采用这种措施。

3. 流动性比率

流动性比率也叫流动资产准备比率，是指中央银行为了限制商业银行扩张信用的能力而规定的流动性资产占全部资产的比重。商业银行在这些直接控制措施下，就不能任意把一些流动性资产用于长期性放款和投资，从而中央银行也就达到了控制商业银行信用扩张的目的，同时也保障了存款人的存款安全。

4. 利率最高限额

利率最高限额，是规定商业银行的定期储蓄存款所能支付的最高利率。利率最高限额制度可以防止商业银行过分抬高利率而竞相吸收资金和因谋取高利而进行风险投资放款，它是最常用的直接信用控制工具，有利于控制商业银行的贷款能力和限制货币供应量。但是，在通货膨胀条件下，不宜采用此法，否则会导致存款大量流出金融机构之外。

（二）间接信用控制

1. 道义劝告

道义劝告是中央银行利用自己在金融体系中的地位和威望，向商业银行和其他金融机构发出通告、指示或与各金融机构的负责人举行面谈，劝告其遵守政府政策并自动采取贯彻政策的相应措施，从而达到控制信用的目的。道义劝告通常依据经济形势和货币政策的变化适时而行，包括对商业银行提高或降低存贷利率等。例如，在信用过度扩张时期，中央银行可以劝说商业银行注意限制其贷款量，使它们的贷款增加额保持在一定的范围内。由于中央银行的特殊地位与声望，以及它具有上述各项控制手段做后盾，所以道义劝告的确有效。但是，道义劝告对商业银行没有法律上的约束力，其有效性取决于各商业银行的合作态度与中央银行对不肯合作的银行所采取的态度。

2. 窗口指导

窗口指导是由日本中央银行综合道义劝告和贷款限额这两个政策工具的特点，加以灵活运用而得名。它的内容是：日本银行（中央银行）根据产业行情、物价的变动趋势、金融市场的动向和前一年度同期的都市银行（商业银行）贷款情况，规定商业银行每季度贷款的增减额，并要求其执行。这种限制贷款增减额的做法并非法律规定，而是日本银行的一种指导。但是，如果商业银行不按规定的增加额对产业部门贷款，中央银行可以削减向该银行贷款的额度，甚至采取停止提供信用等制裁措施。因此，窗口指导是在日本银行与商业银行双方合作的前提下进行的说服指导，没有法律保证，但仍然产生很大约束力，在贯彻金融紧缩政策与制止通货膨胀方面起过相当大的作用。窗口指导曾一度成为日本货币政策的主要工具。

四、我国货币政策工具的选择

我国中央银行的货币政策工具与发达国家有所不同。经过多年的金融实践，我国形成了一套具有中国特色的货币政策工具。包括存款准备金政策、基准利率、再贴现、再贷款、公开市场业务和其他工具等六类。目前，我国的信贷计划等直接调控工具仍然发挥着较重要的作用。

（一）存款准备金政策

从 1984 年起，存款准备金制度开始成为中国人民银行调节货币供应量和信贷规模的政策工具之一。不同于西方国家，该制度的初始设计思路就是为了使中国人民银行能集中控制相当部分信贷资金，进而通过再贷款形式控制信用规模及调整信用结构。为此，不仅确定了较高的法定准备金比率，且后来又为商业银行规定了硬性的备付金比率，从而提高了总准备金率。由于偏高的准备金率使得商业银行可支配资金不足，反转过来增强了它们对中央银行强烈的借款需求，而中央银行实际上也往往不能不满足这种需求。结果使得存款准备金对控制银行机构的信用创造能力并不显著。1998 年 3 月对上述制度进行了改革，将原来的准备金存款账户与备付金账户合并为一个账户，统称准备金存款账户。

[阅读资料 10.4]　　　　　　央行 2008 年再次提高存款准备金率

为落实从紧的货币政策要求，继续加强银行体系流动性管理，引导货币信贷合理增长，中国人民银行决定从 2008 年 3 月 25 日起，上调存款类金融机构人民币存款准备金率 0.5 个百分点。

历次上调存款准备金率回顾：

2008 年 3 月 25 日	由 15%调至 15.5%
2008 年 1 月 25 日	由 14.5%调至 15%
2007 年 12 月 25 日	由 13.5%调至 14.5%
2007 年 11 月 26 日	由 13%调至 13.5%
2007 年 10 月 25 日	由 12.5%调至 13%
2007 年 9 月 25 日	由 12%调至 12.5%
2007 年 8 月 15 日	由 11.5%调至 12%
2007 年 6 月 5 日	由 11%调至 11.5%
2007 年 5 月 15 日	由 10.5%调至 11%
2007 年 4 月 16 日	由 10%调至 10.5%
2007 年 2 月 25 日	由 9.5%调至 10%
2007 年 1 月 15 日	由 9%调高至 9.5%
2006 年 11 月 15 日	由 8.5%调高至 9%
2006 年 8 月 15 日	由 8%调高至 8.5%
2006 年 7 月 5 日	由 7.5%调高至 8%
2004 年 4 月 25 日	由 7%调高至 7.5%
2003 年 9 月 21 日	由 6%调高至 7%
1999 年 11 月 21 日	由 8%下调到 6%
1998 年 3 月 21 日	从 13%下调到 8%

央行称，此次上调存款准备金率是为落实从紧的货币政策要求，继续加强银行体系流动性管理，引导货币信贷合理增长。

（资料来源：新华网，2008 年 3 月 18 日）

（二）再贷款政策

再贷款是指中央银行对商业银行等金融机构发放的贷款。中央银行通过对商业银行进行再贷款，对金融体系给予必要的支持，并根据货币政策需要加以调整，可以达到控制货币供应量和信贷规模的目的。从目前来看，再贷款的对象基本就是国有商业银行与中国农业发展银行。

（三）再贴现政策

1986 年 4 月，中国人民银行公布了《中国人民银行再贴现试行办法》，对专业银行开展了再贴现业务，允许专业银行以已贴现尚未到期的贴现票据向当地人民银行分支机构办理再贴现。经在北京、上海、天津等 10 个城市试点后，于 1989 年 4 月正式在全国推行。1997 年，中央银行专门从再贷款额度中划出一部分办理再贴现业务。1998 年以来再贴现政策得到了进一步完善。1999 年，中国人民银行颁发了《关于进一步改进和完善再贴现业务管理的通知》，进一步改革了再贴现业务的操作方式，扩大了再贴现业务对象和范围，推动了再贴现业务的发展。我国中央银行规定，凡经中央银行批准，持有《经营金融业务许可证》，在人民银行单独开立账户的商业银行及其他金融机构，在信贷资金营运基本正常、还款资金来源有保证的条件下，均可向中央银行申请办理再贷款。

（四）公开市场业务

按照《中华人民共和国中国人民银行法》的规定，我国中央银行公开市场业务的主要范围是指在公开市场上买卖国债、其他政府债券、外汇以及向商业银行发行中央银行票据。从近年运用这一政策工具的作用来看，可以说是有用但效果或影响有限，甚至可以说是只具象征意义。其主要原因在于，为开展公开市场业务的条件还有不少欠缺。如国债的发行与交易没有达到足够大的规模，国债品种的结构及对国债持有的微观主体结构的不合理或不对称，外汇领域实施非意愿结售汇制度及集中储备体制，如此等等，都在很大程度上限制了这一政策工具的运作空间和运作力度。随着改革的深化，各方面条件的进一步成熟，利用公开市场业务调节货币供应量的做法有可能成为我国一个较重要的货币政策手段。

（五）利率政策

我国中央银行利率政策发挥作用的途径同西方国家再贴现率政策有一定的区别。再贴现率政策是通过改变再贴现率影响商业银行向中央银行取得的贷款量和资金成本，进而影响市场利率。这个机制是在金融市场较发达的情况下发生的。我国金融市场不发达，对利率的管理处于国家管理与市场调节相结合的阶段，而且在市场不发达的条件下，国家也需要通过利率管理对利率进行直接控制。

我国利率主要有三个层次：第一个层次是中国人民银行对商业银行的存贷款利率；第二个层次是商业银行对企业和个人存贷款利率；第三个层次是金融市场的利率。其中第一个层次的利率在一定程度上决定了后两种利率，第一层次的利率也被称为基准利率。它是经国务院批准并授权中央银行制定的法定利率，其他任何单位和个人无权变动。

基准利率具体包括有：

（1）存款利率。主要有商业银行和金融机构在中央银行的准备金存款、备付金存款、保险公司活期存款、财产保险总准备金、邮政储蓄存款、农村信用合作社开办的特种存款和短期融资券利率等。

（2）贷款利率。主要是中央银行对商业银行和金融机构的各种期限的贷款、再贴现、逾期贷款惩罚等利率。

（3）专项贷款利率。

（4）中央银行内部联行利率。

中央银行可以根据《中华人民共和国中国人民银行法》的有关规定，对基准利率进行适当运用，调整其幅度，以适应经济发展的形势和稳定币值，从而发挥利率在宏观经济调控中的杠杆作用。中央银行调整基准利率一般遵循两个原则：一是贷款利率要高于金融机构向社会筹集资金的成本，以利于抑制向中央银行贷款；二是存款利率要高于金融机构的平均利率，低于其向中央银行借款的平均利率，使金融机构在中央银行的存款利率处于盈亏临界点的水平上。

除上述工具外，中国人民银行还采取优惠利率政策、专项贷款、利息补贴和特种存款等办法。通过这些措施，分别扶持国家急需发展的部门，如能源、交通、出口、民族贸易和支持重点建设工程等。这类货币政策工具能够针对特殊情况，灵活加以运用。但其直接行政决策的色彩过浓，对充分发挥信贷资金的运用效率也有不利的一面。

第三节　货币政策的中介目标与传导机制

❖ **学习目标** ❖

本节主要阐述了货币政策的中介目标以及传导机制。通过教学，学生能了解货币政策中介目标的含义、内容及其选择标准，认识我国货币政策中介目标的选择。理解货币政策的传导机制及其我国货币政策传导机制的情况。

在第二节，我们已经介绍了各种主要的货币政策工具。如何选择适当的货币政策工具，并加以运用，以实现预定的货币政策的最终目标，是中央银行制定和执行货币政策的重要环节。但是，任何货币政策工具的运用都不能直接地作用于实际的经济活动，从而直接地达到预定的货币政策的最终目标。它只能通过对某些中间变量的影响来传导到实际的经济活动，从而间接地达到货币政策最终目标的实现。在货币政策的执行和作用过程中，这些中间变量就是货币政策的中介目标。从货币政策工具的运用开始，通过中介目标的传导到最终目标的实现所经过的途径和过程，就是货币政策的传导机制。由此可见，货币政策的中介目标与货币政策的传导机制是两个密切联系的问题。

一、货币政策的中介目标

（一）货币政策中介目标的含义和选择标准

货币政策中介目标，也称货币政策中介指标或中间目标，它是相对于最终目标而言的。它是指中央银行为实现其货币政策的最终目标而设置的可供观察和调整的指标。如果说货币政策最终目标是一个长期的、非数量化的目标，它只能为中央银行制订货币政策提供指导思想，那么，货币政策中介目标就是短期的、数量化的、能用于日常操纵的指标，是作为实现货币政策最终目标的中介或桥梁。

一般认为货币政策中介指标的选取应符合以下几个标准：

（1）相关性。它是指中央银行选择的中介目标既要与其政策工具密切相关，又要与货币政策最终目标紧密相连。中央银行中介指标的变化数值，能测知货币政策的实施状况，通过对中介指标的控制和调节，能够促使货币政策最终目标的实现。

（2）可控性。它是指中介目标要易于被货币当局所控制。中央银行通过货币政策工具的运用，能对该指标进行有效地控制和调节，能准确地控制该指标的变动状况及其变动趋势。所以，中央银行选择的中介指标与所能运用的货币政策工具之间，必须要有密切的、稳定的联系。

（3）可测性。它是指中央银行所选择的中介指标，必须具有明确而合理的内涵和外延，能够数量化，使中央银行既能迅速而准确地收集到其数据资料，短期内能够经常汇集，便于观察和进行定量分析及科学预测。

（4）抗干扰性。货币政策在实施过程中，会受到许多非政策性因素的干扰，所以要选择受干扰程度较低的中介目标，以提高信息的准确性。

（二）货币政策的中介目标

根据货币政策中介目标对货币政策工具反应的先后和作用于最终目标的过程，中介目标一般可分为两类：一类是近期指标，即货币政策直接作用的对象，中央银行对它的控制力较强，但离货币政策最终目标较远，它包括超额存款准备金和基础货币；另一类是远期指标，主要是利率和货币供应量，中央银行对它的控制力较弱，但离货币政策最终目标较近。因此，只有将两类传导变量有机地结合起来，才能充分发挥货币政策的效力，达到最终目标。

1. 超额存款准备金

超额存款准备金是商业银行的全部准备金扣除法定准备金后剩余的部分，中央银行的三大政策工具都是通过影响超额存款准备金的水平而发挥作用的。超额准备金的变化，可以较好地反映经济运行状况。比如，当超额准备金过多，往往反映经济主体对货币资金的需求不足，经济比较萧条；反之，当超额准备金减少，则反映资金需求旺盛，经济趋于景气。但是，超额准备金往往取决于商业银行的意愿和财务状况，主动权在商业银行，中央银行的调节是有限的。

2. 基础货币

基础货币也称高能货币，是指处于流通界为公众所持有的铸币、现金以及商业银行准备金的总和。它构成了货币供应量伸缩的基础。中央银行可以通过控制现金发行、买卖证券、再贴现等方式来调节基础货币，进而影响总需求。一般说来，基础货币增加，社会的货币供应总量增加，社会总需求增加；相反，基础货币减少，社会的货币供应总量减少，社会总需求也随之减少。所以，基础货币是一个良好的货币政策传导变量。因为它的数量一目了然，也易于调控，完全可以满足可测性和可控性的要求，所以不少国家把它视为较理想的近期指标。

3. 利率

短期利率通常是指市场利率，它是影响货币供需与银行信贷总量的一个重要指标，也是中央银行用以控制货币供应量、调节市场货币需求、实现货币政策目标的一个重要的政策性指标。就可测性而言，中央银行任何时候都可以观察到市场上的利率水平及其结构，或者直接以再贴现率管理市场利率。就可控性而言，尽管市场利率不能由中央银行直接控制，但通过公开市场业务调节市场的资金供求，或通过再贴现政策影响市场利率，也是可以控制的。就其相关性而言，货币当局能够通过利率影响投资和消费支出，进而调节总供求。

但是，利率作为中介目标也有不理想之处，就是其抗干扰性较差，具体表现在两个方面。一方面是利率作为社会经济系统的一个内生变量，利率的变动与经济周期各阶段的转换有密切关系，它能灵敏地反映货币信贷的供给与需求之间的变化，并且其变动与经济周期的转换是顺循环的，即当经济繁荣时，利率因信贷需求增加而上升；经济停滞时，利率随信贷需求减少而下降。另一方面，作为政策变量，利率与总需求水平应该沿同一方向变动，即经济过热，应提高利率；经济疲软，应降低利率。这就是说，利率作为内生变量和政策变量往往很难区分。比如，在需求过大和通货膨胀的情况下，市场利率为 6%，中央银行为抑制需求，拟定将利率提高到 8%，即作为政策变量，利率应上升 2 个百分点，但作为内生变量，经济过程本身已把利率推动到这个高度。在这种情况下，中央银行很难判明自己的政策操作是否已经达到的预期目标。

另外，引发利率变动的因素太多，有些因素是按同一方向影响利率，有些因素之间则相互抵消。这样，当利率变化时，中央银行难以准确判断其成因，所采取的措施就不一定完全奏效。

4. 货币供应量

将货币供应量作为中介目标，首先存在指标口径的选择问题：是现金，还是 M_1、M_2，这些指标随时反映在央行和金融机构的资产负债表中，即可测性很好，但是哪一个指标与社会总需求更相关，则很难比较，特别是当金融创新导致金融资产结构发生变化时，选取不同的指标口径作为中介目标，将会影响货币政策的效果。货币供应量的可控性如何，主要取决于央行对基础货币的控制能力及该国货币乘数是否相对稳定：如果一国的货币体制能够确保基础货币的供应，并且货币乘数相对稳定或者能够被准确预测，这时将货币供应量作为中介目标就具有良好的可控性；如果该国的货币体制对基础货币的控制能力较弱，并且货币乘数缺乏稳定性，则货币供应量就不具有可控性。当经济景气时，信贷需求增加，银行体系都减少超额准备，扩大信贷，引起货币供应量增加；反之，当经济萧条时，银行增加超额准备，紧缩信贷，使货币供应量减少，也就是说，货币供应量作为内生变量是顺循环的。但同时，货币供应量的变动作为政策变量是逆循环的，因此，该指标具有较好的抗干扰性，中央银行比较容易区别政策性影响和非政策性影响。

二、货币政策的传导机制

(一) 货币政策传导机制的含义

所谓货币政策传导机制，是指货币管理当局确定货币政策之后，从选用一定的货币政策工具进行操作开始，到实现最终目标之间，所经过的各种中间环节相互之间的有机联系及因果关系的总和。也就是说，从货币政策工具的运用到最终目标的达到将有一个过程。在这一过程中，货币政策工具的运用将首先对某些中介目标产生一定的影响，然后，通过这些中介目标来影响实际的经济活动，从而达到货币政策的最终目标。但是，货币政策这一具体的作用过程究竟是怎样发生的，也就是说，货币政策工具的运用怎样影响货币政策中介目标，而中介目标的变动又如何影响实际的经济活动，从而达到货币政策的最终目标，这就是货币政策的传导机制问题。

(二) 货币政策传导机制的基本原理

一般地说，中央银行通过各种货币政策工具的运用，将对商业银行的准备金和基础货币等经济变量产生比较直接的影响，而这些经济变量的变动将影响货币供应量和利率。因此，如果货币政策操作不当，则其结果就不能达到预定的货币政策的最终目标。例如，中央银行向商业银行发放一定数量的贷款，则商业银行的准备金将增加。由于商业银行的准备金是基础货币的重要组成部分，因此，在货币成数一定的条件下，商业银行准备金的增加将使货币供应量成倍地增加。从其具体的过程来看，当商业银行通过向中央银行借款获得准备金后，它可通过发放贷款或从事投资而引起存款货币的成倍扩张。另外，中央银行在公开市场上买进有价证券，将不仅导致货币供应量增加，而且还将导致利率下降。无论是货币供应量增加，还是利率下降，都将引起总需求的增加，尤其是引起投资规模的扩大。于是，其最终结果通常是物价上涨、就业增加和经济增长。这就说明，中央银行通过这一货币政策的执行，在一定程度上达到了充分就业和经济增长这两个最终目标，但未能达到稳定物价这一最终目标，这是由货币政策最终目标之间的矛盾所决定的。货币政策的传导机制可用图 10.3 来表示。

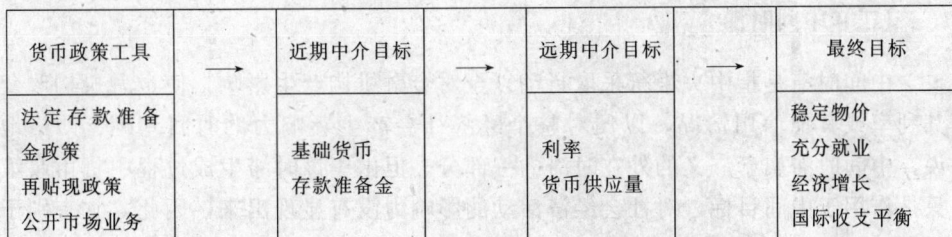

货币政策工具	→	近期中介目标	→	远期中介目标	→	最终目标
法定存款准备金政策 再贴现政策 公开市场业务		基础货币 存款准备金		利率 货币供应量		稳定物价 充分就业 经济增长 国际收支平衡

图 10.3　货币政策的传导机制

第四节 货币政策效应

❖ **学习目标** ❖

本节主要阐述了货币政策有效性问题。通过教学，使学生进一步了解货币政策的时滞及效用问题。

所谓货币政策的效应是指中央银行推行一定的货币政策之后，最终实际取得的效果，即货币政策有效性问题。因为货币政策的效应有收效迟早和效力大小之分，即时间间隔和效用局限问题。因此，我们下面就从这两个方面加以分析。

一、货币政策时滞

货币政策时滞是指从经济形势的变化到货币政策的修正，从货币政策的制定到执行，从执行到收效等各个环节传导所需要的时间间隔或时间落后过程。货币政策时滞由内在时滞、中间时滞和外在时滞三个阶段构成。

（一）内在时滞

内在时滞是指作为货币政策操作主体的中央银行从制定政策到采取行动所需要的时间。当经济形势发生变化，中央银行认识到应当调整政策到着手制定政策再到实施政策，每一步都需要耗费一定的时间。内在时滞又可分为认识时滞和行动时滞。认识时滞是指从形势变化需要货币当局采取行动到它认识到这种需要的时间距离。这种时滞的存在，一方面，是由于信息的收集和情景的判断需要时间，对某个时期的经济状况的精确度量只有在其后一些时候才能得到；另一方面，即使有了明确的资料，中央银行做出判断也需要一段时间。行动时滞是指中央银行明确采取金融措施的必要性，到具体实施某种货币政策之间的时间差距。

整个内在时滞是中央银行对经济现象从感性认识到理性认识的过程，其所需的时间长短决定于中央银行收集资料、对经济与金融形式的判断能力和采取行动的效率。可见，内在时滞是中央银行主观行为的产物。

（二）中间时滞

中间时滞是指中央银行采取行动以至对金融机构产生影响，使金融机构改变其利率或其他信用情况，以便对整个经济社会产生影响力的时间差距。严格地说，中间时滞属于广义的外在时滞的一部分。但由于该时滞生成过程中货币政策只是作用于中间目标，对社会经济活动的影响力没有显现出来，因此，它有别于一般意义上的外在时滞。

中间时滞的长短主要取决于商业银行和金融机构对货币政策工具的反应能力和金融市场的敏感程度。可见，中间时滞不是中央银行所能驾驭的。

（三）外在时滞

外在时滞是指从中央银行采取行动到这一政策对经济过程发生作用所耗费的时间，这也是作为货币政策调控对象的金融部门对中央银行实施货币政策的反应过程。当中央银行开始实施新政策后，会有金融部门对新政策的认识—金融部门对政策部门所做的反应——企业部门对金融形势变化的认识——企业部门的决策——新政策发生作用过程，其中每一步都需要耗费一定的时间。外部时滞也可以分为操作时滞和市场时滞两部分。

与内在时滞相比，外在时滞比较客观，并非中央银行能主观直接控制。一般情况下，它是由社会的经济、金融条件决定的。可见，内部时滞和外部时滞的划分是以中央银行为界限的，内部时滞可以通过中央银行的效率提高而缩短，对于外部时滞，中央银行则很难控制，所以，研究货币政策的外部时滞更加重要。一般货币政策时滞更多地指外部时滞。

西方学者的研究表明，在市场经济国家，货币政策的外部时滞一般在半年到一年半左右。在我国由于金融机制和传导机制有不同的特点，货币政策的外部时滞较短，在2~3个月后作用较为显著。

二、货币政策的效用

货币政策时滞是影响货币政策效应的重要因素，货币政策效应的强度也就是指货币政策作用的大小。如果货币政策可能产生的影响表现较快，那么货币当局就可以根据起初的预测值来考察政策生效的情况，并对政策的取向和力度做必要的调整，从而使政策能够更好地实现预期目标。假定政策的大部分效应要在较长的时间，比如两年后产生，而在这两年内经济形势会发生很多变化，那就很难证明货币政策的预期效应是否实现了。在考察货币政策效应时，还必须考虑其他因素。

（一）理性预期因素

理性预期，是指人们充分掌握了一切可以利用的信息做出的预期。这种预期之所以称之为合理，因为它是人们参照历史上提供的有关知识，经过周密考虑之后才做出的一种预期。理性预期理论有别于凯恩斯与弗里德曼的预期理论。凯恩斯所讲的预期理论是盲目性预期，以人们心理的无理性为前提，成为经济不稳定甚至周期波动的因素。弗里德曼所讲的预期是适应性预期，是人们为了适应客观经济形势的变化而被动地调整自己的预期，人们在进行适应性预期时，掌握的信息并不充分，主要根据自己的经验或记忆来预测未来，并准备随时修正自己的预测。人们在进行合理预期时，事先掌握了充分的信息，经过周密地思考和判断，主动做出明智的处理，因而是有理性的预期。

理性预期会削弱甚至抵消货币政策效果。由于人们对未来经济情况的变化已有周密的考虑和充分的思想准备，他们在政策公布的前后，就会采取相应的措施，使政策的预期效果被合理预期的作用所抵消。例如，当中央银行实行扩张性货币政策时，人们通过各种信息预期社会总需求会增加。企业家们会意识到是扩张政策导致了社会总需求的增加，因而他们及时提高价格，而不愿及时扩展经营。结果扩张性货币政策只能使物价上涨，而没有使产出增长。同时，由于政府掌握信息不可能比社会大众掌握得更充分，政府的决策也没有社会大众的决策快。因此，政府的预期不可能比社会大众的更合理。这样，不管政府推行何种货币政策，即使是采取超越常规的货币政策，不久之后都会落在人们的预期之内。所以，只要公众有理性预期行为，就会抵消货币政策的效果。

(二) 政治因素

政治因素对货币政策效果的干扰很大，它可能使中央银行偏离正确的政策，甚至使货币政策部分失效。任何一项货币政策，给不同的阶层、集团、部门或地方带来的利益是不同的。为了使各自获得利益最多或受损失最少，这些主体往往形成一定的政治压力，迫使货币政策向有利于自己的方向调整。官僚机构为了自身的利益，可能会置社会公众利益于不顾，由此产生政治性经济周期，从而影响货币政策的效果。在西方许多国家，政治过程是短期化，政府几年需换届一次。由于低失业和高生产会给执政党带来不少选票，因此，在大选前政府都力图刺激经济，倾向于采取扩张性的货币政策，使失业率下降和产出增加。但是，货币政策的贯彻应是长期的，必须具有连续性，而政府频繁更替的压力，就可能导致货币政策短期化。此外，某些特殊利益集团可能从自身利益考虑，而对货币政策的决定和实行施加压力。例如，银行家们总是希望利率居高不下，以便从中获益，因而可能会迫使中央银行实行紧缩性货币政策。受利率上升影响较大的住房建筑业，可能联合起来，迫使中央银行执行过于扩张的货币政策，以延续名义利率的上升。

(三) 货币流通速度

对货币政策有效性的另一主要限制因素是货币流通速度。在实际生活中，货币流通速度的变动幅度很难被政策制订者准确地预测和估算到，而货币流通速度和货币供给量之间呈紧密的负相关关系，一旦货币流通速度的变动幅度超出了货币当局的预期范围，实际的货币供给量增长率就大于或小于货币当局控制的数额。那么其结果是，新增的货币供给量必将成为助长经济过热的因素；减少的货币供给量将要缩减有效需求。

货币政策的效果好坏还取决于其他经济政策，尤其是财政政策的配合是否协调。这两种政策的共同点在于通过影响总需求进而影响产出。但两者之间也有很明显的区别：在实现扩张的目标中财政政策的作用更直接；对于抑制过热的需求，货币政策很多工具可以利用，实施起来比较及时、灵活。此外，还有一点区别，那就是财政政策对供给的作用较为直接有力，而货币政策则没有这样的功能。由于它们的共同点和不同点，西方国家往往寄希望于这两种政策的配合。不过，货币政策与财政政策的配合运用，必须根据具体情况做出决定，在效果不同或情况发生变化时，则应及时做出调整。否则，仍然不能取得预期的效果。

小 结

(1) 货币政策是中央银行为实现特定的经济目标，运用各种政策工具调节货币供应量和利率，进而影响宏观经济的方针和措施的总和。

(2) 货币政策最终目标与国家经济目标是协调一致的。它包括稳定物价、充分就业、经济增长和国际收支平衡。各目标之间既统一又矛盾，因此，中央银行在一定时期内只能力求实现其中 1～2 个最主要的货币政策目标。

(3) 货币政策工具是中央银行为实现货币政策目标进行金融调控所运用的手段。通常划分为一般性货币政策工具、选择性货币政策工具和其他货币政策工具三大类。

(4) 货币政策中介目标是相对于最终目标而言的。它是指中央银行为实现其货币政策的最终目标而设置的可供观察和调整的指标。中央银行借助货币政策工具影响中介目标，并通过中介目标的传导作用于实际经济活动，从而达到最终目标的实现。货币政策中介目标的选择具有可控性、可测性、相关性和抗干扰性。

(5) 货币政策传导机制是指货币管理当局确定货币政策后，从选用一定的货币政策工具进行操作开始，到实现最终目标之间，所经过的各种中间环节相互之间的有机联系及因果关系总和。货币政策效应即中央银行推行一定的货币政策之后，实际取得的经济效果。

练 习 题

一、名词解释

货币政策　货币政策最终目标　货币政策工具　货币政策效应　货币政策中介指标　公开市场业务　再贴现率

二、选择题

1. 中央银行持有证券并进行买卖的目的是（　　　）。

A. 盈利　　　　　　　　B. 投放基础货币

C. 回笼基础货币　　　　D. 对货币供求进行调节

2. 货币政策的调节对象主要是（　　　）。

A. 社会总需求　　B. 社会总供给　　C. 货币供给量　　D. 货币需求量

3. 如果中央银行提高法定存款准备率，则（　　　）。

A. 商业银行会减少上交存款准备金数量

B. 商业银行会相应提高本身贷款能力

C. 商业银行会相应降低本身贷款能力

D. 商业银行不会受到影响

4. 西方国家中央银行经常使用、最灵活有效的货币政策手段是（　　　）。

A. 法定存款准备金　　　　　　　　B. 道义劝告和窗口指导

C. 公开市场业务　　　　　　　　　　　D. 再贴现率

5. 紧缩性货币政策的功能在于(　　)。

A. 刺激投资和消费　　　　　　　　　　B. 抑制投资和消费

C. 刺激投资、抑制消费　　　　　　　　D. 刺激消费、抑制投资

6. 对货币供应量影响剧烈的货币政策工具是(　　)。

A. 法定存款准备金率　　　　　　　　　B. 再贴现政策

C. 公开市场业务　　　　　　　　　　　D. 超额准备率

三、简答题

1. 什么是货币政策？货币政策体系主要包括哪些内容？

2. 货币政策的最终目标有哪几个？说明其含义及相互之间的关系？

3. 中央银行的一般性货币政策工具有哪几种？它们分别是怎样调控货币供给量的？

4. 比较中央银行三大一般性货币政策工具各自的优缺点。

5. 中央银行的选择性政策工具主要有哪些？

6. 如何选择货币政策的中介指标？

7. 简述货币政策的传导过程。

8. 假如中央银行面临的经济形势是总需求大于总供给，出现了通货膨胀，中央银行应运用何种货币政策工具来抑制总需求，缓解通货膨胀？

第十一章

国际金融

知识点

1. 外汇的内涵及其与外国货币的区别、掌握影响汇率变动的主要因素。

2. 固定汇率制度和浮动汇率制度各自的优势和局限，了解现行的汇率制度。

3. 国际贸易、国际资本流动的基本状况，经常项目、资本项目的主要内容。

4. 国际收支及其差额的基本内涵，国际收支不平衡的内涵及其原因。

技能点

1. 在不同标价法下判断汇率的升降。

2. 根据影响汇率的因素判断汇率的变动趋势。

3. 国家外汇储备管理和国际收支调节的基本方法。

　　王先生一家准备到美国旅游，需要向银行购买美元用以在美国开支。李先生是一家外贸公司的财务总监，最近出口一批服装到欧洲，收到了一大笔欧元。小林大学毕业，准备到澳大利亚进修读研究生，需要支付学费。在经济日益开放的中国，这些事随时都可能发生在我们身边。

　　随着国际经济交往的日趋深入和频繁，金融活动往往超出一国的界限，形成所谓的"国际金融"。在经济全球化进程中，国与国之间的商品、技术、服务等交流急剧增加，这必然涉及一国货币与其他国货币的支付、兑换等问题，在这样一些经济活动中就产生了对外汇的供给和需求。那么什么是外汇？怎么来判断一国货币的升值或是贬值？一国如何衡量外汇收支？外汇收支发生差额时如何调节？通过本章学习，将会逐步解答这些问题。

第一节　外汇与汇率

❖ 学习目标 ❖

　　本节主要阐述外汇与汇率。通过教学，学生能了解从外国货币开始，逐步认识外汇、汇率、汇率制度等内容，并能根据影响汇率的因素判断汇率的变动趋势。

一、外国货币与外汇

（一）外国货币

　　世界上绝大多数国家都有自己的货币，如美国的美元、英国的英镑、中国的人民币、日本的日元、香港的港币、欧元区的欧元（图11.1）。

美元(USD)

欧元(EUR)

日元(JPY)

英镑(GBP)

图 11.1　各国货币

港币(HKD)   澳大利亚元(AUD)

图 11.1   各国货币（续）

[阅读资料 11.1]   **货币和资金代码**

世界上常见的货币有 50 多种，比如有美元、欧元、英镑、日元、港币、澳大利亚元、加拿大元等。为了能够准确而简易地表示各国货币的名称，便于开展国际贸易和金融业务，1973 年国际标准化组织 ISO（International Organization for Standardization）制定了一项适用于贸易、商业和银行使用的货币和资金代码，即国际标准 ISO—4217 三字符货币代码（表 11.1）。

这套代码的前两个字符代表该种货币所属的国家或地区，在此基础上，再加上一个字符表示货币单位。如英镑，GB 表示英国，P（Pound Sterling）为英国货币单位的第一个字母。

[资料来源：国家技术监督局表示货币和资金的代码（GB/T12406—1996）.1998. 北京：中国标准出版社]

表 11.1   常见货币的货币代码

货币名称	ISO 货币代码	货币名称	ISO 货币代码
人民币	CNY	英镑	GBP
美元	USD	港币	HKD
欧元	EUR	澳大利亚元	AUD
日元	JPY	加拿大元	CAD
瑞士法郎	CHF		

（二）外汇

由于各国都有自己的货币，通常一国的货币不能在另一国流通，当一国的居民要清偿对外债权债务时，就需要将外币兑换成本币，或将本币兑换成外币。那么外汇是不是就指外国货币呢？如何正确地理解外汇的概念？

从动态角度看，外汇是国际汇兑的简称，即人们通过外汇银行将一种货币兑换成另一种货币，并把它汇寄给国外债权人，以此来了结国际间债权债务关系，这种行为和过程就是动态外汇的概念。

除此之外，外汇还有静态的含义。静态的外汇是指以外币表示的、可以用作国际清偿的支付手段和资产。实际上，可用作国际清偿的支付手段和资产并不是一成不变的，因此对外汇外延概念的理解也在不断发展中。

我国在《中华人民共和国外汇管理条理》第三条对外汇的主要内容进行了规定，主要包括：①外国货币，包括纸币、铸币；②外币支付凭证，包括票据、银行存款凭证、邮政储蓄凭证等；③外币有价证券，包括政府债券、公司债券、股票等；④特别提款权、欧洲货币单位；⑤其他外汇资产。

世界各国的货币中，有一些是国际上承认并广泛使用的外汇（如美元、日元、英镑、欧元、瑞士法郎），还有很多国家的货币（如越南盾、俄罗斯卢布）不能在国际经济交易中流通，不能成为外汇。因为一种货币要被世界广泛接受成为通用的外汇，必须具备外汇的几个特征，包括自由兑换性，即能够自由地兑换成其他国家的资产或支付手段；普遍接受性，即必须是各国普遍接受的支付手段和可用作对外支付的金融资产；可偿性，即必须是在国外能够得到补偿的债权，具有可靠的物质保证。

外汇不等于外国货币，只有当外国货币具备了外汇的特征，才能够成为外汇。

根据可否自由兑换，外汇分为自由外汇与记账外汇

自由外汇是指无需货币发行当局批准，就可以兑换成其他国货币，或可以向第三国办理支付。这些货币的支付凭证同样有效力。如美元、日元、英镑、欧元、瑞士法郎等及以其表示的支付凭证。

记账外汇也称协定外汇或双边外汇，是指未经货币发行当局批准不能自由兑换成其他货币或向第三国进行支付的外汇。这种外汇不能自由兑换，也不能转给第三国使用，但由于在协定双方银行账户上记载并计量结算双方贸易额，以记账方式充当国际支付手段作用，因此在性质上可作为外汇看待。它是支付协定的产物，只能用于协定国之间。

小问号 当前，对国外居民而言，人民币属于外汇吗？

二、汇率及其标价方法

（一）汇率

汇率就是两种货币的兑换比率，也就是一国货币以另外一国货币表示的价格。

国际上最常见的汇率表示方法如图 11.2 所示。既然汇率是两种货币的兑换比率，所以必然有两种货币，上面这个例子里是美元（USD）和人民币（CNY），中间有一个斜杠分开。

USD/CNY=7.5050

基点

通常是 4 位小数

基础货币（外币）

报价货币（本币）

图 11.2 汇率表示

理解汇率的关键之处在于两种货币的前后顺序所表示的特定含义。既然汇率是"一国货币以另外一国货币表示的价格",那么必须明确到底是哪种货币作为基准,即"单位一"。

我们把写在前面的货币作为"单位一",即基础货币,又称单位货币,写在后面的那种货币称为"报价货币"。以上这个汇率表示的确切含义就是"1美元可以兑换7.5050元人民币"。

例11.1 汇率"基点"的表示和计算

按国际惯例,外汇汇率的标价通常由四位小数组成,从右边向左边数过去,第一位表示几个点,第二位表示几十个点,以此类推。这里所谓的"点"即汇率的基本点(Basic Point,简称"基点"或者"点")

如9月9日,EUR/USD=1.4188,而9月10日EUR/USD=1.4235,则称欧元对美元上涨了47个点。

1. 按制定方法不同,分为基本汇率与套算汇率

基本汇率是本币与关键货币之间的汇率。所谓关键货币是指与本国对外往来关系最为紧密的货币。关键货币通常是可自由兑换的,并且是该国国际收支中使用最多、在该国外汇储备中比重最大的货币。由于美元在国际货币体系中的特殊地位,各国一般将本国货币对美元的汇率作为基本汇率。

套算汇率又称交叉汇率,是指各国在基本汇率制定出来以后,再根据基本汇率套算得出的对其他国家的汇率。

2. 按银行买卖外汇的角度不同,分为买入汇率与卖出汇率

外汇银行进行外汇报价时一般都采用双向报价法,即同时报出买入汇率(买入价)和卖出汇率(卖出价)。前者即银行从同业或客户买入外汇时所使用的汇率,后者为银行向同业或客户卖出外汇时所使用的汇率。

银行的外汇买卖业务遵循的原则是低买高卖,外汇银行低价买入外汇,同时高价卖出外汇,买入价和卖出价之间的差价就是外汇银行的收益。

中间汇率,是指银行买入价和银行卖出价的算术平均数,即两者之和再除以2。中间汇率主要用于新闻报道和经济分析。

现钞汇率,又称钞价,即银行买卖外国钞票的价格。钞价又分为现钞买入价和现钞卖出价。由于外国钞票既不能在本国流通,也不能直接对外支付,银行买入外国钞票后,必须将其运送到发行国转换为存款才能使用,这样既花费运费和保险费,又要损失在运送途中的利息。因此,一般而言,银行现钞买入价要稍低于外汇买入价;而现钞卖出价与外汇卖出价相同。

小贴士 通常银行会公布3个汇率,即外汇买入价、外汇卖出价和现钞买入价。现钞买入价最低,现汇卖出价最高。

3. 按外汇的付汇方式不同,分为电汇汇率、信汇汇率和票汇汇率

电汇汇率是以电汇方式买卖外汇时所使用的汇率。电汇是银行以电讯(电报、电传等）方式通知国外分支行或代理行付款给收款人的汇款方式。国内银行以电汇方式卖出外汇时，由于付款快，不占用客户的资金，能减少客户的汇率波动风险，因此国际支付绝大多数用电汇方式。外汇市场上公布的汇率一般是指电汇买卖汇率，是外汇市场的基准汇率，其他汇率都以电汇汇率为基础而定。

信汇汇率是以信汇方式买卖外汇时所使用的汇率。信汇是银行以信函方式通知国外分支行或代理行付款给收款人的汇款方式。由于这种方式所需的邮程长，银行可以在一定时期内占用客户资金，因此信汇汇率比电汇汇率要低些，其差额视邮程天数和利率情况而定。

票汇汇率是以票汇方式买卖外汇时所使用的汇率。票汇是银行在卖出外汇时，开立一张命令其国外分支行或代理行付款的汇票，并将其交给汇款人，由汇款人自带或寄往国外取款的方式。由于从汇票开出到付款也有一定时间间隔，这段时间内银行可以占用客户的资金，因此，票汇汇率也比电汇汇率低一些。

（二）汇率标价法

在中国人民银行网站上每天都会公布人民币对美元、欧元、日元、港币、英镑等五种主要货币的汇率，如表 11.2 所示。

表 11.2　人民币对 5 种主要货币的汇率

日期（年-月-日）	美元	欧元	日元	港币	英镑
2007-11-9	7.4162	10.8988	6.5738	0.954 25	15.6389
2007-11-8	7.4251	10.8763	6.5793	0.956 22	15.6124
2007-11-7	7.4476	10.8415	6.4911	0.959 24	15.5454
2007-11-6	7.4577	10.8006	6.5164	0.960 48	15.5232
2007-11-5	7.4562	10.8145	6.5071	0.960 35	15.5726

（资料来源：中国人民银行网站 http：//www.pbc.gov.cn）

从这张表中的数字，能否看出人民币是否在升值呢？

例 11.2　人民币升值了吗？

我们看美元这一列就可以知道，在 2007-11-5 这一天，1 美元能兑换 7.4562 元人民币，而在几天后，"2007-11-9"这一天，1 美元只能兑换 7.4162 元人民币了，1 美元能够兑换的人民币少了，美元慢慢变得"不值钱"了，所以美元在贬值。由于汇率表示的是两种货币的兑换比率，一种货币贬值就意味着另一种货币升值，所以说美元在贬值的同时，人民币在升值。数字变小说明汇率中写在前面的货币即基础货币在贬值，报价货币在升值，所以说，人民币对美元的数字在变小，人民币在升值。

从表格的数字看，人民币兑美元升值了，那么人民币兑其他货币升值了吗？

上面的例子我们看到，对我们国家来说，美元是外国货币，人民币是本国货币，即在汇率表示中基准货币是外国货币，报价货币是本国货币。这样的汇率表示方法被称为直接标价法。

直接标价法又称应付标价法，是指以一定单位（1、100、10 000等）的外国货币作为标准，折成若干数量的本国货币来表示汇率的方法，意为购买一定单位的外国货币应付多少本国货币。外国货币为单位货币或基础货币，本国货币为报价货币。我国和世界上大多数国家均采用直接标价法。

在直接标价法下，汇率涨跌以一定单位的外国货币可兑换的本国货币的数额变化来表示。一定单位外国货币折算的本国货币越多，即数字变大，说明外币升值，本币贬值；反之，一定单位外币折算的本币越少，即数字变小，说明外币贬值，本币升值。

例如，在我国外汇市场，美元对人民币出现如下变化：

$$USD/CNY=8.2700 \quad\Longrightarrow\quad USD/CNY=7.7305$$

则说明美元贬值，人民币升值。

如果基准货币是本国货币，报价货币是外国货币，则被称为间接标价法。

间接标价法又称应收标价法，是指以一定单位（1、100、10 000等）的本国货币作为标准，折成若干数量的外国货币来表示汇率的方法，意为一定数量的本国货币能换回多少外国货币。世界上只有英国、美国等少数国家采用间接标价法。

在间接标价法下，汇率涨跌以一定单位的本国货币可兑换外国货币数额的变化来表示。一定单位本国货币折算的外国货币越多，即数字变大，说明本币升值，外币贬值；反之，一定单位本币折算的外币越少，即数字变小，说明本币贬值，外币升值。

例如，在英国外汇市场汇率出现以下变动：

$$GBP/USD=1.5785 \quad\Longrightarrow\quad GBP/USD=1.5885$$

则说明英镑升值，美元贬值。

[阅读资料 11.2]　　　　**美元标价法**

直接标价法和间接标价法都是各国银行面对顾客将本币与外币比价表示出来的方法，在涉及两种货币中必有一种是本币。但在国际外汇市场中，一笔外汇交易所涉及的两种货币可能没有一种是本币，如英国某银行与德国某银行进行一笔外汇交易，而买卖的货币分别是美元和日元，这时就很难确切地用直接标价法和间接标价法的概念对报价进行规范。因此在国际外汇市场上而非一国的国内外汇市场上，通常采用美元标价法。美元标价法就是所有货币的汇率都用美元来报价表示。

三、影响汇率变动的主要因素

国际上各种汇率经常波动，那么影响汇率变动的主要因素有哪些呢？

（一）经济因素

1. 国际收支状况

所谓国际收支是一定时期内一国居民与非居民之间全部经济交易的系统记录，在第二节有比较详细的介绍。当一国国际收支顺差时，该国外汇收入大于外汇支出，即外汇供大于求，外币有贬值趋势、本币趋于升值；当一国国际收支逆差时，该国外汇支出大于外汇收入，即外汇供不应求，外币有升值趋势、本币趋于贬值。国际收支状况是影响汇率变化的一个直接也是最主要的因素。

2. 通货膨胀差异

通货膨胀意味着该国货币代表的价值量下降，发生货币对内贬值。高通货膨胀率会削弱本国商品在国际市场的竞争能力，引起出口减少，同时提高外国商品在本国市场上的竞争能力，引起进口增加。另外，通货膨胀率的差异还会影响人们对汇率的预期，作用于资本账户。如果一国通货膨胀率较高，人们就会预期该国货币的汇率将趋于疲软，把手中持有的该国货币转化为其他货币，即进行货币替代。因此，如果一国通货膨胀率高于他国，会引起该国货币在外汇市场上的汇率下跌。国内外通货膨胀率的差异是决定汇率长期趋势的主要因素。

3. 利率差异

作为资本的价格，利率的高低直接影响金融资产的供求。国际间利率的差异，会引起短期资本在国际间流动。如果一国的利率水平相对于他国提高，就会刺激国外资金流入增加，本国资金流出减少，由此改善资本账户，提高本国货币的汇率；反之，如果一国的利率水平相对于他国水平下降，将导致资本流出增加，恶化资本账户，造成本币汇率下跌。此外，由利率引起的资本流动必须考虑未来汇率的变动，只有当利率差异带来的收益抵消了汇率在未来的不利变动之后金融资产所有者仍有利可图时，资本的国际流动才会发生。现在，国际资本流动规模大大超过国际贸易额，因而利率对汇率变动的作用就显得更为重要了。

4. 经济增长

经济增长对汇率变动的作用是多方面的。在一国经济高速增长的初期，该国居民对外汇的需求往往超过供给，本币汇率会出现一段下跌的过程。从长期来看，经济增长一方面意味着收入增加，从而进口需求增加；另一方面，高的经济增长率往往伴随着劳动生产率的提高，这会使生产成本降低从而使本国产品的竞争力增强，有利于扩大出口。净影响要看两方面作用的力量对比。经济增长率的差异也会对资本流动产生影响，一国经济增长率高时，国内对资本的需求较大，国外投资者也愿意将资本投入这一有利可图的经济中，于是资金流入增加。一般来说，一国在经济高速增长的初期，会引起本币汇率贬值；但长期来看，高的经济增长率会对本国币值起到有利的支持作用，并且这种影响的持续时间较长。

（二）非经济因素

1. 中央银行对外汇市场的干预

各国货币当局为保持汇率稳定，或为操纵汇率的变动以服务于某种经济政策，都会对外汇市场进行干预，如在外汇市场买进或卖出外汇，或发表声明来影响人们对外汇变动的心理预期。这种干预虽无法从根本上改变汇率的长期走势，但对汇率的短期走势会产生一定的影响。

2. 政治因素

重大的政治事件对汇率也会产生影响，如大选、战争、政变、边界冲突等。当一国发生政变、战乱、政府官员丑闻时，都会对该国货币汇率产生不利影响。主要原因是外汇作为国际性流动资产，在动荡的政治格局下所面临的风险会比其他资产大，并且外汇市场具有流动速度快的特点，又会进一步加剧外汇市场在政治动荡时的波动。

3. 预期因素

预期因素是影响国际资本流动的一个重要因素。随着国际资本流动规模的日益庞大，预期因素对汇率的影响越来越大。预期变化受到政治和经济因素的影响。如果市场上预测某国通货膨胀率将比别国提高，实际利率将比别国降低或者经常项目将发生逆差等不利因素时，该国的货币就会在市场上大量被抛售，其汇率就会下跌；反之，其汇率就会上涨。人们对某种货币的心理预期往往会引起市场投机活动，从而加剧市场汇率波动。

总之，影响汇率变动的因素是很复杂的，上面列举的是在现代纸币流通条件下影响汇率的一些主要因素。这些因素往往与其他一些次要因素交织在一起对汇率产生影响。这些影响有时互相促进，有时互相抵消，因而对汇率的总体影响是不确定的。

小贴士　要对汇率变动做出比较可靠的判断，必须对每种情况下各种影响的方向和强度进行具体分析。

四、汇率制度

汇率制度是指一国货币当局对本国汇率变动的基本方式所做的一系列安排或规定。

（一）汇率制度分类

按照汇率变动的幅度，汇率制度可分为固定汇率制和浮动汇率制。

1. 固定汇率制

固定汇率制是指两种货币比价基本稳定，或现实汇率只能在规定的一定幅度内波动的汇率制度。它包括了金本位制下的汇率制度和第二次世界大战后至20

世纪 70 年代初纸币流通条件下的汇率制度。

[阅读资料 11.3]　　　　　**金 本 位 制**

在 19 世纪 20 年代英国率先实行金本位制后，各国纷纷效仿，1870 年前后，当主要国家的国内货币制度都采用金本位制时，国际金本位制自然形成。国际金本位制形成后，经历了三个发展阶段：金币本位制、金块本位制和金汇兑本位制。

金币本位制是国际金本位制的最初形态，也是最典型的金本位制。在金币本位制下，以一定数量与成色的金币作为本位货币；金币可以自由铸造、自由熔化；黄金可以自由输出输入。各国货币的汇率由其含金量之比决定，因此国际金本位制是严格的固定汇率制度。

1914 年第一次世界大战爆发，国际金本位制中断。到 1924 年，才恢复了名义上的金本位制——金块本位制。在金块本位制下，国内没有黄金流通，流通中的货币全部是可兑换的银行券；本位货币仍规定含金量，但银行券不能自由兑换黄金，只能有条件兑换；国家限制黄金的自由输出输入。

金汇兑本位制是第一次世界大战后与金块本位制同时并行的一种货币制度。在这种货币制度下，国内不流通金币，流通的是国家发行的银行券；银行券不能直接兑换黄金，只能先兑换成外汇，然后用外汇在依附国兑换黄金；国家禁止黄金的自由输出输入。

典型的国际金本位制为当时的主要国家提供了最为稳定、有效率的国际货币制度，促进了当时世界经济的发展，为国际经济稳定起到了积极的促进作用。

1929 年爆发的空前严重的经济危机和 1931 年的国际金融危机使金币本位制彻底崩溃。

（资料来源：贺水金.论近代中国金本位制下的汇率变动.社会科学.2006 年第 6 期）

图 11.3　布雷顿森林会议

国际金本位制崩溃后，国际金融秩序混乱无序，国际贸易经济发展严重受阻。第二次世界大战结束后，同盟国即着手重建一个统一、稳定的国际货币制度（图 11.3），以促进国际贸易和世界经济的发展。1944 年 7 月，44 个同盟国的 300 多位代表出席在美国新罕布什尔州布雷顿森林召开的国际金融会议，商讨重建国际货币制度（图 11.3）。这次会议上通过了《国际货币基金协定》和《国际复兴开发银行协定》，总称布雷顿森林协定。

在布雷顿森林召开的这次会议上产生的国际货币制度被称为布雷顿森林体系。

国际货币基金组织（IMF）规定各成员国货币对美元的汇率一般只能在平价

上下1%的幅度内波动。各国政府有义务在外汇市场上进行干预以维持这一波动幅度。只有在一国国际收支发生根本性不平衡时，经 IMF 批准可以进行汇率平价的变动。这就是第二次世界大战后所实行的可调整的固定汇率制度。IMF 规定美元直接与黄金挂钩，每一盎司黄金等于 35 美元；其他国家的货币与美元挂钩，规定与美元的比价，即所谓的双挂钩制度，从而确立了美元的中心地位。

2. 浮动汇率制

在浮动汇率制下，各国不再规定金平价（黄金非货币化）和对外币的中心汇率，也不再规定汇率上下波动的界限，而听任外汇市场根据外汇供求情况自行决定本币对外币的汇率。

[阅读资料 11.4]　　　　牙买加体系

随着世界经济的发展，各国经济、政治发展不平衡的问题凸现，主要资本主义国家的经济实力对比发生了变化。美国经济实力相对削弱，国际收支由大量顺差转为年年逆差，国际收支不断恶化，美国黄金储备大量外流，对外短期债务急增。1960 年到 1973 年期间多次爆发美元危机。1973 年 3 月，各主要国家都实行浮动汇率制。至此，布雷顿森林体系的固定汇率制度彻底崩溃。

布雷顿森林体系瓦解后，国际金融形势更加动荡不安，国际货币体系呈现出多样化格局，浮动汇率成为国际上的主要汇率制度，国际储备资产也呈现出多样化趋势。1976 年国际货币基金组织临时委员会在牙买加首都金斯敦召开会议，就有关国际货币制度问题达成协议（“牙买加协议”），从而形成了国际货币制度的新格局。由于新的国际货币制度是牙买加会议的产物，故又称牙买加体系。

在牙买加体系下，会员国可以自由选择任何汇率制度，浮动汇率制与固定汇率制可以并存。IMF 对会员国的汇率进行监督，使汇率水平能够反映各国长期经济状况，不允许会员国操纵汇率来阻止国际收支进行有效的调节或获取不公平的竞争利益。IMF 还有权要求会员国解释它们的汇率政策，实行适当的国内经济政策，来促进汇率体系的稳定。协议还规定实行浮动汇率制的会员国根据经济条件，应逐步恢复固定汇率制。在将来世界经济出现稳定局面后，经 IMF 总投票权 85% 多数票通过，可以恢复稳定的但可调整的汇率制度。

（资料来源：吴东泰. 浅论国际货币体系演变及其启示. 时代金融.2006 年第 12 期）

根据政府是否对外汇市场进行干预，浮动汇率制度分为自由浮动和管理浮动。

自由浮动又称清洁浮动，是指货币当局对外汇市场不加任何干预，完全听任汇率随着外汇市场供求状况的变动而自由浮动。外国货币供不应求，则外币汇率上涨，外国货币供过于求，则外币汇率下跌。

管理浮动又称肮脏浮动，指货币当局直接或间接地对外汇市场进行干预，以使市场汇率朝着有利于自己的方向浮动。这种汇率是以外汇市场供求为基础的，是浮动的，不是固定的，但受国家宏观调控的管理。国家根据银行间外汇市场形成的价格，公布汇率，允许在规定的浮动幅度内上下浮动。

根据浮动的形式，浮动汇率制可分为单独浮动、联合浮动。

单独浮动是指本国货币不与任何外国货币发生固定联系，其汇率根据外汇市场的供求状况单独浮动。如美元、英镑、日元、加拿大等货币属于单独浮动。单独浮动可以较好地反映出一国的外汇供求状况及货币关系的变化。

联合浮动是指参加联合浮动集团的成员国之间的货币有固定比价及波动幅度，政府有义务维持，而对集团以外国家的货币则采取共同浮动的汇率制度。

3. 现行汇率制度简介

（1）爬行钉住制。在爬行钉住制下，汇率可以经常地、小幅度调整的固定汇率制。它有两个基本特征：第一，一国负有维持某种平价的义务，这使得它属于固定汇率制一类；第二，可以持续地、小幅度地进行调整，这又使得它与一般的可调整钉住制相区别，因为后者的平价调整带有偶然性，而且幅度一般很大。

（2）汇率目标区制。汇率目标区是将汇率浮动限制在一定区域内。汇率目标区制不同于其他类型的汇率制度，它与管理浮动汇率制的区别主要在于：一是在目标区中，货币当局在一定时期内对汇率波动制定出比较确定的区间限制；二是在目标区中，货币当局要更为关注汇率变动，必要时要利用货币政策等措施将汇率变动尽可能地限制在目标区内。它与可调整的钉住汇率制的区别主要在于，目标区下汇率允许变动的范围更大。

汇率目标区具有稳定性和灵活性的双重特点。其稳定性体现在，当现实汇率偏离中心汇率越大时，中央银行干预的可能性便越大，市场普遍预期汇率向中心汇率回归。其灵活性在于目标区是带有一定浮动范围的区间，在该区间内，货币当局有干预和不干预两种选择。当现实汇率接近了目标区边界，或者是偏离规定目标汇率达一定幅度时，中央银行才着手纠正偏离的汇率，当中央银行认为现实汇率处于正常波动范围内或认为干预的时机尚不成熟时，就没有必要进行干预，而宁愿让汇率在目标区内保持较充分的"自由浮动"。

（3）发钞局制。发钞局制是指在法律中明确规定本币与某种可兑换外币保持固定的交换比率，并对本币发行做特殊限制的汇率制度。香港联系汇率制就是典型的发钞局制。

[阅读资料 11.5]　　　　　　**港元联系汇率制**

港元联系汇率制规定了港币对美元 1：7.8 的联系汇率。联系汇率制具有自我维护机制。具体而言，当市场汇率低于联系汇率时，银行会以联系汇价将多余的港币现钞交还发钞银行，然后用美元以市场汇价在市场上抛出，赚取差价；发钞银行也会将债务证明书交还外汇基金，以联系汇价换回美元并在市场上抛售获利。这些银行套汇活动的结果是港币的市场汇率逐渐被抬高。同样当市场汇率高于联系汇率时，银行的套利活动将按相反方向进行，从而使市场汇率趋于下降。无论是哪种情况，结果都是市场汇率向联系汇率趋近。

联系汇率制与货币发行机制和汇率机制能较好地结合，具有稳定汇率和自动调节国际收支平衡的作用。它最大的优点在于有利于香港金融的稳定，而市场汇率围绕联系汇率窄幅波动的运行也有助于香港国际金融中心、国际贸易中心和国际航运中心地位的巩固和加强，增强市场信心。

它的不利之处在于，它使香港的经济行为及利率、货币供应量指标过分依赖和受制于美国，削弱了货币政策的独立性。

（资料来源：香港金融管理局网站，www.hkma.gov.hk）

发钞局制是一种特殊的固定汇率制，它与典型的固定汇率制的区别在于：第一，它对汇率水平做了严格的法律规定，且这种规定是公开的，因此政府想改变汇率水平是相当困难的，否则将会损害发钞局制的可信性。第二，发钞局只有在拥有外币作为后备时才可发行货币。

（二）人民币汇率制度

新中国成立以来，我国的外汇体制改革经历了一个由高度集中的计划管理模式转变为以供求关系为基础、市场调节为主的管理模式。

1994 年初，我国制定了外汇体制改革的总体目标，即"改革外汇管理体制，建立以市场为基础的有管理的浮动汇率制度和统一规范的外汇市场，逐步使人民币成为可兑换的货币"。1994 年 1 月 1 日，人民币官方汇率由 1993 年 12 月 31 日的 5.80 人民币/美元下浮至 1994 年 1 月 1 目的 8.70 人民币/美元，实行单一的有管理的浮动汇率制，汇率的形成是以市场供求状况为基础。

自 2005 年 7 月 21 日起，我国开始实行以市场供求为基础、参考一篮子货币进行调节、有管理的浮动汇率制度。

[阅读资料 11.6]　　2005 年 7 月 21 日汇改

本次汇率机制改革的主要内容包括三个方面：

一是汇率调控的方式。实行以市场供求为基础、参考一篮子货币进行调节、有管理的浮动汇率制度。人民币汇率不再盯住单一美元，而是参照一篮子货币、根据市场供求关系来进行浮动。这里的"一篮子货币"，是指按照我国对外经济发展的实际情况，选择若干种主要货币，赋予相应的权重，组成一个货币篮子。同时，根据国内外经济金融形势，以市场供求为基础，参考一篮子货币计算人民币多边汇率指数的变化，对人民币汇率进行管理和调节，维护人民币汇率在合理均衡水平上的基本稳定。

二是中间价的确定和日浮动区间。中国人民银行于每个工作日闭市后公布当日银行间外汇市场美元等交易货币对人民币汇率的收盘价，作为下一个工作日该货币对人民币交易的中间价格。现阶段，每日银行间外汇市场美元对人民币的交易价仍在人民银行公布的美元交易中间价上下 0.3% 的幅度内浮动，非美元货币对人民币的交易价在人民银行公布的该货币交易中间价 3% 的幅度内浮动。

三是起始汇率的调整。2005 年 7 月 21 日 19 时，美元对人民币交易价格调整为 1 美元兑 8.11 元人民币，作为次日银行间外汇市场上外汇指定银行之间交易的中间价，外汇指定银行可自此时起调整对客户的挂牌汇价。

（资料来源：中国人民银行网站）

篮子内的货币构成，将综合考虑在我国对外贸易、外债、外商直接投资等外经贸活动占较大比重的主要国家、地区及其货币。

第二节 国际收支

❖ **学习目标** ❖

本节主要阐述国际收支及其调节。通过教学，使学生了解国际贸易、国际资本流动的基本状况，熟悉经常项目和资本项目的主要内容及国际收支及其差额的基本内涵，以及国际收支不平衡的内涵及其原因。

一、国际贸易与经常项目

（一）国际贸易

随着国际经济交往的日趋深入和频繁，在我们的经济生活中接触到外汇已不是什么罕事了，比如：我国某纺织品企业将产品出口到美国，收入美元；该企业为了改进生产工艺提高生产效率需要从德国进口一台先进的生产流水线，则需要支付欧元。在这样一些国际贸易经济活动中就产生了对外汇的供给和需求。

出口贸易可以收入外汇，进口贸易要支出外汇。特定时间内因为国际贸易而收入或者支出的外汇总量常常并不完全相等，这就出现了国际贸易差额，分为贸易顺差和贸易逆差。

所谓贸易顺差是指在特定年度一国出口贸易总额大于进口贸易总额，又称"出超"，它表示该国当年对外贸易处于有利地位。贸易顺差的大小在很大程度上反映一国在特定年份对外贸易活动状况。所谓贸易逆差是指一国在特定年度内进口贸易总值大于出口总值，俗称"入超"，它反映该国当年在对外贸易中处于不利地位。

除了贸易顺差，我们在电视、报纸、网络新闻上还会看到一个名词，就是"经常项目"。我们已经理解了贸易顺差也好逆差也好都是指国际贸易，比较的是进口和出口之间的大小关系，那么"经常项目"到底是什么含义呢？

我们先来看看这个经常项目到底包括哪些内容。

（二）经常账户

经常账户又称经常项目，它记录的是一国与他国之间实际资源的转移，是国际收支平衡表中最基本、最重要的项目。它体现了一国的创汇能力，影响和制约着其他账户的变化。经常账户包括货物和服务、收入及经常转移三个二级账户。

1. 货物和服务

货物项下系统记录了一国的商品进出口情况，又称有形贸易收支，往往对一国国际收支的经常项目乃至整个国际收支的状况起着决定性作用。货物包括一般商品、用于加工的货物、货物修理、各种运输工具在港口购买的货物以及非货币用黄金。

服务项下记录的内容包括运输服务、旅游服务、通信服务、建筑服务、保险服务、金融服务、计算机和信息服务、专有权利使用费和特许费，以及其他商业服务、个人、文化和娱乐服务及别处未提及的政府服务，又称无形贸易收支。

> **小贴士** 通信服务、保险服务、金融服务、计算机和信息服务等项目在当代国际贸易中地位越来越重要。

2. 收入

收入是记录因生产要素在国际间流动而引起的要素报酬收支，它又包括雇员报酬和投资收益两个细分账户。雇员报酬是指一国居民个人在另一国（或地区）工作而得到的现金或实物形式的工资、薪水和福利。投资收益是指一国资本在另一国投资而获取的利润、股息、利息等。投资收益还可进一步细分为直接投资收益、证券投资收益和其他投资收益（如借贷产生的利息）。

3. 经常转移

经常转移又称无偿转移，是指资金和物品在国际间转移后，并不发生债权债务关系，对方无需归还或偿还的无对等交易。经常转移又可细分为私人转移和政府转移两类，前者主要包括侨民汇款、年金、赠与等，后者主要包括政府间经济援助、军事援助、战争赔款、捐款等。

> **小贴士** 在经常项目中，通常进出口贸易额占的比例比较高，而且与国家的经济增长和我们的经济生活关系最密切。

[阅读资料 11.7] 经常项目可兑换与"第八条款国"？

经常项目可兑换是指一国对经常项目国际支付和转移不予限制，并不得实行歧视性货币安排或者多重货币制度。本国居民可在国际收支经常性往来中将本国货币自由兑换成其所需的货币。

国际货币基金组织对经常项目可兑换性做了明确的定义，在《国际货币基金组织协定》第八条款中对基金成员国在可兑换性方面应承担的义务做了具体的规定：①避免对经常性支付的限制，各会员国未经基金组织的同意，不得对国际经常往来的支付和资金转移施加汇兑限制；②不得实行歧视性的货币措施或多种汇率措施。歧视性的货币措施主要是指双边支付安排，它有可能导致对非居民转移的限制以及多重货币做法；③兑付外国持有的本国货币，任何一个成员国均有义务购进其他成员国所持有的本国货币结存，但要求兑换的国家能证明。经常项目可兑换是一国成为《国际货币基金组织协定》第八条款国后必须承担的国际义务。

（资料来源：国际货币基金组织协定，1944）

小贴士　　从 1996 年 12 月 1 日起，我国接受国际货币基金组织协定第八条款的义务，实行人民币经常项目下的可兑换。

二、国际资本流动与资本和金融项目

（一）国际资本流动

国际资本流动是指资本在国际间转移，或者说，资本在不同国家或地区之间作单向、双向或多向流动，具体包括：贷款、援助、输出、输入、投资、债务的增加、债权的取得、利息收支、买方信贷、卖方信贷、外汇买卖、证券发行与流通等。

[阅读资料 11.8]　　　　**国际资本潮流涌动**

20 世纪 80 年代以来，国际直接投资出现了两个热潮期，一是 80 年代后半期，二是 1995 年以来。据统计，1986~1990 年国际投资流出量平均每年以 34% 的速度增长；每年流出的绝对额也猛增。1997 年全球国际直接投资并没有因亚洲金融危机而减少，而且各地普遍增长。

与此同时，国际资本市场的规模，主要是中长期国际借贷和国际证券投资的数量迅速膨胀。国际金融市场中的短期资金和长期资金市场的流动，基本上都要反映到外汇市场的各种交易往来中。根据国际银行的估计，世界各主要外汇市场（伦敦、纽约、东京、新加坡、香港、苏黎世、法兰克福、巴黎等）每日平均外汇交易额在 1979 年为 750 亿美元，而近期已超过 1.5 万亿美元。

（资料来源：胡月晓. 投资与证券. 2007 年第 7 期）

引起国际资本流动的原因很多，归结起来主要有以下几个方面：

（1）资本积累迅速增长。在资本的特性支配下，大量的过剩资本被输往国外，追逐高额利润。

（2）利用外资策略的实施。大部分发展中国家迫切需要资金来加速本国经济的发展，因此，往往通过开放市场、提供优惠税收、改善投资软硬环境等措施吸引外资的进入，从而增加或扩大了国际资本的需求，引起或加剧了国际资本流动。

（3）利润的驱动。增值是资本运动的内在动力，利润驱动是各种资本输出的共有动机。当投资者预期到一国的资本收益率高于他国，资本就会从他国流向这一国；反之，资本就会从这一国流向他国。

（4）汇率的变化。汇率的变化也会引起国际资本流动，尤其 20 世纪 70 年代以来，随着浮动汇率制度的普遍建立，主要国家货币汇率经常波动，且幅度大。如果一个国家货币汇率持续上升，会导致国际资本流入，反之会导致国际资本流出。总体而言，资本向汇率稳定或升高的国家或地区流动。

此外，政治、战争风险、新闻舆论、谣言等也是影响一个国家资本流动的重要因素。国际炒家的恶性投机以及人们的心理预期等因素，都会对短期资本流动产生极大的影响。数据分析表明，货币资本已脱离世界生产和国际贸易而独立运动。货币资本运动与商品运动相分离的现象，构成了当代资本流动的一个重要特点。

在国际收支平衡表中，记录货币与资本交易的项目是"资本和金融账户"。我们来具体看看该项目包括哪些内容。

（二）资本和金融账户

资本和金融账户是对资产所有权在国际间流动行为进行记载的账户，反映了国际资本流动。它包括资本账户和金融账户两大部分。

1. 资本账户

资本账户包括资本转移和非生产、非金融资产的收买和放弃。资本转移包括下面三项：①固定资产所有权的资产转移；②同固定资产收买或放弃相联系的或以其为条件的资产转移；③债权人不索取任何回报而取消的债务。非生产、非金融资产的收买或放弃是指各种无形资产如专利、版权、商标、经销权以及租赁和其他可转让合同的交易。

2. 金融账户

金融账户包括引起一个经济体对外资产和负债所有权变更的所有交易。按投资类型或功能，金融账户可以细分为直接投资、证券投资、其他投资和储备资产四类。

（1）直接投资。其特征是投资者对非居民企业的经营管理拥有有效的控制权。直接投资可以采取直接在国外投资兴建企业的形式，也可以采取购买非居民企业一定比例股票的形式，或采取将投资利润进行再投资的形式。

（2）证券投资。证券投资是指购买非居民的政府长期债券和非居民公司的股票、债券等。当证券投资中拥有非居民企业股权达到一定比例时（如IMF规定达到10%以上），就作为直接投资。

（3）其他投资。凡不包括在直接投资、证券投资和储备资产中的一切资本交易均记录在此。这些资本交易除政府贷款、隐含贷款和贸易融资等长短期贷款外，还包括货币、存款和短期票据等。

（4）储备资产。储备资产包括货币当局可随时动用并用于维持国际收支平衡和稳定汇率的外部资产，包括货币性黄金、特别提款权、在基金组织的储备头寸和外汇储备等官方对外资产。

[阅读资料11.9]　　　**外 汇 管 制**

外汇管制是指一国政府为平衡国际收支和维持本国货币汇率而对外汇进出实行的限制性措施。在中国又称外汇管理。外汇管制分为数量管制和成本管制。前者是指国家外汇管理机构对外汇买卖的数量直接进行限制和分配，通过控制外汇总量达到限制出口的目的；后者是指国家外汇管理机构对外汇买卖实行复汇率制，利用外汇买卖成本的差异，调节进口商品结构。

根据外汇管制内容和严格程度的不同外汇管制一般分为三种类型:

(1) 实行严格外汇管制的国家和地区。这类国家的典型特征是外汇极端缺乏,经济不发达或对外贸易落后,如大多数发展中国家和实行中央计划经济的国家。

(2) 实行部分外汇管制的国家和地区。这类国家对非居民办理经常项目外汇支付不加管制,但对资本项目却加以限制。如一些发达国家或开放度较高的发展中国家。

(3) 名义上取消但仍在不同程度上实行外汇管制的国家。截至 1991 年,这一类型国家有 20 多个,主要是工业发达国家和石油输出国。

资本项目可兑换是指一种货币不仅在国际收支经常性往来中可以本国货币自由兑换成其他货币,而且在资本项目上也可以自由兑换。这意味着一国取消对一切外汇收支的管制,居民不仅可以通过经常账户交易,也可以自由地通过资本账户交易,所获外汇既可在外汇市场上出售,也可自行在国内或国外持有;国内外居民也可以将本币换成外币在国内外持有,满足资产需求。

从长远来看,逐步取消外汇管制,实现包括资本项目可兑换在内的人民币可兑换是中国外汇体制改革的目标,但目前没有设定具体的时间表。

(资料来源:国家外汇管理局网站)

小贴士 我国属于实行部分外汇管制的国家,资本项目还处于相对管制水平。

三、国际收支差额与储备项目

(一) 国际收支和国际收支差额

1. 国际收支

国际贸易也好,国际资本流动也好,都是国际收支的一部分。

国际收支是一定时期内一国居民与非居民之间全部经济交易的系统记录。它是国际金融学中重要的核心概念之一。对于这一概念的丰富内涵,应从以下几个方面加以把握。

国际收支是一个流量概念。流量是一定时期内发生的变量变动的数值。当人们提及国际收支时,必须指明其属于哪一个时期,这一时期称为一个报告期。各国通常以 1 年为报告期。

国际收支所记载的经济交易必须发生于一国居民与非居民之间。判断一项经济交易是否应计入国际收支的依据不是国籍和国界,而是依据交易双方是否分别为该国的居民和非居民。只有居民与非居民之间的经济交易才记入国际收支。所谓"居民",是个经济概念("公民"则是法律概念),是指在一个国家(或地区)的领土内具有一定经济利益中心的经济单位,否则,该经济单位就被称为该国(或地区)的非居民。在一国领土内具有一定的经济利益中心,是指该单位在某国的领土内已经大规模地从事经济活动或交易达一年或一年以上。

居民和非居民都包括个人、政府、企业和非盈利团体四类。凡在一个国家内居住满一年及一年以上的个人，除官方外交使节、驻外军事人员外，无论什么国籍，均属该国居民。至于一国各级政府、企业和非盈利团体，均属所在国居民，包括外国独资、合资与合作企业。

小问号 "居民"和公民有什么不同？

2. 国际收支平衡表

为了全面了解掌握本国对外经济交往的全貌，就需要使用国际收支平衡表这一工具对一国国际收支进行系统地收集整理和记录。国际收支平衡表是一国对其一定时期内的国际经济交易根据交易的特性和经济分析的需要，分类设置科目和账户，并按照复式记账的原理进行系统记录的报表（表 11.3）。

表 11.3　国际收支平衡表标准格式简表

项　目	贷方（＋）	借方（－）
一、经常账户	经常账户收入	经常账户支出
1. 货物和服务		
2. 收入		
3. 经常转移		
二、资本账户与金融账户		
1. 资本账户		
2. 金融账户		
（1）直接投资		
（2）证券投资		
（3）其他投资		
（4）储备资产	资本流入储备资产减少	资本流出储备资产增加
三、错误与遗漏账户		

国际收支平衡表是根据国际会计通行的复式记账原则编制的。在国际收支平衡表中每个项目都有借方和贷方两栏，借方记录对外资产的增加和对外负债的减少，贷方记录对外资产的减少和对外负债的增加。每一笔交易同时以相同的记录进行借方记录和贷放记录，"有借必有贷、借贷必相等"，因此，从原理上国际收支平衡表的借方总额总是等于货方总额，净差额为零。

根据国际收支平衡表的记账原则，对于一笔交易在国际收支平衡表中的记录，有个便于记忆的法则：贷方记录的是本国从外国取得外汇收入的交易，记为"＋"；借方记录的是本国对外国支付外汇的交易，记为"－"。这样，在国际收支平衡表中，记入贷方的是货物、劳务的出口和资本的流入；记入借方的是货物、劳务的进口和资本的流出。

各国国际收支平衡表的详细程度和格式略有不同，但都包括经常账户、资本和金融账户及错误与遗漏账户这三个账户。

经常账户、资本和金融账户我们已经涉及，错误与遗漏账户是由于统计技术和其他一些原因使国际收支表上借贷双方总额无法平衡而人为设置的以轧平借贷差额的一个项目。

3. 国际收支差额

国际收支平衡表采用复式记账法记录，从原理上其借方总额和贷方总额总是相等，但这种平衡只是账面上的平衡。要理解国际收支失衡的内涵，了解国际收支是否出现了不平衡，首先要理解国际收支的自主性交易和补偿性交易。

自主性交易是事前交易，是一国居民出于经济动机和目的，自发进行的交易。补偿行交易是事后交易，是为调节或弥补自主性交易不平衡而进行的交易。

小贴士　通常所指的一国国际收支不平衡实际上指的是自主性交易不平衡。

国际收支是否平衡主要考察以下几个差额：

（1）贸易收支差额。这一差额反映的是商品进出口项目的净差额。

（2）经常项目差额。经常项目的交易一旦发生就不可撤消，反映了实际资源在国与国之间的转让净额，或者说一国对外财富的净额。由于一国拥有多少可支配的实际资源对一国经济的增长和发展起着十分重要的作用，所以要对经常账户差额做出系统全面地分析。

（3）综合差额。这一差额衡量了一国通过运用或获取储备来弥补国际收支不平衡的情况。

国际收支差额＝综合差额＝经常项目差额＋资本和金融账户差额（除储备变化外）

综合差额＋储备增减＝0

综合差额＝－储备增减（当储备账户为负时表示储备增加，为正时表示储备减少）

小贴士　我们通常所说的国际收支差额是指综合账户差额，需要动用储备资产来进行平衡。综合账户差额为负时，储备资产减少；综合账户差额为正时，储备资产增加。

（二）国际储备及其管理

1. 国际储备

国际储备是一国无条件的、现实的对外支付能力，而国际清偿能力除此而外还包括了有条件的、潜在的支付能力。

国际储备的特征包括：①可得性，即它是否能随时方便地被政府得到；②流动性，即变为现金的能力，必须是随时能够动用的资产，如存放在国外银行的活期可兑换外币存款、有价证券等；③官方持有性，即它必须在一国政府或货币当局的直接有效控制之下，非官方金融机构、企业和私人持有的资产均不算国际储备资产；④普遍接受性，即它是否能在外汇市场上或在政府间清算国际收支差额时被普遍接受。

小贴士　反映在国际收支平衡表中的官方储备表示的是增减额而不是持有额，所以应理解为编表年份内的"官方储备变动"。

国际储备包括黄金储备、外汇储备、储备头寸和特别提款权。储备头寸是指一国认缴基金组织规定份额的 25％ 所形成的对基金组织的债权，成员国可以无条件地提取其储备头寸用于弥补国际收支逆差。特别提款权（SDRs）是指 IMF 对会员国根据其份额分配的可用于归还 IMF 贷款和会员国政府之间支付的一种账面资产。

国际储备具有清算国际收支差额，维持国际支付能力、干预外汇市场，调节本国货币的汇率以及信用保证，稳定本国货币价值等方面的作用。

2. 国际储备管理

国际储备管理是指一国政府或货币当局根据一定时期内本国国际收支状况和经济发展的要求，对国际储备的规模、结构以及储备资产的运用等进行计划和调整，以实现储备资产规模适度化、结构最优化的过程。国际储备管理包括国际储备规模（数量）管理与国际储备结构管理。

国际储备的数量管理就是要确定最适度的国际储备水平。适度国际储备水平是指一国货币当局直接持有的既能满足对外支付与干预外汇市场的需要又不致造成过多国际储备资产浪费的国际储备水平。适度国际储备水平有多种分析方法，以成本-收益分析法为例：一般地说，储备持有额越多，弥补国际收支逆差的能力越强，储备的收益也越大。与此同时，随着储备持有额的增加，弥补国际收支逆差的边际效用也将下降，从而导致持有储备的边际收益递减。持有储备的成本表现为一国资本生产力与其储备资产收益率之差。持有的储备越多，持有储备的成本也将会提高，而且其边际成本也随着储备的增加而增加。因此，一国适度的储备水平应该是持有储备的边际收益等于边际成本时的储备水平。

例 11.3　适度国际储备水平的比例法（指标法）

一般认为，适度国际储备水平的衡量指标包括：

（1）国际储备与年进口额的比例：国际储备应能满足三个月的进口需求即 25％。

（2）国际储备占国民生产总值的比例：一般来说发达国家较低发展中国家较高。

（3）国际储备占外债总额的比例：50％。

请查找最近一年我国年进口额、国民生产总值、外债总额数据，按照比例，计算我国的适度国际储备水平，并与实际的国际储备水平相比较。外汇储备结构管理遵循安全性、流动性、收益性的基本原则。

具体而言，外汇储备资产结构安排应尽可能地选择有升值趋势的"硬"货币，减少有下跌趋势的"软"货币，以避免储备货币汇率下降带来的损失；储备货币币种结构应尽可能地与一国国际贸易结构和国际债务结构相匹配。这可以使该国在一定程度上避免兑换风险，节约交易成本，保证储备使用的效率；储备货币要与干预外汇市场所需要的货币保持一致；在充分考虑到安全性和流动性的前提下，外汇储备应尽可能以高收益的货币形式持有。

小问号 一国的国际储备是否越多越好？如何对其规模和结构进行管理？

四、国际收支不平衡及其调节

（一）国际收支不平衡

我们已经知道，国际收支平衡表从其编制原理来看，在某种程度上总是平衡的，具体表现如下：第一，由于采取复式记账原理，因此，国际收支平衡表的借方总额和贷方总额总是相等的；第二，由于设立了平衡项目，由此，经常项目和资本项目的合计差额最终总是可以通过官方储备的增减和误差与遗漏项目得到平衡，以至最终的账面差额必然为零。

从另一方面看，国际收支又常常是不平衡的，具体表现如下：第一，国际收支平衡表中的各个项目一般是不平衡的，总会出现一定的差额；第二，撇开国际收支账面上的表象的平衡，一国的国际收支在性质上仍然可能是不平衡的。

上面已经介绍，我们通常把交易分为自主性交易和补偿性交易进行分析。自主性交易是指为谋求经济利益而进行的交易；由于它是以个人、企业、政府的独立经济活动为基础，具有高度的自主性，必然经常地出现差额，或称"缺口"，这个缺口或者是顺差，或者是逆差，也就是我们通常所说的国际收支差额。

自主性交易引起一国实际的外汇收支，影响外汇市场的供求关系，并进而引起汇率波动，从而带来一系列的经济影响。如果不希望出现这样的结果，就必须用另一种交易，即补偿性交易来平衡由于自主性交易不平衡所造成的缺口。

补偿性交易又称调节性交易，是为了补偿谋求经济利益产生的负面影响而从事的交易，即为了补偿自主性交易的损失而从事的交易。如进口新技术需要外汇，就需用其他方法补偿；如为弥补国际收支逆差而向外国政府或国际金融机构借款、动用官方储备等。

一国国际收支当中，如果反映自主性交易的项目差额为零，该国的国际收支就是平衡的。反之，如果自主性交易不平衡，要靠调节性交易来弥补才能维护平衡，但这种平衡是虚弱的、暂时的、缺乏巩固的基础，因而是不能长期维护下去的，故国际收支实质是不平衡的。

在国际收支平衡表中，哪些项目属于自主性交易，哪些项目属于补偿性交易，在理论界和实务部门也存在着很大的争议。争论的焦点之一是短期资本交易是否应属于自主性交易。

造成国际收支不平衡的原因是多种多样的。有的是短期的、非确定的或偶然的因素引起的临时性不平衡，有的则是一国经济周期波动所引起的周期性不平衡。一定汇率水平下国内货币供应量增长率变化引起国内物价水平变化会导致货币性不平衡，一国经济条件、经济状况的变化也会引起国民收入变动会产生收入性不平衡。如果国内经济结构、产业结构不能适应世界市场及其变化会发生结构性不平衡。此外，在浮动汇率制下国际资本的频繁流动还会导致投机性不平衡。

（二）国际收支失衡的调节

国际收支平衡是一国宏观经济政策目标之一，因此，当国际收支失衡时政府往往要采取适当的政策措施进行调节。政府可以用于调节国际收支失衡的政策主要有外汇缓冲政策、汇率政策、需求管理政策、直接管制政策。

1. 外汇缓冲政策

外汇缓冲政策是指一国运用官方储备的变动或临时向外筹措资金来抵消市场的超额外汇供给或需求。它能使本币汇率免受暂时性失衡所造成的波动，有利于本国对外贸易和投资的顺利进行。然而一国官方储备规模毕竟是有限的，对于那些巨额的、长期的国际收支逆差是不能完全依靠这种资金融通的办法来弥补的。

2. 汇率政策

汇率政策指通过变动汇率来纠正国际收支失衡的政策。汇率政策的实施在不同的汇率制度下有不同的做法：第一，变更汇率制度。如果一国原先采用固定汇率，当国际收支出现巨额的赤字时，政府可以采用浮动汇率制或弹性汇率制，允许汇率由市场供求自行决定，让汇率来纠正国际收支赤字；第二，干预外汇市场。在浮动汇率制下，一国政府当局可以参与外汇市场交易，当国际收支出现逆差时，在外汇市场上购入外币、售出本币，操纵本币汇率贬值来达到增加出口、减少进口的效果；第三，官方汇率贬值。当国际收支出现逆差时，政府当局可以通过公布官方汇率贬值。

[阅读资料 11.10] 货币法定升值与法定贬值

货币法定升值是指一国货币当局正式宣布提高本国货币的含金量，或提高本国货币对外的汇率。货币升值是指由于外汇市场上供求关系的变化造成的货币对外汇率的上升，它与法定升值的表现一致，但动因不相同。如果一国长期处于国际收支顺差，势必会受到来自逆差国的压力，迫使其实施货币升值以扭转长期顺差的局面。20世纪60年代西德马克升值与近十几年来日元升值即属于该种情况。货币法定升值能起到限制出口、刺激进口的作用，以减少国际收支顺差，但通常是在被迫的情况下才采用该措施。

货币法定贬值是指一国货币当局正式宣布降低本国货币的含金量，或降低本国货币对外的汇率。例如，美国政府曾在1971年和1973年两度实行法定贬值，降低美元对外的汇率。1971年12月18日，美国正式宣布美元贬值7.89%，黄金官价由每盎司35美元提高到38美元；1973年2月，美国政府宣布第二次贬值，黄金官价由每盎司38美元提高到42.22美元，美元对黄金贬值幅度为10%。美元的两次贬值促使实行了30多年的固定汇率制度彻底崩溃。货币法定贬值是在该国经济出现贸易逆差、本国货币不能保持原有支付能力情况下不得已的一种紧急解决措施。虽然货币法定贬值有利于扩大出口、限制进口、改善国际收支，但常常会引发其他国家竞争性的货币贬值，导致国际金融局势动荡，并且还有削弱本国货币国际地位的负面作用。

（资料来源：许涤新主编．1980．政治经济学辞典．中卷．人民出版社）

3. 财政货币政策

当一国国际收支失衡时，政府也可以运用紧缩性或扩张性的财政货币政策加以调节。在财政政策方面，可供采用的措施主要是增减财政支出和改变税率；在货币政策方面，当局可以调整再贴现率和存款准备金比率，或在公开市场买卖政府债券。

4. 直接管制政策

实行汇率政策和财政货币政策来纠正国际收支的失衡，必须通过市场机制才能发挥作用，而且还需要经过一段较长的时间。因此，许多发展中国家都对国际经济交易采取直接干预办法，即实行直接管制来调节国际收支失衡，尤其是国际收支结构性赤字。

直接管制包括外汇管制和贸易政策。外汇管制主要是通过对外汇实行统购统销来限制进出口和资本流动，对外汇需求实行配给。贸易管制是通过关税、进出口配额、许可证制度等壁垒来直接控制进出口。直接管制的效果迅速而显著，适用于由结构性因素引起的国际收支失衡，可以针对引起收支失衡的局部性因素实施管制，而不必使整个经济发生变动。

直接管制政策有明显的弊端，首先，它对市场机制的作用产生阻碍，不利于自由竞争和优化资源配置。其次，直接管制还十分容易引起贸易伙伴国的报复。一旦对方国家也实行相应的报复性措施，往往导致国与国之间的"贸易战"，使原先实行直接管制措施的国家前功尽弃。另外，实行直接管制，也容易造成本国产品生产的效率低下，对外竞争力下降。因此，西方国家对采用这项措施一般比较谨慎。

[阅读资料 11.11]　　国际收支自动调节机制

当一国出现国际收支失衡的情况时，有时并不需要政府立即采取措施来消除，因为经济中存在某些机制能使国际收支失衡自动得到缓和乃至恢复均衡，即国际收支失衡具有自动调节机制。国际收支的自动调节是指国际收支失衡会引起国内经济变量变动，这些经济变量的变动又会反作用于国际收支，使国际收支恢复平衡。

在浮动汇率制度下，一国货币当局不对外汇市场进行干预，听任外汇市场的供求来决定汇率的升降。在这种制度下，国际收支主要的自动调节机制是汇率机制。如果一国发生国际收支逆差，外汇需求就会大于外汇供给，外汇汇率就会上升。外汇汇率上升即本币贬值会造成本国商品相对价格的下降，外国商品相对价格的上升，结果出口增加，进口减少，国际收支赤字会减少甚至消除。反之，如果一国发生国际收支顺差，外汇需求就会小于外汇供给，外汇汇率就会下跌，本币升值，这造成本国商品相对价格上升，结果出口下降，进口上升，国际收支顺差自动得到减轻或消除。

小贴士　国际收支自动调节机制只能在某些条件或经济环境中才会发挥作用，而且程度和效果无法保证，所需的时间也较长。

小　结

（1）从动态角度看，外汇是人们通过外汇银行将一种货币兑换成另一种货币，并把它汇寄给国外债权人，以此来了结国际间债权债务关系的行为和过程。静态的外汇是指以外币表示的、可以用作国际清偿的支付手段和资产。

（2）汇率就是两种货币的兑换比率，也就是一国货币以另外一国货币表示的价格。汇率的标价方法有直接标价法、间接标价法和美元标价法。

（3）国际收支状况、通货膨胀差异、利率差异、经济增长、中央银行对外汇市场的干预、政治因素以及预期因素都会影响汇率的变动。

（4）按照汇率变动的幅度，汇率制度可分为固定汇率制和浮动汇率制，它们各有其优势和局限。一国汇率制度的选择要考虑本国经济的开放程度、国际经济条件的制约等因素。

（5）在国际收支平衡表里，经常账户记录一国与他国之间实际资源的转移，包括货物和服务、收入及经常转移；资本和金融账户反映了国际资本流动，包括资本账户和金融账户。

（6）自主性交易不平衡引起的国际收支不平衡，分为临时性不平衡、周期性不平衡、货币性不平衡等类型。国际收支失衡具有自动调节机制，政府也可以用外汇缓冲政策、汇率政策、需求管理政策、直接管制政策等措施进行调节。

练习题

一、名词解释

外汇　汇率　直接标价法　间接标价法　汇率制度　贸易顺差　贸易逆差　经常账户　国际资本流动　资本和金融账户　国际收支　综合差额　国际储备　外汇缓冲政策　直接管制

二、不定项选择题

1. 汇率采取直接标价法的国家和地区有（　　）。

A. 美国和英国　　　B. 美国和香港　　　C. 英国和日本　　　D. 香港和日本

2. 外汇汇率最贵的是（　　）。

A. 电汇汇率　　　B. 信汇汇率　　　C. 票汇汇率　　　D. 现钞汇率

3. 若在一国的国际收支平衡表中，官方储备资产项目为－100亿美元，则表示该国（　　）。

A. 减少了 100 亿美元储备

B. 增加了 100 亿美元

C. 该国政府动用了 100 亿美元储备资产

D. 该国政府借入了 100 亿美元外债

4. 在其他条件不变的情况下，两种货币之间利率水平较低的货币，其汇率倾向于(　　　)。

A. 升值　　　　　　B. 贬值　　　　　　C. 不变　　　　　　D. 无法判断

三、问答题

1. 利率差异如何影响汇率变动？

2. 当前我国的汇率制度是什么？对完善人民币汇率形成机制有何建议？

3. 国际收支不平衡有哪些调节手段？

四、技能训练题

1. 从 2007 年 11 月 5 日到 11 月 9 日，判断人民币对各主要货币之间升值或贬值。

日期/(年-月-日)	美元	欧元	日元	港币	英镑
2007-11-9	7.4162	10.8988	6.5738	0.954 25	15.6389
2007-11-5	7.4562	10.8145	6.5071	0.960 35	15.5726
升值/贬值					

2. 补充填写国际收支平衡表的基本内容：

项　目	贷方（+）	借方（一）
一、经常账户		
1. _____		
2. 服务		
3. 收入		
4. _____		
二、资本账户与金融账户		
1. 资本账户		
2. 金融账户		
（1） _____		
（2）证券投资		
（3）其他投资		
（4） _____		
三、错误与遗漏账户		

3. 你见到过哪些外国货币？它们是外汇吗？外汇与外国货币有何区别和联系？

第十二章

金融创新

知识点

1. 了解金融创新在金融工具、金融业务、金融市场、金融机构、金融制度以及金融服务上的主要表现。

2. 掌握金融创新的含义，了解金融创新的背景。

3. 了解金融工程的基本含义及其发展。

技能点

1. 金融管制的放松、市场竞争的加剧、科学技术的进步对金融创新的直接推动作用。

2. 金融创新对金融市场、金融机构、金融制度以及金融发展的影响。

3. 金融创新与金融风险、货币政策以及金融管制的关系。

几年前，如果问"银行是干什么的"，十有八九的答案是"存钱的地方"。长期以来，银行在老百姓心目中留下了这样的印象：吸收百姓和企业的存款，为企业提供贷款，靠存贷款利息差获得收入和利润。如今，银行已经不仅仅是一个存钱的场所，它走进了老百姓生活中的方方面面，而且彻底地改变了我们的生活方式。现在，如果你再问"你去银行干什么"，答案一定是千差万别的：可能是申请贷记卡、联名卡、个人消费贷款；可能是办理银证转账；可能是交纳水费、电费、煤气费、手机费；也可能是请银行的理财顾问做咨询，看看是否要购买基金、信托产品……

这些都是银行产品和服务的创新，而银行的创新又仅仅是金融创新的一部分。金融创新的内容十分广泛，各种创新又有着自己的目的与要求。我们先按照创新的内容，分别对金融工具的创新、金融业务的创新、金融市场的创新、金融机构的创新、金融制度的创新以及金融服务的创新进行分析介绍，然后考察金融创新的背景和直接动因，全面地理解金融创新的内涵，并能分析判断金融创新对金融市场、金融机构、金融制度以及金融发展的影响，理解判断金融创新与金融风险、货币政策以及金融管制的关系。

第一节　金融创新的表现

❖ **学习目标** ❖

金融创新的内容十分广泛，本节主要按照创新的内容，分别对金融工具的创新、金融业务的创新、金融市场的创新、金融机构的创新、金融制度的创新以及金融服务的创新进行分析介绍。

一、金融工具的创新

金融工具的创新是金融创新最主要的内容。近三四十年来出现的金融创新中，最显著、最重要的特征之一就是大量的、新型的金融工具以令人目不暇接的速度被创造出来。特别是 20 世纪 70 年代出现的衍生金融工具，更是向人们展示了金融资产保值和风险规避的全新概念。

（一）存款工具的创新

基本的存款工具有活期存款、定期存款、储蓄存款等，但是，在金融工具的创新过程中，这些基本存款工具的界限早已被打破，形成了一些新的存款工具。主要包括：可转让支付指令、自动转账服务账户、货币市场存款账户等。

这些账户的特点是既能灵活方便地支取，又能给客户计付利息，这些新型存款账户的出现，为客户提供了更多的选择，充分满足了存款人对安全、流动和盈利的多重需求，从而吸引了更多的客户，扩大了商业银行的资金来源。

[阅读资料 12.1]　　　大额可转让定期存单

存款工具的创新中最具代表性的是大额可转让定期存单（CD）。商业银行的定期存款以其较高的利率而吸引资金，但其最大的弱点在于其流动性差。1961年由美国花旗银行发行的第一张大额可转让定期存单，则既可以使客户获得高于储蓄账户的利息，又可以在二级市场上流通、转让而变现，使客户原本闲置在账上的资金找到了短期高利率投资的对象，所以一经面世就大受欢迎（图12.1）。

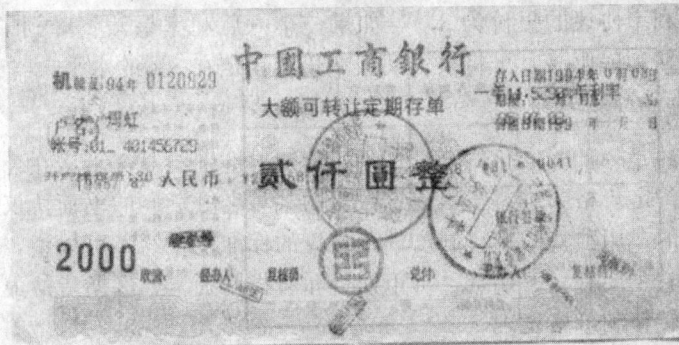

图 12.1　中国工商银行大额可转让定期存单

（资料来源：中国人民银行. 大额可转让定期存单管理办法. 1996 年 11 月 11 日）

（二）衍生金融工具的创新

衍生金融工具的出现，可以说给当代金融市场带来了划时代的贡献。它除了让人们重新认识金融资产保值和规避风险的方式手段之外，它还具有很强的杠杆作用，即用一个较小比例的资金就可以进行大额交易，有"四两拨千斤"的威力。同时，人们还把衍生金融工具称之为"双刃剑"，如果运用得当，可给金融业带来许多好处，能起到传统避险工具无法起到的保值、创收作用；但如果运用失当，也会使市场参与者遭受严重损失，甚至危及整个金融市场的稳定与安全。

小贴士　　衍生金融工具既有"四两拨千斤"的威力，也是一把"双刃剑"。

衍生金融工具的内容主要包括如下方面。

1. 远期合约

远期合约是一种最简单的衍生金融工具。它是交易双方在合约中规定在未来某一确定时间以约定价格购买或出售一定数量的某种资产。远期合约的最大功能在于转嫁风险，它常发生在两个金融机构或金融机构与客户之间，是一种场外交易产品。例如，远期利率协议（Forward Rate Agreement），买方可以将未来的利率成本或收益提前锁定，且交易方式简单，交易对象、期限方便灵活，限制少，费用低，是一种应用广泛的、避险增值的衍生金融工具。

远期利率协议是指交易双方约定在未来某一日期，交换协议期间内一定名义本金基础上分别以合同利率和参考利率计算的利息的金融合约。本质上，远期利率协议是不管未来市场利率是多少都要支付或收取约定利率的承诺。2007 年 10 月，中国人民银行发布公告推出远期利率协议业务。

例 12.1　远期利率协议

某公司财务部经理预计公司 1 个月后将收到 1000 万美元的款项，且在 4 个月之内暂时不用这些款项，因此可用于短期投资。他担心 1 个月后利率下跌使投资回报率降低，就可以卖出一份本金为 1000 万美元的远期利率协议。假定当时银行对远期利率协议的报价为 8%，如果一个月后利率果然下降到了 7%，由于他签订了远期利率协议，可将投资回报率仍然锁定在 8% 的水平。

2. 金融期货

期货合约是一种标准化的合约，是买卖双方分别向对方承诺在合约规定的未来某时间按约定价格买进或卖出一定数量的某种金融资产的书面协议，是一种由交易所发行的、用独特的结算制度进行结算的标准化合约，可以说，是远期合约的标准化。它主要有利率期货、货币期货和股指期货。金融期货的最主要的功能就在于风险转移和价格发现。

[阅读资料 12.2]　　金融期货的两大功能

风险转移和价格发现是金融期货的两大功能。风险转移功能是指套期保值者通过金融期货交易将价格风险转移给愿意承担风险的投机者。期货合约为生产者提供了转移价格风险的工具。生产者可以通过期货交易提前锁定卖出价格，转移相关的商业风险。因此，期货合约是一种将商业风险由生产经营者转移给投机者的工具。

价格发现功能是指在一个公开、公平、高效、竞争的期货市场中，通过集中竞价形成期货价格的功能。金融期货之所以具有价格发现的功能，是因为期货市场将众多的、影响供求关系的因素集中于交易场内，通过买卖双方公开竞价，集中转化为一个统一的交易价格。该价格一旦形成，即刻向世界各地传播并影响供求关系，从而形成新的价格，如此循环往复，价格趋于合理。

3. 金融期权

期权，又称选择权，是一种权利合约，给予其持有者在约定的时间内，或在此时间之前的任何交易时刻，按约定价格买进或卖出一定数量的某种资产的权利，分为看涨期权和看跌期权。在这份合约中，买卖双方的权利与义务并不平等，期权的买方是有权利而无义务（只需交纳期权费），而卖方则只有义务却无自由选择的权利。这与买卖双方到期时都必须履约是完全不同的。

期权的买方是有权利而无义务；
期权的卖方则有义务却无权利。

期权与其他衍生金融工具的主要区别在于，其他衍生金融工具的交易双方共同面临和承担几乎等量的风险；而期权交易的风险在买卖双方之间的分布却不对称，期权买方的损失是有限的，不会超过期权费，而获利的机会从理论上讲却是无限的；期权的卖方则正好相反。

期权这种衍生金融工具的最大魅力就在于可以使期权买方利用它来进行套期保值，并将风险锁定在一定的范围内，若价格发生有利变动，期权买方可以通过执行期权来保护收益；若价格发生不利变动，期权买方则可以通过放弃期权来避免损失。这样，通过金融期权交易，既可以避免价格不利变动造成的损失，又可以在相当程度上保住价格有利变动而带来的收益。所以，金融期权是一种有助于规避风险、获取收益的理想工具。

期权交易其实很早就已出现，但那时的期权交易都分散在各店头市场进行，交易品种单一，规模也十分有限。1973年4月26日世界上第一个期权集中交易所在美国芝加哥登场，成为一种与远期、期货交易截然不同的新兴的衍生金融产品。与此同时，在场外交易市场上，期权交易上的创新层出不穷，得到了前所未有的发展。

（资料来源：美国芝加哥期权交易所网站．http：//www．cboe．com/）

例 12.2　铜期货的看涨期权

1月1日，标的物是铜期货，它的期权执行价格为1850美元/吨。A买入这个权利，付出5美元；B卖出这个权利，收入5美元。2月1日，铜期货价上涨至1905美元/吨。

行使权利——A有权按1850美元/吨的价格从B手中买入铜期货；B在A提出这个行使期权的要求后，必须予以满足，即便B手中没有铜，也只能以1905美元/吨的市价在期货市场上买入而以1850美元/吨的执行价卖给A，而A可以1905美元/吨的市价在期货市场上抛出，获利50美元。B则损失50美元。

如果铜价下跌，即铜期货市价低于敲定价格1850美元/吨，A就会放弃这个权利，只损失5美元权利金，B则净赚5美元。

4．互换

互换也称为掉期，是交易双方依据预先约定的规则，在未来的一段时期内，互相交换一系列现金流量（本金、利息、价差等）的交易。交易双方通过签订互换协议来体现双方的权利，约束双方的义务。据此，互换其实可以看作是一系列远期合约的组合。根据基本产品的不同，互换可以分为利率互换、货币互换、股票互换和商品互换等。

小问号　　　互换与远期交易有什么区别和联系？

自1981年世界上第一份互换协议在世界银行的安排下签订以来，互换得到了迅速发展，已经成为国际金融市场的主要业务之一，构成了场外衍生金融品种的主要内容。互换之所以备受追捧、欢迎并得到广泛应用的原因，在于它作为一种创新的场外衍生金融工具，具有期限灵活、非标准化交易、管理简便等其他衍生金融工具不可比拟的优越性。

二、金融业务的创新

金融业务的创新是把创新的概念进一步引申到金融机构的业务经营管理领域，它是金融机构利用新思维、新组织方式和新技术，构造新型的融资模式，通过其经营过程，取得并实现其经营成果的活动。在金融业务的创新中，因为商业银行业务在整个金融业务中占据举足轻重的地位，所以，商业银行的业务创新构成了金融业务创新的核心内容。

（一）负债业务的创新

商业银行负债业务的创新主要发生在 20 世纪的 60 年代以后，主要表现在商业银行的存款业务上。

（1）商业银行存款业务的创新是对传统业务的改造、新型存款方式的创设与拓展上，其发展趋势表现在以下四方面：①存款工具功能的多样化，即存款工具由单一功能向多功能方向发展；②存款证券化，即改变存款过去那种固定的债权债务形式，取而代之的是可以在二级市场上流通转让的有价证券形式；③存款业务操作电算化，如开户、存取款、计息、转账等业务均由计算机操作；④存款结构发生变化，即活期存款比重下降，定期及储蓄存款比重上升。

（2）商业银行借入款的范围、用途扩大化。过去，商业银行的借入款项一般是用于临时、短期的资金调剂，而现在却日益成为弥补商业银行资产流动性、提高收益、降低风险的重要工具，筹资范围也从国内市场扩大到全球市场。

（二）资产业务的创新

商业银行资产业务的创新主要表现在贷款业务上，具体表现在以下三个方面：

（1）贷款结构的变化。长期贷款业务、尤其是消费贷款业务，一直被商业银行认为是不宜开展的业务。但是，在 20 世纪 80 年代以后，商业银行不断扩展长期贷款业务，在期限上、投向上都有了极大地改变。以美国商业银行为例，以不动产贷款为主的长期贷款已经占到商业银行资产总额的 30% 以上；在消费贷款领域，各个阶层的消费者在购买住宅、汽车、大型家电、留学、修缮房屋等方面，都可以向商业银行申请一次性偿还或分期偿还的消费贷款。消费信贷方式已经成为不少商业银行的主要资产项目。

（2）贷款证券化。贷款证券化作为商业银行贷款业务与国债、证券市场紧密结合的产物，是商业银行贷款业务创新的一个重要表现，它极大地增强了商业银行资产的流动性和变现能力。

（3）与市场利率联系密切的贷款形式不断出现。在实际业务操作过程中，商业银行贷款利率与市场利率紧密联系、并随之变动的贷款形式，有助于商业银行转移其资产因市场利率大幅度波动所引起的价格风险，是商业银行贷款业务的一项重要创新。具体形式有：浮动利率贷款、可变利率抵押贷款、可调整抵押贷款等。这些贷款种类的出现，使贷款形式更加灵活，利率更能适应市场变化。

（三）中间业务的创新

商业银行中间业务的创新，彻底改变了商业银行传统的业务结构，极大地增强了商业银行的竞争力，为商业银行的发展找到了巨大的、新的利润增长点，对商业银行的发展产生了极大的影响。

商业银行中间业务创新的具体表现在：首先是中间业务领域极度扩张，使商业银行为客户提供的金融服务日益丰富；其次是中间业务的收入占银行业务总收入的比重不断增大，使商业银行的竞争从价格的竞争转向服务质量的竞争；第三是现代企业需要商业银行提供信托、租赁、代理融通、现金管理、信息咨询等多种中间业务，从而使银企关系加强，商业银行"万能"的地位得以巩固；第四是中间业务创新的主题是电子计算机的广泛应用，随着商业银行中间业务的自动化、服务综合化的发展，商业银行业务电子化的进程不断加快。

[阅读资料 12.4]　商业银行中间业务创新的主要内容

（1）现金管理业务创新。现金管理业务的创新是由于商业银行通过电子计算机的应用，为客户处理现金管理业务，其内容不仅限于协助客户减少闲置资金余额并进行短期投资；还包括为企业（客户）提供电子转账服务、有关账户信息服务、决策支援服务等多项内容。该业务既可以增加商业银行的手续费收入，还可以密切银企关系，有利于吸引更多的客户。

（2）信息咨询业务创新。商业银行之所以可以在信息咨询方面进行创新是因为现代社会已经成为信息社会，而金融业也成为依靠信息及其技术从事业务经营的部门。同时，社会各经济部门对金融信息的依赖程度正日益加深，金融信息的生产日益现代化、市场化，这一切均极大地推动了商业银行信息咨询业的创新与发展。例如，客户咨询数据库，以及由权威专家组成的信息资源分析系统等，为社会、客户提供各种准确、及时、权威且有偿的信息服务。

（3）自动化服务的创新。商业银行自动化服务的创新，也是由于电子计算机的广泛应用引起的。电子化、自动化的全方位、全天候的金融服务，使商业银行业务发生了巨大的变革，主要包括银行卡业务、自助银行、网络银行、手机银行、自动柜员机、售货点终端机、居家银行服务等，得到了广泛地应用，其发展势头方兴未艾。

［资料来源：建设银行北京朝阳支行课题组. 中国投资学会获奖科研课题评奖会论文集（2004～2005 年度）］

三、金融市场的创新

金融市场的创新主要是指欧洲货币市场的诞生与发展。欧洲货币市场，就是经营欧洲美元和欧洲一些主要国家境外货币交易的国际资金借贷市场。这里所谓的"欧洲"一词，实际上是"非国内的"、"境外的"、"离岸的"意思。

？小问号　　　"欧洲"货币市场是不是指在欧洲的货币市场？

[阅读资料 12.5]　　　欧洲美元与欧洲货币

欧洲美元，是指存放在美国境外各银行（主要是欧洲银行和美国、日本等银行在欧洲的分行）内的美元存款，或者从这些银行借到的美元贷款。这与美国国内流通的美元是同一货币，具有同等价值，两者的区别只是在于账务上的处理不同。例如，一家公司在欧洲的一家银行存进一笔美元，实际上只是把它原来存在美国银行的一笔美元转存到这家欧洲银行的账户上。

所谓欧洲其他货币，有欧洲英镑、欧洲德国马克、欧洲法国法郎、欧洲瑞士法郎、欧洲荷兰盾等。它们的性质也与欧洲美元的性质相同，都是指在本国境外的该国货币资金。比如，日本银行存放在法国银行的英镑存款或德国银行对瑞士公司提供的英镑贷款，就叫做欧洲英镑。

20 世纪 50 年代末，伦敦开始系统经营美元借贷业务，形成了欧洲美元市场，但早期规模不大。进入 60 年代，这个市场不断扩大，成为国际金融市场的核心和主体。

20 世纪 60 年代美国巨额国际收支逆差是欧洲美元迅速增长的根本原因。1958 年后，美国的国际收支出现赤字，并且规模越来越大，美元资金大量流出国外，为欧洲美元市场提供了大量的资金，为了防止国际收支的进一步恶化，美国采取了限制资本流出的措施，迫使美国境外居民的美元借贷业务转移到欧洲美元市场上来，美国银行也相应在欧洲开设了许多分支机构。

（资料来源：吴念鲁．1981．欧洲美元与欧洲货币市场．北京：中国财政经济出版社）

欧洲货币市场主要是银行间批发市场，大多数短期资金的借贷在银行间进行，并且每笔交易的成交额巨大，少则几千万美元，多则数亿甚至数十亿美元。欧洲货币市场作为一个创新市场，它与传统的国际金融市场相比，具有许多不同的特点。

（1）摆脱了任何国家政府法规税制的管制约束。传统的国际金融市场，必须受市场所在国法规和税制的管制，而欧洲货币市场则不受任何国家法规和税制的管辖。

（2）突破国际贸易与国际金融汇集地的限制。传统的国际金融市场，通常是国际贸易与国际金融的汇集地，云集众多的跨国公司和跨国银行。欧洲货币市场则突破了这一限制，只要某个地方管制放松、税收优惠或地理位置优越，能够吸引投资者和筹资者，即可以成为一个离岸的金融中心。20 世纪 70 年代以后迅速发展的开曼、巴哈马等国际金融中心都体现了这一特征。

（3）完全由非居民交易形成的借贷关系。传统的国际金融市场主要是居民与非居民的借贷关系，欧洲货币市场的借贷关系，则是外国投资者和外国筹资者的关系，也即非居民和非居民的借贷关系。这是欧洲货币市场区别于传统国际金融市场的一个根本特征。

（4）具有独特的利率体系。与传统的国际金融市场相比，欧洲货币市场形成了独特的利率体系，一方面其存款利率略高于国内金融市场，另一方面放款利率略低于国内金融市场。欧洲货币市场的这一特点对资金存款人和借款人都具有吸引力。

四、金融机构的创新

随着金融创新向纵深方向发展，从事金融活动的机构除了银行、保险公司、证券公司、信托投资公司、金融租赁公司等传统机构之外，金融控股公司、对冲基金、风险投资机构等新型金融机构不断涌现。它们或者规模巨大，或者体制灵活，或者专注于特殊领域，以其自身优势反过来推动金融创新的进一步发展。

（一）金融控股公司

巴塞尔银行监督委员会、国际证券联合会、国际保险监管协会三大国际监管组织于1999年发布了《对金融控股集团的监管原则》。根据该"原则"定义，金融控股公司是指在同一控制权下，完全或主要在银行业、证券业、保险业中至少两个不同的金融行业提供服务的金融集团。

作为多元化经营的金融企业集团，金融控股公司具有如下特点：

第一，存在一个控股公司作为集团的母体，集团控股，联合经营。控股公司既可能是一个单纯的投资机构，也可能是以一项金融业务为载体的经营机构，前者如金融控股公司，后者如银行控股公司、保险控股公司等。

第二，不同金融业务分别由不同法人经营，法人分业，规避风险，可防止不同金融业务风险的相互传递，并对内部交易起到遏制作用。

第三，根据国际通行的会计准则，控股公司对控股51%以上的子公司，在会计核算时合并财务报表，各负盈亏。合并报表的意义是防止各子公司资本金以及财务损益的重复计算，避免过高的财务杠杆。另一方面，在控股公司构架下，各子公司具有独立的法人地位，控股公司对子公司的责任、子公司相互之间的责任，仅限于出资额，而不是由控股公司统负盈亏，这就防止了个别高风险子公司拖垮整个集团。

金融控股模式具有比较明显的优势，主要体现在：

首先，金融控股公司通过收购、兼并不同种类的金融机构，使得金融控股公司本身具有巨大的协同效应的优势。金融控股公司在制定企业发展战略时，可以将不同地区、不同金融品种之间的优势加以组合利用。

其次，控股公司模式有利于业务发展。在控股公司下，银行、证券、保险等子公司独立运作，业务发展空间更大、自由度更高，有利于各子公司在各自领域更充分地发展业务；在控股公司模式下，各种业务和产品间的交叉销售更加市场化，透明度高，关联交易的处理也更加规范明确，有利于更好地实现业务和产品的交叉销售。

第三，控股公司模式有利于降低风险，包括内部管理风险和外部市场风险，有助于提高整体风险承受能力。

第四，控股公司模式有利于资本运作。从募集资金用途来看，控股公司在资金调配上拥有更大的灵活性。例如，当银行因资本金过剩要降低资本金水平时，需要得到有关监管当局的认可，这一过程可能会耗时较长，而控股公司则没有上述限制，有利于提高资本金的使用效率。

[阅读资料 12.6]　　　　花 旗 集 团

花旗集团（Citigroup）是当今世界资产规模最大、利润最多、全球连锁性最高、业务门类最齐全的金融服务集团。它是由花旗公司与旅行者集团于 1998 年合并而成，成为美国第一家集商业银行、投资银行、保险、共同基金、证券交易等诸多金融服务业务于一身的金融集团。合并后的花旗集团总资产达 7000 亿美元，净收入为 500 亿美元，在 100 多个国家有 2 亿客户，拥有 6000 万张信用卡的消费客户，从而成为世界上规模最大的全能金融集团之一（图 12.2）。

图 12.2　花旗集团

花旗集团作为全球卓越的金融服务公司，在全球一百多个国家约为 2 亿客户服务，包括个人、机构、企业和政府部门，提供广泛的金融产品服务，从消费银行服务及信贷、企业和投资银行服务、以至经纪、保险和资产管理，非任何其他金融机构可以比拟。现汇集在花旗集团下的主要有花旗银行、旅行者人寿和养老保险、美邦、Citi-financial、Banamex 和 Primerica。

（资料来源：花旗集团网站·www.citigroup.com/citi/homepage/）

（二）对冲基金

对冲基金（Hedge Fund，也称避险基金或套利基金）起源于 20 世纪 50 年代初的美国。当时的操作宗旨在于利用期货、期权等金融衍生产品以及对相关联的不同股票进行空买空卖、风险对冲的操作技巧，在一定程度上可规避和化解投资风险。经过几十年的演变，对冲基金已失去其初始的风险对冲的内涵，已成为一种新的投资模式的代名词。即基于最新的投资理论和极其复杂的金融市场操作技巧，充分利用各种金融衍生产品的杠杆效用，承担高风险，追求高收益的投资模式。

1949 年世界上诞生了第一个有限合作制的琼斯对冲基金。到 20 世纪 80 年代，随着金融自由化的发展，对冲基金进入了快速发展的阶段。20 世纪 90 年代，世界通货膨胀的威胁逐渐减少，同时金融工具日趋成熟和多样化，对冲基金进入了蓬勃发展的阶段。

据英国《经济学人》的统计，从 1990 年到 2000 年，3000 多个新的对冲基金在美国和英国出现。2002 年后，对冲基金的收益率有所下降，但对冲基金的规模依然不小，据英国《金融时报》2005 年 10 月 22 日报道，截至目前为止，全球对冲基金总资产额已经达到 1.1 万亿美元。

对冲基金的组织结构一般是合伙人制。基金投资者以资金入伙，提供大部分资金但不参与投资活动；基金管理者以资金和技能入伙，负责基金的投资决策。由于对冲基金在操作上要求高度的隐蔽性和灵活性，因而在美国对冲基金的合伙人一般控制在 100 人以下，而每个合伙人的出资额在 100 万美元以上。由于对冲基金多为私募性质，从而规避了美国法律对公募基金信息披露的严格要求。

小贴士　　在许多人眼里，对冲基金的代名词，却常常披着神秘的面纱。

对冲基金与面向普通投资者的证券投资基金不但在基金投资者、资金募集方式、信息披露要求和受监管程度上存在很大差别，在投资活动的公平性和灵活性方面也存在很多差别。证券投资基金一般在投资工具的选择和比例上有确定的方案，同时，共同基金不得利用信贷资金进行投资，而对冲基金则完全没有这些方面的限制和界定，可利用一切可操作的金融工具和组合，最大限度地使用信贷资金，以牟取高于市场平均利润的超额回报。

[阅读资料 12.7]　　索罗斯与量子基金

1969 年量子基金的前身双鹰基金由乔治·索罗斯创立，注册资本为 400 万美元。1973 年该基金改名为索罗斯基金，资本额跃升到 1200 万美元。索罗斯基金旗下有五个风格各异的对冲基金，而量子基金是最大的一个。1979 年索罗斯再次把旗下的公司改名，正式命名为量子公司。之所以取量子这个词语是源于海森堡的量子力学测不准原理，此定律与索罗斯的金融市场观相吻合。测不准定律认为：在量子力学中，要准确描述原子的运动是不可能的，而索罗斯认为：市场总是处在不确定和不停的波动状态，但通过明显的贴现，与不可预料因素下赌，赚钱是可能的。

量子基金的总部设立在纽约，但其出资人皆为非美国国籍的境外投资者，其目的是为了避开美国证券交易委员会的监管。量子基金投资于商品、外汇、股票和债券，并大量运用金融衍生产品和杠杆融资，从事全方位的国际性金融操作。凭借索罗斯出色的分析能力和胆识，量子基金在世界金融市场中逐渐成长壮大。由于索罗斯多次准确地预见到某个行业和公司的非同寻常的成长潜力，从而在这些股票的上升过程中获得超额收益。即使是在市场下滑的熊市中，索罗斯也以其精湛的卖空技巧而大赚其钱。至 1997 年末，量子基金已增值为资产总值近 60 亿美元。在 1969 年注入量子基金的 1 美元在 1996 年底已增值至 3 万美元，即增长了 3 万倍。

（资料来源：鹿荷.2005.淘金之术：索罗斯谈金融.上海：上海远东出版社）

（三）风险投资机构

风险投资是指由职业金融家将风险资本投向新兴的迅速成长的有巨大竞争潜力的未上市公司（主要是高科技公司），在承担很大风险的基础上为融资人提供长期股权资本和增值服务，培育企业快速成长，数年后通过上市、并购或其他股权转让方式撤出投资并取得高额投资回报的一种投资方式。

风险投资机构是风险投资最直接的参与者和实际操作者，同时也最直接地承受风险、分享收益。在风险投资这种特殊的金融方式下，资金从投资者流入风险投资机构，通过风险投资机构流入风险企业。这时，风险投资创造了决定其成败的两个结合：风险资本与增长机会（通常是高科技企业）相结合，风险投资家和风险企业家相结合。资本和机会的结合是外部结合，而风险投资家与风险企业家的结合是内部结合，是风险投资成败的关键。风险投资要达到预期收益，这两个结合缺一不可。

风险投资体系主要由四类主体构成：投资者、风险投资机构、中介服务机构和风险企业。风险投资体系中最核心的机构是风险投资机构，即风险投资公司或风险投资基金，它们是连接资金来源与资金运用的金融中介，是风险投资最直接的参与者和实际操作者，同时也最直接地承受风险、分享收益。它们与其他金融机构的区别在于其特有的运行机制。

风险投资在实际运作中是一个融资与投资相结合的过程。风险投资的典型特征是首先要筹集一笔资金，而这笔资金是以权益资本的形式存在的；然后以所筹资金购买刚刚经营或已经经营的企业资产。风险投资利润主要来自资产买卖的差价。整个风险投资过程是由融资和投资两个方面构成的，而融资又占据了举足轻重的地位。

发达国家或地区的风险投资资金来源主要为公共的和私人的养老基金、捐赠基金、银行持股公司、富有的家庭和个人、保险公司、投资银行、非银行金融机构或公司、外国投资者等。

随着经济全球化的逐渐发展，风险投资的运作已经超越了国家的界限，逐步进入了国际融合的时代。目前世界各国风险投资业的双边和多边合作已经成为一股潮流。

[阅读资料 12.8]　　　软 银 集 团

软银集团于 1981 年由孙正义先生在日本创立并于 1994 年在日本上市。它主要致力于 IT 产业的投资包括网络和电信。软银在全球投资过的公司已超过 600 家，在全球主要的 300 多家 IT 公司拥有多数股份。已投资的公司有 Yahoo、Etrade 等。软银在 2003 年的总收入超过 4000 亿日元。

（资料来源：软银资本网站.www.softbank.com）

五、金融制度的创新

金融制度是金融体系中的一个非常重要的方面。在一系列的金融创新与金融自由化的过程中，金融制度的变化是不可避免的。在制度变革的基础上，金融自由化又会在一个更新层面上展开，进而推动金融创新的深入发展。

所谓金融制度的创新是指金融体系与结构的大量新变化，主要表现在以下三个方面。

1. 分业管理制度的改变

长期以来，在世界各国的银行体系中，历来有两种不同的银行制度，即以德国为代表的"全能银行制"和以美国为代表的"分业银行制"（图 12.3）。二者主要是在商业银行业务与投资银行业务的合并与分离问题上的区别。但自 20 世纪 80 年代以来，随着金融自由化浪潮的不断升级，这一相互之间不越雷池一步的管理制度已经发生改变，美国于 1999 年底废除了对银行业经营严格限制 60 多年的《斯蒂格尔法案》，允许商业银行合业经营。

从目前来看，世界上大多数国家的商业银行上述两个传统特征和分业界限已逐渐消失，商业银行的经营范围正不断扩大，世界上的著名大银行实际上已经成为"百货公司"式的全能银行。

图 12.3 德国商业银行大楼

小贴士 从其发展动向看，商业银行经营全能化、综合化已经成为一种必然的趋势。

2. 对商业银行与非银行金融机构实施不同管理制度的改变

由于商业银行具有信用创造的特殊功能，因此，世界上的大多数国家都对商业银行实行了比非银行金融机构更为严格的管理制度，如对其市场准入的限制、存款最高利率的限制、不同存款准备金率的差别限制、活期存款不得支付利息的限制等。非银行金融机构正是看准了这一制度上的薄弱之处，进行了大胆创新与发展，使非银行金融机构的种类、规模、数量、业务范围与形式等都得到了迅速发展，使商业银行在新的市场竞争中处于明显的弱势。鉴于经济环境、市场条件所发生的巨大变化，各国政府都先后缩小了对两类金融机构在管理上的差别，使商业银行与非银行金融机构在市场竞争中的地位趋于平等。

小问号 你能说出非银行金融机构有哪些吗？

3. 金融市场准入制度趋向国民待遇，促使国际金融市场和跨国银行大发展

在 20 世纪 80 年代以前，许多国家均采取了对非国民进入本国金融市场以及本国国民进入外国金融市场以种种限制的各种措施，尤以日本为最，在金融自由化浪潮的冲击下，这些限制正逐渐取消。

经济一体化和金融全球化的发展，为跨国银行的出现以及国际金融中心的建立创造了条件。各国大银行争相在国际金融中心设立分支机构，同时在业务经营上加快电子化、专业化和全能化的步伐。由于金融创新，使各国之间的经济、金融联系更加紧密，经营的风险也在加大，从而使全球金融监管出现自由化、国际化倾向，各国政府在对国际金融中心、跨国银行的监管问题上更加注重国际间的协调与合作。

六、金融服务的创新

20 世纪后半叶是金融创新业务飞速发展的时期，与金融控股公司相关的金融创新业务主要内容包括"金融超市"或"一站式金融服务"以及网络金融服务。

（一）金融超市

所谓金融超市，是指银行将其经营的各种产品和服务进行有机整合，并通过与保险、证券、评估、抵押登记、公证等多种社会机构和部门协作，向个人客户提供的一种涵盖众多金融产品与增值服务的一体化经营方式。

金融超市的发展主要表现在业务上的全能化。银行、保险与证券等各类金融业务将逐渐融入一体。银行开始涉足资本市场或金融衍生品市场，大量非银行金融产品及其衍生品已成为当今银行的主产品。从收益上看，传统业务给银行带来的收益已不足 40%（图 12.4）。

"金融超市"在发达国家已不罕见，在许多国家和地区，是没有"银行储蓄所"

图 12.4　中国农业银行金融超市

这个概念的。散布在街头的金融网点，可承接几乎所有的常规金融业务。当国外的消费者进入多功能的"金融超市"后，就如同进入一个超级商场。从信用卡、外汇、汽车、房屋贷款到保险、债券甚至纳税等各种金融需求都可以得到满足。

在美国，老百姓只要到商业银行就可以购买开放式证券投资基金，股市行情、汇市行情在银行里也能见到，如果要进行交易，所有的结算在这里都可以一次性办妥。据统计，在美国，消费信贷占银行贷款总额比例达 20％。在日本，很多银行都为消费者提供集银行、寿险、其他代理服务为一体的交叉业务的一站式金融服务。全球有名的花旗银行、香港的汇丰银行，其金融超市已成为银行收入的主业务。

[阅读资料 12.9] 21 世纪金融消费的十大新趋势

美国花旗银行在 1999 年公布的一份《消费金融白皮书》中，归纳出了 21 世纪金融消费的十大新趋势，也从另一个侧面反映出了世界金融服务创新"金融超市"或"一站式金融服务"的趋势。

全年无休：这意味着，24 小时理财中心，全天候服务将盛行。

自助式服务：随着广大消费者对科技手段日趋熟悉，自动柜员机，快速存款机取款机，无人银行，自动化服务区也将越来越多地出现。

理财不出门：跨越时空限制的银行业务将日益盛行，电话银行、电子银行等运用电信网络连线作业，免去往返银行之苦。

跨越国界的金融产品：随着全球一体化进程，提供跨国界洲际的种种金融服务，将日益普遍，如各种国际卡。

多功能金融产品：智能型综合金融产品逐渐成为市场主流，如房屋贷款综合保险和综合性房贷等。

无实体金融产品：废除存折改用对帐单，签名取代印章认定方式，电脑开户取代旧有的表格开户，金融卡取代提款单，无存单定期存款和电话理财密码进入个人帐户等，让消费者不用担心遗失，免去保管之烦，且可以简化交易程序。

百货化金融产品：消费者如同到百货公司一样，一次满足储蓄、借贷、投资、保险、消费等不同理财需求。

个人家庭银行：银行将提供根据差异性需求设计的各种金融服务，根据每一个家庭财务状况，提供最适当的理财建议。

全方位的金融服务：即全程式服务，服务不换手和一窗口服务。

无现金社会：电子货币将成为未来最重要的支付工具，如信用卡、转帐卡、电子金融卡以及附加各种公益、保险、国际通用功能的认同卡等。

（资料来源：美国花旗银行.1999.消费金融白皮书）

（二）网络金融服务

网络金融又称电子金融（e-finance），是指在国际互联网上实现的金融活动，它不同于传统的以物理形态存在的金融活动，是存在于电子空间中的金融活动，其存在形态是虚拟化的、运行方式是网络化的，包括网络金融机构、网络金融交易、网络金融市场和网络金融监管等方面。

网络金融与传统金融的最显著区别在于其技术基础的不同，而计算机网络给金融业带来的不仅仅是技术的改进和发展，更重要的是运行方式和服务理念的变化。网络的出现改变了传统的金融运行模式，网络时代金融活动的特点在于其虚拟性、直接性和风险性。

1. 虚拟性

网络时代的金融机构通常表现为没有建筑物，没有地址而只有网址，营业厅就是首页画面，所有交易都通过因特网进行，没有现实的纸币乃至金属货币，一切金融往来都是以数字化在网络上得以进行，这能在很大程度上降低金融机构的运作成本，同时也使地理位置的重要性降低，提高金融服务的速度与质量（图12.5）。

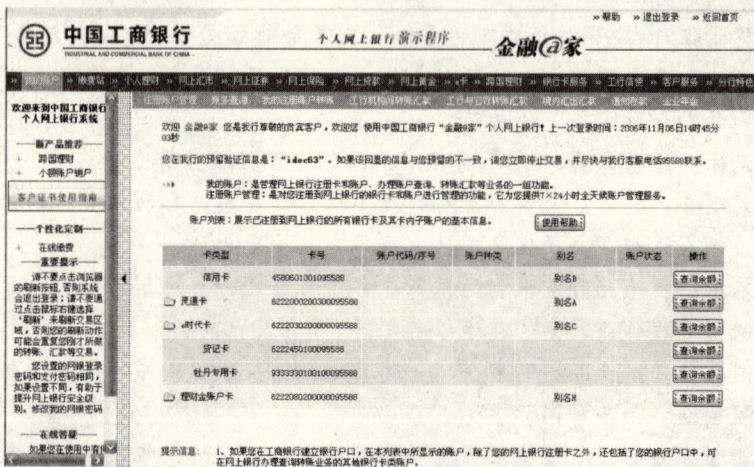

图 12.5　工商银行个人网上银行的主页面

例 12.3　网络金融与传统金融成本比较

网络时代的金融电子化，能充分利用先进的现代化技术与设备，提高金融活动的效率。新技术与金融业务相结合可以大大降低融资成本，据美国有关部门测算：同样一笔交易通过银行柜台交易成本为 1.02 美元，通过电话交易成本为 54 美分，文传成本为 26 美分，而通过互联网只需 13 美分。可见，网络在金融业务中的应用可以提高金融机构的竞争能力。

算一算，网络金融的成本是传统金融成本的百分之多少？

2. 直接性

网络使得客户与金融机构的相互作用更为直接，它解除了传统条件下双方活动的时间、空间制约。另外，网络为资本的国际流动创造了前所未有的条件，储蓄和投资划拨会变得更有效。

3. 风险性

电子货币和数字市场的日益重要性给中央政府对经济和经济活动参与者的控制带来了难题。它们还会使国家市场和民族国家周围的边界变得越来越容易渗透。由于投资者能把自己的有价证券更广泛地分散到各地，风险也随之多样化，使得化解金融风险的难度更大。另外，在网络经济中，舞弊和犯罪活动将变得更加隐蔽。

第二节　金融创新的动因

❖ **学习目标** ❖

金融创新的动因比较复杂，本节首先介绍金融创新的含义和背景，再分析金融创新的直接动因，包括金融管制的放松、市场竞争的加剧、科学技术的进步等方面。

一、金融创新的含义

金融创新（financial innovation）就是在金融领域内各种要素实行新的组合。具体地讲，就是指金融机构和金融管理当局出于对微观和宏观利益的考虑而对金融工具、金融业务、金融主体、金融制度、金融市场以及金融服务等方面所进行的创新性的变革和开发活动。

对于金融创新可以从以下这样几个方面理解：首先，金融创新的根本目的分为微观和宏观两个层次。从微观方面讲，金融机构金融创新是为了获得更高的盈利；从宏观方面看，金融创新为了提高金融业的整体效率。其次，金融创新的主体是金融机构和金融管理当局。第三，金融创新的表现形式多种多样，包括新型金融机构的设置，金融业务的推陈出新，各类金融工具的层出不穷，金融制度的演化变革和金融市场的不断拓展。

小贴士　从根本上讲，金融创新的本质是金融要素的重新组合。

金融创新的标志性事件是 1961 年美国花旗银行首次推出的大额可转让定期存单（CD），此后，即 20 世纪 70 年代，西方发达国家在放松金融管制之后而引发了一系列金融业务的创新。放松金融管制的措施包括放宽设立银行的条件、放松或取消利率管制、放松对商业银行的资产负债管理、允许银行和非银行机构实行业务交叉等，这种制度上和观念上的创新直接导致了国际金融市场不断向深度和广度发展，也使高收益的流动性金融资产得以产生。同时，放松金融管制还增强了金融中介机构之间的竞争，使其负债对利率的弹性大大提高，负债管理的创新理论也由此而产生。

二、金融创新的背景

金融创新的发生和发展轨迹与特定历史时期的经济发展背景密切相关。第二次世界大战以来，世界经济形势和格局发生了巨大的变化，经济高速增长，高新技术日新月异，所有这一切正日益深刻地影响和改变着公众的生存方式和经济行为；同时，金融业发展的制度环境也已经发生了很大地变化，正是这些因素促成了国际金融领域创新浪潮的涌起。

从当代经济发展史看，对近三四十年来的金融创新有较大影响的经济事件主要有欧洲货币市场的兴起、国际货币体系的转变、国际债务危机等。

（1）欧洲货币市场的兴起。该货币市场的发展与三个因素有关：一是由于东、西方冷战使前苏联和东欧国家持有的货币存入欧洲国家银行；二是由于1957年英国政府加强外汇管制，促使英国银行转向美元进行融资，美元在欧洲可以自由兑换；三是自1958年起，美国的国际收支逆差增大，致使许多国家将获得的剩余美元投向欧洲货币市场。

在这种情况下，美国政府为了限制资本外流，遂采取了一系列措施，如课税、利率调整或贷款限制等。这些措施的出台又迫使美国商业银行在国内的信贷业务受阻，只得向国外市场寻求发展，形成了美国资金的大量外流，促使了欧洲货币市场业务的兴盛。

（2）国际货币体系的转变。从1944年到20世纪70年代初，国际货币体系由相对稳定的"双挂钩"制，转变到不太稳定的、极易引发贬值、投机甚至传播通货膨胀的"浮动汇率制"，给各国和世界经济带来较大的风险，这当然也会使金融机构的经营面临的市场风险加大，所以，国际货币体系的转变是促进金融创新的一个不容忽视的环境因素。

（3）国际债务危机。20世纪70年代以来，许多发展中国家为了加速本国经济的发展，对国际金融市场上的资金需求极为旺盛。但是由于一些发展中国家缺乏对债务结构、债务规模的宏观管理与控制的经验，不顾自身偿债能力而盲目借入超过自身承受能力的外债，其结果必然是产生严重的债务问题。至1983年底，发展中国家的债务总额已高达8000亿美元。

国际商业银行面对这场严重的债务危机，纷纷缩小融资规模、改革融资方式，从而导致了一大批新的融资工具和融资方式的诞生，如：债权转股权、购回旧债发行有抵押的新债等，使债务危机得到了很大程度的缓解。

三、金融创新的直接动因

通过以上国际经济条件变化的背景分析，可以看出，经济生活对金融创新有着巨大的需求。但是，金融业作为一个特殊的行业，其各种创新的出现和广泛传播，还有一些复杂的原因和条件，正是这些因素构成了金融创新的直接动因。

1. 金融管制的放松

20世纪30年代，随着西方国家经济大危机的爆发，各国为了维护金融体系的稳定，相继通过了一系列管制性的金融法令。但是在盈利目标的驱使下，金融机构通过创新来规避管制，寻求管制以外的获利空间。此时，政府发现，如果政府对金融机构的创新行为严加管制，则会使金融机构创新的空间依然狭窄，不利于经济的发展；但如果采取默认的态度，任其打政策、法律的"擦边球"，又有纵容其违法、违规之嫌。所以，从 20 世纪 80 年代起，各国政府为了适应宏观市场的经济发展，以及微观金融主体的创新之需，逐步放宽了对金融机构的管制，才使得金融创新掀起了一股浪潮，成为推动国际金融业快速发展的内在动力。

2. 市场竞争的加剧

随着经济金融国际化的趋势日益显著，金融机构的种类、数量急剧增加，金融资本高度集中，金融机构之间的竞争也日趋尖锐，而且面临的风险更大，特别是当经济遇到危机时，市场经济优胜劣汰的本能机制，在金融领域里演绎得更加充分，金融机构倒闭、合并、重组的事件屡见不鲜。所以，为了在竞争中求生存、谋发展，在市场上立于不败之地，金融机构就需要不断地改革与创新。

竞争的焦点之一就是对利润的追逐。利润水平的高低，是衡量金融企业实力的重要标志之一，也是进一步开辟市场、发展业务的重要物质条件。发展金融业务，扩大资产负债规模的最终目的就在于追求利润的最大化。但是，在市场经济的大环境下，如何在法律许可的范围内进行改革、创新，以获取更大收益，就成为金融企业内在的强大动力。

3. 科学技术的进步

20 世纪 70 年代以来，一场以计算机等为根本特征的新技术革命席卷世界。20世纪 90 年代以后，以网络为核心的信息技术飞速发展，信息产业成为最新兴的产业。这些高新技术也被广泛应用到金融机构的业务处理过程之中，为金融创新提供了技术上的支持，成为技术型金融创新的原动力，促进了金融业的电子化发展。

[阅读资料 12.10]　　金融创新理论

西方经济学家对金融创新现象进行了大量的理论研究，研究金融创新理论主要与导致金融创新的原因分析有关。对于金融创新原因的不同认识，产生了金融创新理论的不同流派。

1. "技术推进"论

这一理论认为，促成金融创新的主要原因，在于新技术的出现及其在金融业的应用。特别是现代先进的电子计算机技术和电信设备在金融业的应用，是促成金融创新的重大因素。

20 世纪 70 年代以来，电信、信息处理和计算机方面取得的技术进步，尤其是电脑网络在国际金融市场上的广泛使用，使得为在结构上更为复杂的新型金融工具的设计提供了可能性，大大降低的成本和扩大的电信范围也为从事金融衍生商品的交易提供了便捷的条件。

2. "货币促成"论

这一理论的代表是现代货币学派的弗里德曼。该理论认为，促成金融创新的主要原因，是货币方面因素的变化。20 世纪 70 年代的世界性通货膨胀问题，以及汇率、利率的剧烈波动，是出现金融创新的重要因素。他们认为，金融创新是金融当局为抵制通货膨胀以及金融机构为防范利率和汇率波动所带来的风险而进行的制度变革、以及金融业务和金融工具的创新。

3. "财富增长" 论

这一理论认为财富增长是决定金融创新的主要因素：科技进步引起财富增长，而财富增长加强了人们避免风险的愿望，从而促使金融业发展和金融资产数量及种类增加，于是便产生了金融创新。

4. "约束诱导" 论

这一理论由美国的经济学家 W·西尔伯于 1983 年提出，他认为金融创新的根本原因是金融业回避或摆脱内部或外部的制约。内部制约是指与传统金融业务，主要是传统银行业务相关的自律性管理指标，如流动性比率指标、资本适宜度指标等；外部制约是指金融监管当局的管制。

5. "制度改革" 论

这一理论认为，金融创新是一种与经济制度相互影响、互为因果的制度改革，即：政府管制和干预——阻碍了金融活动——产生创新行为——影响货币当局的政策实施效果——政府采取相应的制度创新措施。

6. "交易成本" 论

著名经济学家希克斯与尼汉斯是这一理论的代表人物。他们认为，降低交易成本是金融创新的首要动机，并且，交易成本是否被降低，也决定了金融业务的创新和金融工具的创新是否具有实际价值。

7. "规避管制" 论

这一理论认为，金融创新是金融机构为了获取更高利润而回避金融监管当局的管制所引起的。在金融机构看来，任何形式的政府管制或控制，都相当于一种隐含的税……响金融机构获得更大利润。因此，金融机构就通过一系列创新活动来规避金……；而这种创新危及金融的稳定及货币政策的实施效果时，金融当局就会加强管制；而加强管制又会导致新的创新，从而形成相互推动的循环往复的过程。

（资料来源：任有泉.2007.金融创新理论研究.北京：中国时代经济出版社）

第三节　金融创新的影响

❖ **学习目标** ❖

金融创新的影响十分深远，本节主要阐述金融创新的各种影响。通过教学，学生能分析判断金融创新对金融市场、金融机构、金融制度以及金融发展等多方面的影响。

一、金融创新的积极影响

（一）金融创新与金融市场

金融创新对金融市场的影响可以归纳为以下三个方面。

第一，金融创新提高了金融市场的深度与广度。金融工具创新丰富了金融市场的交易品种，使金融市场容纳的金融资产种类不断增加。

第二，金融创新是推动国际金融市场融资证券化的基本动力。融资方式的证券化是 20 世纪 80 年代以来国际金融市场运行中的一个重要特点。金融创新对证券化起到了推波助澜的作用。

第三，金融创新促进了金融市场的一体化。金融创新加速了国际资本流动；金融衍生工具的套利套汇活动涉及不同市场和多种货币，促进了金融市场一体化；有些创新金融工具或衍生性工具的交易，本身就要以多个金融市场做依托。比如，货币互换和利率互换涉及多种货币和多种利率，自然涉及多个金融市场。

（二）金融创新与金融机构

金融创新对金融机构的影响主要体现在以下三个方面。

第一，金融创新提高了金融机构的盈利能力。新的金融工具不断涌现，具有使用方便、成本低和效率高等多方面的优势，不仅满足了各种类型的金融客户对金融产品和金融服务的多样化需求，而且大大增加了金融机构的业务种类，拓宽了金融机构的经营活动范围和发展空间，增加了金融机构的业务经营收入。

第二，金融创新提高了金融机构的竞争能力。为了在激烈的金融竞争中占据有利位置，金融机构革新经营理念，改善经营管理，提高员工素质，切实以优质、高效的金融服务吸引客户。金融创新对金融竞争的强化，既提高了金融机构的整体运作效率，使客户可以享受到快捷、便利的金融服务，同时又进一步促进了金融创新。金融创新与金融竞争这种相辅相成的互动逻辑关系表明：金融创新是强化金融竞争的外在压力，而金融竞争又是推动金融创新的内在动力。

小贴士 创新—竞争—再创新的过程，使金融机构的竞争能力不断增强，金融创新不断向更高的层次和阶段发展。

第三，金融创新增强了金融机构抵御经营风险的能力。金融创新对金融机构的这种影响，主要是通过金融机构对具有风险转移功能的金融工具的运用体现出来的。期权、互换、远期利率协议等金融衍生产品则为金融机构提供了有效的风险管理手段，使金融机构可以根据对市场的预期及风险的偏好程度，选择适合自己的衍生产品，从而使风险转移给与自己签订交易合约的另一方当事人。

（三）金融创新与金融制度

第一，金融创新强烈地冲击了金融分业经营制度，使金融机构的业务经营由分离型向综合型转变。20 世纪 80 年代以来，在金融自由化和金融创新浪潮的推动下，金融机构之间的竞争加剧，彼此间的业务渗透和交叉越来越广泛，不同业务之间的界限变得越来越模糊。改变分业经营模式，实行综合化经营，已经成为西方金融界的基本共识，成为金融制度发展的大趋势。顺应这种趋势，西方国家的政府开始有意识地松动金融业务管制。

[阅读资料 12.11]   伦敦的"金融大爆炸"

在 20 世纪 70 年代，英国允许清算银行进入用不动产担保的贷款服务领域。到了 80 年代，英国则进一步允许清算银行进入证券经纪业。这一决定始自于 1986 年伦敦的"金融大爆炸"。伦敦证券交易所在这一年进行了重大改革，使英国的金融制度结构发生了根本性变化，允许商业银行直接参与证券业务，标志着实行多年的分业经营模式已经名存实亡（图 12.6）。

图 12.6　伦敦金融城一景

第二，金融创新使直接融资和间接融资、资本市场与货币市场的界限变得越来模糊，从而导致融资制度发生了深刻的结构性变化。比如，就银行贷款来说，毫无疑问属于间接融资形式。但是，在对其做了证券化的剪裁和处理之后，就很难准确界定其到底属于何种融资形式。

第三，金融创新促进了国际货币制度的变革，推动了国际货币一体化的进程。欧元启动就是这方面的一个典型实例。欧元启动的货币制度创新意义主要表现在两个方面：其一，欧元启动推动了货币制度的实践创新；其二，欧元是顺应经济、金融全球化潮流而出现的一种创新的货币形式。

（资料来源：尼娜．"金融大爆炸"：高度自由化成就伦敦国际金融决心．深交所．2007）

（四）金融创新与金融发展

金融创新提高了金融业的发展能力。金融业是服务业中最具扩张力，对经济最具影响力和作用力的行业。在金融业的发展过程中，金融创新起到了十分重要的推动作用。金融创新不仅在业务拓展、机构放大、就业人数增加与素质提高等方面促进了金融业的发展，而且由于金融机构盈利能力的增强，带动了金融机构资本扩张能力和设备现代化水平的提高。

金融创新还推动了金融业产值的快速增长，使之在一国第三产业和 GDP 中的比重迅速上升，为第三产业和 GDP 的增长做出了重要贡献。金融业产值是衡量金融业发展能力的重要指标。金融业产值的高增长，大大提升了金融业在产业群中的地位，在一些经济和金融发展水平较高的国家，金融业已成为国民经济中的主导产业。

20 世纪 70 年代以来，世界范围内的第三产业产值的增长率明显超过第一产业、第二产业产值的增长率。特别是发达国家和已经基本完成工业化进程的次发达国家，第三产业与第一产业、第二产业产值增长率的差距更大。到 1993 年，世界范围内第三产业产值占 GDP 的比重为 61%，而发达国家的这一比重则接近 70%。金融业作为服务业的主体内容，其迅猛发展对第三产业产值的增长功不可没。在 60 年代，世界范围内金融业产值占 GDP 的比重尚不足 1%，而到 90 年代初，这一比重已达到 15% 左右，一些发达国家已经超过 20%。在发达国家的一些经济、金融中心城市,服务业产值占 GDP 的比重已经达到 80％左右,而这在很大程度上得益于金融业的发展。

(五) 金融创新与金融工程

近三四十年来,金融创新在世界范围内大规模的兴起与发展,极大地开拓了人们的思维,深刻地影响了金融业的经营理念,并直接导致了金融工程这门金融新技术的诞生与发展。

金融工程是 20 世纪 90 年代初出现的一门工程型新学科。它将工程思维引入金融领域,综合地采用各种工程技术方法(主要有数学建模、数值计算、网络图解、仿真模拟等),来设计、开发和实施新型的金融产品,创造性地解决各种金融问题。1991 年,"国际金融工程师学会"(IAFE)的成立,标志着金融工程正式被社会所确认。

小贴士 与一般广泛而自发的金融创新不同,金融工程是规范化和系统化的金融创新。

我们大致可以将金融工程学的研究范围概括为以下三个部分:①新型金融工具的研究与开发。例如,金融期货、期权、互换等金融衍生工具及其交易市场的开拓,这是金融工具主要的应用领域。②按照风险和收益的原理,设计新的风险管理技术和策略,即是研究如何利用现有的金融工具和市场条件达到完美的组合。例如,风险管理技术的开发与应用、公司融资结构的设计、资产证券化方案等。③从整体上构筑更为完善的金融体系,以增强整个金融市场的稳定性和有效性。例如,优化金融机构的资产负债管理系统、缩短时滞效应的金融管理系统,提高金融服务效率的设计系统等。

小贴士 金融工程可以被看作是现代金融学、信息技术工程方法的结合,是一门新型的交叉学科。

[阅读资料 12.12]　　　结构化金融工具

结构化金融产品,顾名思义,就是将固定收益产品与衍生产品的特征相结合,以使投资者在不断变化的市场环境下,在规避风险的同时获取最大回报的一类新型金融产品。作为现代金融市场的最新发展,结构化金融产品目前已逐渐成为广受投资者关注的一类重要的投资工具。

实际上,结构化产品是运用金融工程技术,将存款等固定收益产品与金融衍生品(如远期、期权等)组合在一起而形成的一种新型金融产品。结构化产品在具体设计上具有无限多组合。

结构化产品有的保证本金安全甚至承诺最低收益,有的品种不保本存在损失的可能。一般来说,如果产品保证投资者较高的本金安全甚至最低收益率,其分享挂钩标的投资收益的比例就要降低。目前，结构化产品已经成为当今国际金融市场上发展最迅速、最具潜力的业务之一。

（资料来源：刘莉亚.2005.结构化金融产品.上海：上海财经大学出版社）

二、金融创新的不利影响

（一）金融创新与金融风险

对于单个金融机构，金融市场的不稳定并不一定直接导致局部金融风险的加大。但是，当代金融创新一方面直接加强了金融机构之间、金融市场之间、金融机构和金融市场之间的密切联系；另一方面，间接地推动了以金融业务国际化、金融市场国际化、资本流动国际化为主要表现的金融国际化趋势，致使局部的金融风险更易转化为全局性的金融风险，从而削弱了金融体系抵御局部风险的能力，整个金融体系的稳定性也随之降低，即传染效应。

[阅读资料 12.13]　　长期资本管理公司破产

在 1998 年 9 月中旬长期资本管理公司（LTCM）濒临破产时，人们发现几乎华尔街上所有大的商业银行、投资银行都与长期资本管理公司有业务关系。如果美国这家大型对冲基金倒闭，那么许多投资者都会因此而蒙受损失，其中包括一些没有直接参加该基金投资活动的人士。

1998 年 9 月，美国联邦储备局主席让纽约联储出面组织挽救 LTCM，与其他 14 家世界著名银行联手向该基金注入 35 亿美元的拯救款项。在 10 月 1 日的国会作证中格林斯潘为这种干预辩护时声称：LTCM 基金的倒闭可能会危害到世界金融市场和全球经济。

（资料来源：［美］洛温斯坦著.2006.赌金者——长期资本管理公司（LTCM）的升腾与
陨落.孟立慧译.上海：上海远东出版社）

金融创新使得各种金融机构原有的分工界限日益模糊。20 世纪 80 年代初，一些西方发达国家陆续放松了对金融机构业务经营和金融交易的限制，不同金融机构的业务出现趋同，即同质化。当金融机构通过增加杠杆比扩张信用，以获取高收益时，高风险随之而来。金融机构的稳健经营受到削弱，其稳定性必然降低。

理论上金融创新能透过更多元化的资金融通渠道来帮助维持金融稳定，但事实上，综观以往的银行体系危机，尽管很难确切指出它的成因，但危机爆发前往往先有一轮金融创新。可以肯定的是金融自由化及增加市场竞争一方面会鼓励金融创新，另一方面却会促使部分银行承受过多风险，致使它们在市况逆转时营运出现问题。

（二）金融创新与货币政策

1. 金融创新对货币需求的影响

（1）金融创新降低了货币需求总量，改变了广义货币结构。金融创新中出现了大量货币性极强的金融工具，具有较好的变现功能、支付功能和较高的收益，从而引起人们对传统货币需求的减少。

（2）金融创新降低了货币需求的稳定性。金融创新产生了一系列既有流动性又有收益性的金融工具，引起货币需求结构的变化。稳定性高的交易货币需求比重下降，而稳定性差的投机性货币需求比重上升，从而使货币需求函数的稳定性下降。

2．金融创新对货币供给的影响

（1）金融创新扩大了货币供给主体。金融创新模糊了银行金融机构与非银行金融机构的业务界限，非银行金融机构也具有创造存款的能力。

（2）金融创新增强了金融机构货币创造能力。金融创新通过作用于现金比率、定期存款比率、法定存款比率和超额存款比率四个因素来影响货币乘数，进而导致货币供应量的变化。

（3）金融创新部分地削弱了中央银行控制货币供给的能力。金融创新一方面通过减少货币需求，充分利用闲置资金、加快货币流通速度来改变货币供应量，另一方面又通过扩大货币供给主体，加大货币乘数，创造新型存款货币，使得货币供给在一定程度上脱离中央银行的控制，使货币供给越来越受到经济内生变量的影响。

3．金融创新对货币政策的影响

（1）金融创新使得货币控制的中间目标复杂化。这主要是因为货币与其他金融资产之间的替代性增强，使货币外延变得模糊，中央银行很难把握货币总量的变化，降低了货币政策的效力。

（2）金融创新降低了货币政策工具的效力。金融创新使金融机构能够获得大量的不用交纳存款准备金的资金，从而限制了"存款准备金率"这一工具的效力；金融创新使银行融资渠道多样化，从而"贴现率"工具的效力也会降低。金融创新为中央银行公开市场业务提供了多种交易手段与场所，强化了公开市场业务的作用，但也同时增加了有效运用公开市场手段的难度。

（3）金融创新扩大了货币政策效率的时滞。由于金融创新深刻地影响了金融运行的过程，中央银行在制定货币政策时要多方面加以考虑，扩大了货币政策的内在时滞。大量创新金融工具的存在，使居民和企业的经济行为不一定能像中央银行和金融机构预期的那样，从而造成的货币政策的外在时滞。

（三）金融创新与金融管制

金融创新降低了金融监管的有效性。

金融创新使建立在传统分业经营模式基础上的金融监管制度框架已经严重落后于金融发展的现实。国内金融市场与国际金融市场互相融合，国内金融机构大量参与国际金融市场的金融交易活动，加大了金融监管的难度。

传统的监管机构基本是国家化的，各国政府一般都是从本国的利益出发制定金融政策，由于政策之间缺乏有效协调，大规模投机资本为了寻求套利、套汇，频繁进出各国的金融市场，引发金融动荡。

衍生交易的即时性、复杂性，使监管部门在交易信息的获取和占有方面明显处于不利的地位。

有效的金融监管是金融安全的重要保证之一。在金融自由化和国际化趋势下，加强金融监管、维护金融稳定依然任重道远。

小　结

（1）金融创新内容十分广泛，照按创新的内容包括金融工具的创新、金融业务的创新、金融市场的创新、金融机构的创新、金融制度的创新以及金融服务的创新。

（2）金融工具的创新是金融创新的最主要的内容，包括存款工具和衍生工具的创新。金融业务的创新包括负债业务、资产业务以及中间业务的创新。欧洲货币市场的诞生与发展是金融市场的创新的集中体现。金融控股公司、对冲基金、风险投资机构等新型金融机构不断涌现，"金融超市"以及网络金融服务等的出现也丰富了金融创新的内涵。

（3）金融创新就是在金融领域内各种要素实行新的组合。欧洲货币市场的兴起、国际货币体系的转变、石油危机与石油美元的回流、国际债务危机等事件对金融创新有较大影响。

（4）金融管制的放松、市场竞争的加剧以及科学技术的进步直接推动了金融创新的发展。导致金融创新的原因分析是研究金融创新理论的主要内容。

（5）金融创新对金融市场、金融机构、金融制度以及金融风险、货币政策金融管制有着密切的关系和复杂的影响。

练　习　题

一、名词解释

远期合约　远期利率协议　期货合约　风险转移　价格发现　期权　互换
欧洲货币市场　金融控股公司　风险投资　金融超市　网络金融　金融创新

二、不定项选择题

1. 衍生金融工具的创新包括（　）、（　）、（　）、（　）。

2. 金融控股公司是指在同一控制权下，完全或主要在（　）、（　）、（　）中至少（　）个不同的金融行业提供服务的金融集团。

3. 金融创新就是在金融领域内各种要素实行新的（　）。具体讲，就是指（　）和（　）出于对微观和宏观利益的考虑而对金融工具、金融业务、金融主体、金融制度、金融市场以及金融服务等方面所进行的创新性的变革和开发活动。

4. 金融创新的标志性事件是 1961 年美国（　）首次推出的（　）。

5. 金融工程综合地采用各种（　　）方法来设计、开发和实施新型的金融产品，（　　）地解决各种金融问题。

三、问答题

1. "网络金融"的优势与局限有哪些？你会选择网络金融服务吗？为什么？

2. "金融创新就是规避金融管制"，你认同这个观点吗？为什么？

3. 有人认为金融创新会增加金融风险，如何辩证地看待这个问题？

四、技能训练题

1. 归纳金融创新的主要表现：

分类（或典型）	表现、特色	
金融工具		
金融业务		
金融市场		
金融机构		
金融制度		
金融服务		

2. 进入一家金融超市，体验金融超市的金融服务，比较其与传统银行等金融机构有何区别？

主要参考文献

陈伟鸿.2006.金融学.杭州：浙江大学出版社

陈秀花.2007.金融概论.上海：立信会计出版社

陈湛匀.2004.国际金融理论实务.上海：上海财经大学出版社

菲利普·莫利纽克斯，尼达尔·沙姆洛克.2003.金融创新.北京：中国人民大学出版社

国世平.2005.金融创新：香港经验.北京：社会科学文献出版社

贺瑛.2006.国际金融基学.上海：复旦大学出版社

侯志红，阮铮.2007.金融学.北京：经济管理出版社

黄达.2003.金融学.北京：中国人民大学出版社

蒋茜，倪瑞娟.2006.国际金融.上海：上海财经大学出版社

冷丽莲，刘金波.2007.国际金融基础与实务.北京：北京大学出版社

李健.2004.金融学.北京：中央电大出版社

李小牧.2005.国际金融.北京：北京交通大学出版社

李雪茹.2005.现代金融学.广州：中山大学出版社

李玉泉，王洪彬.2003.金融创新与风险防范.北京：纺织工业出版社

刘建波.2006.金融学概论.北京：清华大学出版社

刘园.2007.金融市场学教程.北京：对外经济贸易大学出版社

刘震，周文和.2004.国际金融.北京：中国金融出版社

罗伯川.2006.金融创新思维.北京：中国金融出版社

米什金.1998.货币金融学.北京：中国人民大学出版社

倪信琦.2006.金融学概论.厦门：厦门大学出版社

钱晔.2007.金融学概论.北京：经济科学出版社

秦艳梅.2006.金融学.北京：经济科学出版社

石川贵志，菊池修.2004.国际金融.北京：科学出版社

苏平贵.2007.金融学.北京：清华大学出版社

陶广峰，张宇润.2006.金融创新与制度创新.北京：中国政法大学出版社

汪祖杰.2007.现代货币金融学.北京：经济科学出版社

王江，李德荃.2006.金融市场学.北京：经济科学出版社

王旭凤.2006.金融理论与实务.济南：山东人民出版社

王雅杰.2006.国际金融.北京：清华大学出版社

伍瑞凡.2003.金融学.北京：科学出版社

谢太峰，郑文堂.2006.金融学.北京：机械工业出版社

熊惠平，张宏伟.2005.金融概论.杭州：浙江理工大学出版社

曾康林.2006.金融学教程.北京：中国金融出版社

张炳达，罗素梅.2007.国际金融理论·实务·案例.上海：立信会计出版社

张炳达，罗素梅.2007.国际金融实务.上海：上海财经大学出版社

周建松，郭福春.2007.现代金融概论.杭州：浙江科学技术出版社